L'IMMANENCE

DE LA RAISON

DANS LA CONNAISSANCE SENSIBLE

THÈSE POUR LE DOCTORAT

PRÉSENTÉE A LA FACULTÉ DES LETTRES DE LYON

PAR

GÉDÉON GORY

PARIS

ANCIENNE LIBRAIRIE GERMER BAILLIÈRE ET CIE

FÉLIX ALCAN, ÉDITEUR

108, BOULEVARD SAINT-GERMAIN, 108

1896

L'IMMANENCE DE LA RAISON

DANS LA CONNAISSANCE SENSIBLE

L'IMMANENCE
DE LA RAISON

DANS LA CONNAISSANCE SENSIBLE

THÈSE POUR LE DOCTORAT

PRÉSENTÉE A LA FACULTÉ DES LETTRES DE LYON

PAR

GÉDÉON GORY

PARIS

ANCIENNE LIBRAIRIE GERMER BAILLIÈRE ET CIE

FÉLIX ALCAN, ÉDITEUR

108, BOULEVARD SAINT-GERMAIN, 108

1896

Tous droits réservés.

L'IMMANENCE DE LA RAISON

DANS LA CONNAISSANCE SENSIBLE

PREMIÈRE PARTIE

ANALYSE
OU ORIGINE IMMANENTE DES IDÉES

CHAPITRE PREMIER

CRITIQUE DE LA THÉORIE DE LA TRANSCENDANCE DE LA RAISON

§ 1. La portée du problème du rapport de l'expérience et de la Raison.

Les Idées de la Raison ont leur origine dans la connaissance sensible, et s'en dégagent par une opération naturelle et logique : si bien qu'elles ne peuvent servir, ni à connaître scientifiquement, ni à concevoir d'aucune façon des réalités ou des possibilités métaphysiques, et que, loin d'être dans une opposition irréductible avec les représentations sensibles, elles trouvent dans l'expérience leur juste et légitime usage. C'est là ce que nous entendons par *l'Immanence de la Raison*.

Nous n'ignorons pas que beaucoup de philosophes de nos jours regardent avec suspicion ou avec indifférence ce problème, aussi vieux que la pensée philosophique, de l'accord de l'expérience et de la Raison : cette question, dit-on, est classée depuis longtemps, et la métaphysique est méprisée par tous ceux qui pensent. Il n'en est rien : il y a encore des métaphysiciens. Il y a des métaphysiciens de l'école éclectique, qui galvanisent les anciens dogmes spiritualistes ; il y a des métaphysiciens de l'école allemande, qui, pensant ériger en absolus nouveaux des conceptions morales et esthétiques, ne font que charger d'ornements étrangers les anciennes Idées de la Raison ; il y a des métaphysiciens de l'école anglaise, évolutionnistes matérialistes ; il y a des moralistes qui posent les fondements de la morale sur le terrain métaphysique des Idées d'Infini ou de perfection supra sensible ; il y a enfin des théologiens : or la théologie ecclésiastique n'est qu'une partie de la métaphysique, la plus éloignée de l'expérience et du sens commun.

Il y a des métaphysiciens sans le savoir : sur mille hommes qui croient penser librement et en dehors de toute école, on en trouverait difficilement un seul dont l'esprit ne soit chargé des conceptions infinitistes amassées depuis des siècles ; beaucoup croient adorer un Dieu vivant, qui adressent leur prière à des Idées absolues et à des êtres de raison ; et dans la foi de l'homme le plus humble et le plus ignorant, on retrouve sans peine, sous leurs ornements religieux, moraux, esthétiques ou littéraires, les arguments et les conceptions des systèmes de métaphysique connus.

Enfin il y a des métaphysiciens malgré eux, qui traitent de chimères toutes les constructions ontologiques, qui veulent restreindre les efforts de la pensée humaine à l'étude des faits positifs, mais qui ne peuvent moins faire que de laisser subsister, en dehors de ce cercle étroit, le monde immense de l'inconnu et de l'inconnaissable ; qui, en un mot, voulant être positivistes, finissent par relever les anciens systèmes, sous le voile de l'Agnosticisme.

Du reste, ce n'est pas seulement la métaphysique qui

serait atteinte, si le problème des rapports de la Raison et de l'expérience recevait une solution satisfaisante : c'est encore la *Dialectique*, et c'est enfin le Positivisme lui-même.

Ce problème, disent les *dialecticiens*, est insoluble : il y a une oppostion irréductible entre les représentations sensibles et les Idées rationnelles, une contradiction inévitable et organique dans la pensée humaine.

Ce problème, disent les positivistes, est inutile et oiseux ; il faut cesser de perdre nos forces à en chercher vainement la solution ; contentons-nous des faits positifs, qui sont vrais et scientifiques, et détournons nos regards des mirages du monde intelligible.

Mais détourner nos regards du monde intelligible, c'est en affirmer l'existence, ou au moins en admettre la possibilité ; le positivisme ne peut pas se séparer de l'Agnosticisme : seul il ne peut donner aucune satisfaction à la pensée humaine, car il ne peut dire ni quelles sont les limites de la science, ni quelle est sa valeur réelle : peut-être est-ce la science, ainsi que le prétendent les métaphysiciens purs, peut-être est-ce le monde sensible, qui est le monde des chimères et des illusions : en effet, il n'y a aucun principe supérieur qui permette de choisir entre le positivisme et la métaphysique pure, il n'y a aucun principe supérieur qui permette de choisir entre la Raison et l'expérience, si elles ne peuvent pas s'accorder

Or, métaphysiciens, dialecticiens et positivistes s'entendent sur ce point, qu'il y a une opposition irréductible entre la Raison et l'expérience. Ils se trouvent tous en présence de certaines Idées qui, à ce qu'il leur semble, confondent l'imagination, ne se prêtent pas aux lois du jugement, et échappent aux conditions de l'expérience : en un mot d'Idées *transcendantes*. Les métaphysiciens en font des dieux, ou s'en servent comme de fondements pour leurs constructions morales ou esthétiques ; les positivistes les écartent et s'efforcent de les ignorer ; les dialecticiens, admettant l'existence de cette contradiction inévitable et insoluble dans la pensée humaine, déclarent que la vérité absolue ne se trouve ni dans la Raison, ni dans l'expérience.

§ 2. Le rapport de l'expérience et de la Raison, et la connaissance de la vérité.

Les Idées de la Raison, Idées d'Infini, de Perfection absolue, de Cause première, de Substance pure, et les autres, quelles qu'elles soient, ont toutes ce caractère commun, qu'elles sont des formes diverses de l'*Absolu*, c'est-à-dire qu'elles sont des attributs de la *Chose en soi*, ou qu'elles représentent les questions que l'esprit humain se pose à lui-même sur la nature de l'*Etre*, non de l'être phénoménal, ou tel qu'il apparaît, mais de l'Etre tel qu'il est. La vérité, s'il y a une vérité, ne saurait être que la réponse à ces diverses questions, ou plutôt à cette question générale et unique : Qu'est-ce que l'Etre ?

Dire que la Raison est immanente, c'est dire que l'Etre lui-même est connu dans l'expérience, et qu'en dehors d'elle il n'y a aucune réalité ni aucune possibilité quelconque ; c'est dire que la Raison peut trouver dans l'expérience une pleine et entière satisfaction, et que la pensée humaine est capable de connaître la vérité.

Mais si la question que la Raison pose sur la nature de l'Etre n'est pas résolue dans l'expérience — soit qu'elle soit résolue dans la Raison elle-même, comme le veulent les métaphysiciens purs, soit qu'elle ne reçoive nulle part aucune solution, comme le prétendent les dialecticiens et les positivistes — alors la Raison est transcendante.

Dire que la Raison est transcendante, c'est dire que l'expérience ne satisfait pas la Raison, qu'elle ne contient pas l'objet des Idées, ou leur usage légitime et naturel, qu'elle ne renferme pas la solution du problème de l'esprit et de la matière, de l'origine, des limites et de la fin de l'Univers, en un mot, de la nature de l'Etre.

Dire que la Raison est transcendante, c'est dire que l'expérience ne contient pas en elle-même toutes les conditions qu'elle suppose, ni les principes de sa propre intelligibilité, mais qu'elle est intelligible par quelque chose d'inintelligible, qu'elle est donnée par quelque chose qui n'est pas donné, conditionnée par l'inconditionné, limitée par l'illimité.

Dire que la Raison est transcendante, c'est dire que l'expérience n'est pas *vraie :* il faut se garder, en effet, d'appliquer le mot de vérité à l'accord de l'expérience avec les règles logiques de la pensée : l'expérience peut être rigoureusement liée dans toutes ses parties, et former ce que Kant appelle une *unité intellectuelle* parfaite, et toutefois être incomplète, ou bien n'être qu'une pure apparence, un pur *phénomène :* dans ce cas, c'est abuser des mots que de dire qu'elle est vraie.

Or, si l'expérience est par essence incomplète ou purement phénoménale ; si l'esprit humain est incapable de saisir et de comprendre la vérité universelle et absolue, c'est-à-dire l'Etre même, alors, de par la métaphysique, de par la dialectique, de par le positivisme lui-même, la porte est ouverte à toutes les superstitions ; l'esprit humain se décourage, et se détourne d'une science qui ne lui donne qu'une apparence, et qui est, par sa constitution même, fatalement défectueuse et incomplète ; il se dégoûte d'une libre réflexion, qui jamais ne pourra le satisfaire, et, puisqu'il ne peut pas comprendre, il se dispose à croire ce que lui imposera une autorité.

Et en effet, quand, au nom d'une Eglise, on invite les hommes à abdiquer leur libre réflexion, à se réfugier, les yeux fermés et le cœur confiant, auprès d'une puissance qui peut-être s'élève sur un monceau de superstitions grossières, d'absurdités, de ruines intellectuelles, morales et sociales, que fait-on tout d'abord, toujours, inévitablement? On leur dit que l'expérience, l'observation, la libre réflexion, l'esprit humain agissant selon ses lois naturelles, ne peut pas comprendre la vérité, connaître les objets et l'usage des Idées, la solution du problème de l'Etre : on leur dit en un mot que la Raison est transcendante.

§ 3. La liaison de la question de l'usage des Idées avec celle de leur origine.

La solution de la question de l'usage des Idées dépend absolument de la solution de la question de leur origine : les Idées recevront ou ne recevront pas dans l'expérience une application naturelle et légitime, selon qu'elles auront été ou non dégagées de l'expérience par une opération naturelle et légitime.

Il faut observer, en effet, que toute méthode philosophique, ainsi que toute bonne méthode scientifique est à deux pôles : quand, par une opération portant sur un objet ou un fait de l'ordre psychologique, physiologique ou matériel, on a dégagé ou produit un ou plusieurs objets ou faits nouveaux, il doit toujours être possible de revenir au premier par une opération inverse ; par exemple, si l'on a découvert par l'analyse, dans une matière organique, des éléments inorganiques, il doit être possible de produire de nouveau cette matière par la synthèse des éléments ; et si cela était impossible, c'est que l'analyse n'aurait pas été bien faite, et que quelque chose d'essentiel aurait échappé à l'observation, qui se trouvait dans la matière organique, et ne se trouverait plus dans les éléments inorganiques.

Ainsi de même, si l'on dégage de l'expérience les Idées de la Raison par une opération logique et naturelle, il sera possible de reconstituer l'expérience par une opération inverse ; mais si, dans la première opération, on a fait place au mystère, si on a laissé un hiatus, si on n'a pas suivi continuellement le progrès de l'opération, si on a laissé échapper quelque élément essentiel de l'expérience, ou bien si on a laissé s'introduire quelque élément d'un autre ordre, alors il sera impossible de suivre le même chemin en sens inverse, de revenir des Idées de la Raison aux représentations de l'expérience, à moins d'admettre encore une faute de logique : les Idées seront donc transcendantes.

§ 4. La théorie de la transcendance des Idées, et la méthode de régression.

On trouve dans l'histoire de la philosophie un grand nombre de méthodes rationnelles, au moyen desquelles on prétend dégager les Idées de l'expérience, de façon à établir la transcendance de la Raison. Mais nous n'aurons pas ici à les examiner toutes l'une après l'autre, car elles ont toutes un fond commun, et peuvent même être ramenées à une seule, qui est la méthode kantienne de la *régression*.

La méthode de régression enseigne à chercher les Idées *par le prolongement idéal des lignes de l'expérience, à la limite des séries empiriques :* toute représentation, tout phénomène a, dit-on, pour condition une représentation, un phénomène antérieur, ou supérieur en quelque façon ; cette condition est à son tour conditionnée : on remonte ainsi de condition en condition, et l'Idée doit se trouver à la limite de la série, quand on est arrivé à une condition qui est elle-même inconditionnée.

Si l'on trouvait en effet les Idées à une limite que la pensée pût logiquement et naturellement atteindre, les Idées ainsi dégagées auraient ensuite leur usage légitime et naturel dans la connaissance sensible : des Idées que l'on aurait atteintes par une série *d'additions*, on pourrait revenir à l'expérience par une série de *soustractions ;* de la Cause première, que l'on aurait atteinte en remontant *de cause en cause*, on redescendrait *d'effet en effet*, jusqu'au monde sensible ; il y aurait aussi des *lignes* partant des Idées, dont le *prolongement* amènerait naturellement et logiquement à l'expérience, des *séries rationnelles* dont la *limite* serait une représentation sensible.

Mais comme la limite à laquelle on place les Idées de la Raison ne peut pas être atteinte logiquement, on laisse, dans l'opération par laquelle on prétend les dégager, un hiatus que rien ne peut combler, et qui les sépare absolument de l'expérience ; les Idées restent donc transcendantes. Mais s'il est impossible de trouver leur usage ou leur objet dans l'expérience, c'est que l'opération par laquelle elles en ont été dégagées, non seulement n'est pas nécessaire et inévitable, comme on le prétend, mais même n'est pas logique et naturelle, et partant que les Idées ainsi obtenues ne représentent nullement des problèmes qui s'imposent à la Raison, et qu'elles ne sont pas les véritables Idées. C'est ce que nous allons essayer de montrer.

§ 5. Critique de la méthode de régression. Duplicité de la régression.

Mais avant d'attaquer au fond la méthode de régression, il faut la compléter, en montrant que, si l'on prétend trouver les Idées de la Raison à la limite des séries empiriques, comme ces séries ont deux limites, on est contraint de poser, pour chaque série empirique, non pas une Idée de la Raison, mais deux Idées, opposées et corrélatives.

Kant veut qu'on cherche les Idées de la Raison d'un côté seulement des séries empiriques : ces séries sont, dit-il, soutenues par la Raison d'un côté seulement ; de l'autre, elles se poursuivent naturellement et logiquement par les seules ressources de l'entendement.

« Il est aisé de voir que la chaîne ou la série des prosyllogismes, c'est-à-dire des connaissances poursuivies du côté des principes ou des conditions d'une connaissance donnée, ou, en d'autres termes, que la *série ascendante* des raisonnements doit se comporter à l'égard de la Raison tout autrement que la *série descendante*, c'est-à-dire la progression que suit la Raison du côté du conditionnel par le moyen des épisyllogismes... Si donc une connaissance est regardée comme conditionnelle, la Raison est forcée de considérer la série des conditions, suivant une ligne ascendante, comme achevée et donnée dans sa totalité. Mais si cette même connaissance est regardée en même temps comme la condition d'autres connaissances, qui constituent entre elles une série de connaissances suivant une ligne descendante, la Raison peut demeurer tout à fait indifférente sur la question de savoir jusqu'où s'étend cette progression *a parte posteriori*, et même si en général la totalité de cette série est possible ; elle n'a pas besoin, en effet, d'une telle série pour la conclusion qui se présente à elle, puisque cette conclusion est déjà suffisamment déterminée et assurée par ses principes *a parte priori*...

« La Raison pure n'a d'autre but que l'absolue totalité de la synthèse *du côté des conditions*... elle n'a pas à s'inquiéter de l'intégrité absolue *du côté du conditionnel*... Dès qu'il y a une condition donnée intégralement (et inconditionnellement), elle n'a plus besoin d'un concept rationnel pour continuer la série ; car l'entendement descend alors de lui-même de la condition au conditionnel... Pour ce qui est de descendre vers le conditionnel, il y a bien un usage logique très étendu que fait notre raison des lois de l'entendement, mais il n'y a point là d'usage transcendantal ; et si nous nous faisons une idée de l'absolue totalité d'une synthèse de ce genre (du progressus)... ce n'est là qu'un être de raison... arbitrairement conçu, et que la Raison ne suppose point nécessairement.

« Suivre l'ordre inverse, ce ne serait pas traiter un problème nécessaire de la Raison pure, mais s'en créer un arbitrairement, puisque, pour comprendre parfaitement ce qui est donné dans les phénomènes, nous n'avons pas besoin des conséquences, mais des principes [1]. »

Nous accorderions volontiers à Kant que, d'exiger la totalisation de la série du côté du conditionné, ce n'est pas traiter un problème nécessaire de la Raison, mais s'en créer un arbitrairement, à condition qu'il en fût de même aussi du côté de ce qu'il appelle les conditions ; pour nous, en effet, il y a *progression* des deux côtés, et *régression* ni de l'un ni de l'autre, parce que nous définissons la synthèse empirique, la représentation, comme une unité inconditionnelle, un tout rationnel qui renferme en soi toutes les conditions et les conséquences qu'il suppose.

Mais si l'on définit, comme le fait Kant, la synthèse empirique comme une *unité intellectuelle* à laquelle manque *l'unité rationnelle*, si, en d'autres termes, on cherche les conditions d'une représentation donnée en dehors de cette représentation, dans une série indéfinie dont elle ferait partie, alors il faut avouer qu'il y a *régression* et du côté des conditions, et du côté des conséquences. En effet, à moins de réduire les séries empiriques à des lignes de succession sans aucun lien, il faut admettre que la condition est déterminée d'avance de telle ou telle façon par les conséquences qu'elle doit produire, ou, en d'autres termes, que la conséquence est à son tour la condition de la condition, et partant, qu'il y a régression et idée rationnelle, aussi bien quand on descend les séries, que lorsqu'on les remonte.

Il est vrai que dans le temps, réduit à une ligne de succession, il semble qu'on peut distinguer complètement une progression d'une régression ; mais si l'on y regarde

---

[1] Kant, *Raison pure*, Barni, t. I, pp. 387-388 ; 391-392 ; t. II, p. 35.

de près, on verra qu'il n'y a, dans cette prétendue progression et dans cette prétendue régression, que des images ; car entre les éléments d'une pure succession, il ne saurait y avoir aucun *lien* véritable, et partant aucune progression, ni aucune régression. Et si le temps n'est pas une pure succession, si ses parties sont liées, et s'il forme une véritable série synthétique, alors il devient impossible de dire que les conditions du temps présent sont toutes dans le passé ; car le présent est conditionné tout autant par l'avenir dont il est gros, que par le passé qui l'a produit.

Il s'ensuit que, si l'on descend d'un côté, et si l'on remonte de l'autre la série du temps, on rencontre deux problèmes, qui ont la même portée : l'Idée d'un commencement à l'infini dans le passé n'est pas d'une autre nature que l'Idée d'une fin à l'infini dans l'avenir, l'une étant rationnelle et nécessaire, et l'autre purement arbitraire : si l'une est rationnelle et nécessaire, l'autre l'est aussi au même titre.

Et même, à vrai dire, ces deux Idées n'en font qu'une, aussi bien que les deux Idées d'Infini spatial qu'on obtiendrait en comptant les éléments d'espace en nombre infini à gauche et à droite ; ces distinctions de gauche et de droite, de passé et d'avenir, sont tout entières dans l'imagination, et l'entendement ne les connaît pas : pour l'entendement, le temps n'est pas une succession, mais une quantité qu'on divise et qu'on multiplie.

Aussi, pour montrer que toute régression doit être double, ne nous suffit-il pas de montrer qu'il y a régression dans le temps, et du côté du passé, et du côté de l'avenir, car ces deux régressions n'en font, pour la Raison, qu'une seule, dont la limite serait l'Idée d'un *temps infiniment grand* : l'Idée qui s'oppose à cette Idée, à la limite d'une régression en sens contraire, est celle d'un *temps infiniment petit*.

La distinction de la progression et de la régression, qui

se trouve dans l'image du temps considéré comme une succession, ne se trouve pas dans l'image de l'espace. Kant veut que l'amplification dans l'espace — amplification dont la limite serait l'Idée d'un espace infiniment grand — réponde à la régression dans le temps passé. Mais où se trouverait, dans l'espace, la progression ? Il n'y en aurait aucune. Il est donc évident que, pour l'espace, la régression est bilatérale, car la division de l'espace est aussi, dans l'hypothèse même, une régression, qui tend à l'Idée d'un espace infiniment petit [1].

Il en est de même pour les séries de la causalité et de la substantialité. Kant nie qu'il y ait régression, quand la pensée passe de la cause aux effets, de la substance aux modes : toutes les conditions d'un phénomène sont, pense-t-il, du côté de la cause et de la substance ; autrement dit, pour qu'un phénomène fût donné inconditionnellement, il faudrait, et il suffirait, qu'il fût donné avec la totalité absolue de la série par laquelle on remonte vers une Cause et une Substance inconditionnées. Or nous prétendons que cela ne suffirait pas, mais qu'il faudrait aussi que ce phénomène fût donné avec la totalité absolue de la série par laquelle on descend vers un mode ou un effet derniers.

---

[1] Kant échappe à cette objection, en attribuant les Idées d'éléments simples (de l'Instant ou du Point) à une autre catégorie que celle où se produisent les Idées d'un temps et d'un espace infinis en grandeur : il attribue en effet celles-ci à la catégorie de la quantité, et celles-là à la catégorie de la qualité (car la régression a rapport, selon lui, non pas à l'intuition, mais à l'application des concepts à l'intuition). Toutefois, il n'en ressort pas moins de ses affirmations mêmes que la multiplication de la durée et de l'étendue a pour limite une Idée de l'Infiniment grand, et que la division de la durée et de l'étendue a pour limites les Idées de l'Instant et du Point. Si l'on n'admet pas la théorie de la séparation transcendantale des concepts d'avec l'intuition, et la théorie du schématisme du temps, on doit penser que cette multiplication et cette division appartiennent à une même série, que l'on descend d'un côté et que l'on remonte de l'autre.

En effet, il y a des conditions également des deux côtés de la série : les effets sont autant conditions des causes que les causes le sont des effets ; les causes sont autant déterminées par leurs effets que les effets le sont par leurs causes ; et il en est manifestement de même des séries de substantialité. Nier cela, c'est pulvériser l'expérience, et, sous le nom de *déterminisme*, établir dans le monde le plus absolu hasard [1].

Nous voulons donc que — si les faits donnés dans l'expérience n'ont pas en eux-mêmes leur unité rationnelle — il faille, pour atteindre leurs conditions absolues, ou les Idées de la Raison, une double régression, du côté des causes et des substances, et du côté des effets et des modes ; nous voulons qu'il y ait une Idée d'Effet et une Idée de Mode purs et derniers, opposées aux Idées de Cause et de Substance premières, comme il y a une Idée d'un temps et une Idée d'un espace infiniment grands, opposées aux Idées d'un temps et d'un espace infiniment petits.

Plus tard, nous mettrons aux prises l'une avec l'autre les deux Idées opposées aux deux bouts des séries infinies, et nous montrerons comment, par cette opposition, elles perdent aussi bien leur caractère dialectique que leur caractère métaphysique. Mais, pour le moment, nous ne voulons pas tirer argument de cette duplicité de la Raison ; il nous suffit d'en indiquer la possibilité, à seule fin de pouvoir attaquer la méthode de régression dans tous les cas qui se présenteront. Cela étant dit, nous pouvons maintenant aborder la critique du principe fondamental de cette méthode.

---

[1] Si l'on répond que la totalité absolue de la série descendante est contenue dans la totalité absolue de la série ascendante, on avoue que la régression descendante est aussi nécessaire que la régression ascendante ; et l'on tombe dans le Monisme absolu de Hegel, terme inévitable de la théorie de la transcendance des Idées, comme nous essaierons de le montrer.

§ 6. Le caractère dialectique et contradictoire des Idées conséquence d'un vice de la méthode de régression.

Si les objets et les faits de l'expérience ne sont pas donnés inconditionnellement, s'ils ne contiennent pas en eux-mêmes toutes les conditions qu'ils supposent, s'ils ne sont que des conséquences et des phénomènes d'autre chose, alors, pour les expliquer rationnellement, c'est-à-dire pour découvrir l'Etre véritable dont ils dépendent, il faut d'abord chercher leur condition immédiate, puis la condition de cette condition, et ainsi de suite, jusqu'à ce qu'on arrive à une condition première, inconditionnée : tel est le premier principe de la méthode de régression.

Ainsi, la Raison est déjà transcendante aux phénomènes particuliers et à toute expérience partielle ; mais si l'on peut concevoir que les séries soient terminées, la Raison sera immanente à ces séries, c'est-à-dire que ces séries auront en elles-mêmes une unité rationnelle, qu'elles seront inconditionnées et intelligibles par elles-mêmes, qu'elles seront, dans leur totalité, l'Etre véritable : dans ce sens, la raison sera encore immanente à l'expérience, considérée dans sa totalité absolue : telle est la théorie infinitiste qui est propre à la métaphysique du *Tout absolu ;* c'est cette théorie que Kant combat avec raison. En effet, la condition de tout phénomène sera encore un phénomène conditionné, et jamais une régression ne sera poussée assez loin pour atteindre une condition absolue, c'est-à-dire l'Etre véritable : et tel est le second principe de la méthode de régression.

« Le concept rationnel transcendantal », dit Kant, « ne se rapporte jamais qu'à l'absolue totalité dans la synthèse des conditions, et jamais il ne s'arrête qu'à ce qui est inconditionnel absolument, c'est-à-dire, sous tous les rapports. En effet, la Raison pure abandonne tout à l'entendement, qui s'applique immédiatement aux objets de l'intuition, ou plutôt à la synthèse de ces objets dans l'imagination. Elle se réserve seulement l'absolue totalié dans l'usage des concepts de l'entendement, et cherche à pousser l'unité synthétique conçue dans la catégorie jusqu'à l'inconditionnel absolu. On peut donc désigner cette totalité sous le titre d'*unité rationnelle* des phénomènes, par opposition à celle qu'exprime la catégorie, et qui est l'*unité intellectuelle*. Ainsi la Raison ne se rapporte qu'à l'usage de l'entendement, non pas à la vérité en tant qu'il contient le principe d'une expérience possible (car la totalité absolue des conditions n'est pas un concept applicable dans une expérience...), mais pour lui prescrire de se diriger en vue d'une certaine unité dont il n'a aucun concept, et qui tend à embrasser en un *Tout absolu* tous les actes de l'entendement relativement à chaque objet. Aussi, l'usage objectif des concepts purs de la Raison est-il toujours *transcendant*, tandis que celui des concepts purs de l'entendement, d'après sa nature, doit toujours être *immanent*, puisqu'il se borne simplement à l'expérience possible[1]. »

Ainsi, les Idées de la Raison sont « des concepts qui sont en dehors de l'usage immanent (empirique) », au delà de toute expérience possible ; en un mot, la Raison est *transcendante* à l'expérience : c'est-à-dire que toute expérience — non seulement toute l'expérience réelle, mais toute expérience possible même — est toujours conditionnée, phénoménale et partielle, qu'elle est tout à fait incapable de donner pleine et entière satisfaction à la Raison, c'est-à-dire de posséder en elle-même toutes ses conditions et les principes premiers et absolus de son intelligibilité ; mais que ces principes, ces conditions, et l'Etre lui-même, dont elle est le phénomène partiel, sont en dehors de son domaine, hors de l'atteinte de la pensée.

---

[1] Kant, *Raison pure*, Barni, t. I, pp. 382-383.

Tel est du moins le rôle auquel Kant veut réduire les Idées de la Raison; mais il convient que la Raison ne s'en contente pas : elle exige une réponse positive aux questions qu'elle pose sur la nature de l'Etre ; elle veut savoir quelles sont les conditions absolues des phénomènes, quelle est leur cause première, et leur dernière substance, quelle est l'origine, quelles sont les limites, et quelle est la fin non seulement de chaque phénomène, mais de l'Univers ; elle veut un objet réel, une application empirique, un usage immanent pour ses Idées, c'est-à-dire une solution pour ses problèmes : la Raison ne reçoit donc aucune satisfaction, si les séries de l'expérience ne sont pas reliées aux Idées.

Mais pour qu'elles fussent reliées aux Idées, il faudrait qu'elles fussent terminées, puisque les Idées se trouvent à leur limite : et comme les séries empiriques sont indéfinies, la Raison exige donc une totalisation absolue qui est impossible ; elle trompe inévitablement l'entendement, en le contraignant de poursuivre une unité qu'il ne peut pas atteindre, une vérité qu'il est absolument incapable de connaître, un Etre qu'il ne peut pas saisir.

Selon nous, cette dialectique n'est pas dans la Raison, elle naît seulement d'une contradiction qui se trouve dans la méthode de régression. « L'ordre d'éviter tous les jugements transcendants de la Raison pure », et « l'ordre de nous élever jusqu'aux concepts qui sont en dehors de l'usage immanent », c'est-à-dire aux Idées — et de nous élever à ces Idées par une régression — ne sont pas seulement « contraires en apparence [1] » ; ils sont contradictoires. En effet, l'acte par lequel l'esprit s'élève de l'expérience jusqu'aux Idées, ne peut pas être différent et distinct de l'acte par lequel il descendrait des Idées à l'expérience : ces deux actes sont réciproques ou corrélatifs, et absolu-

---

[1] Kant, *Prol.*, P. III, § 57, p. 209.

ment inséparables, comme la division et la multiplication, comme l'analyse et la synthèse : dire que, par une régression qui a son point de départ dans l'expérience, on peut s'élever à des Idées d'où, par une progression inverse, on ne pourrait pas redescendre dans l'expérience, vaut autant que de dire que la multiplication du quotient par le diviseur ne reproduit pas le dividende, ou qu'un chemin qui monte d'un côté ne descend pas de l'autre.

Il ne serait pas juste d'objecter qu'il s'agit d'une part d'une régression purement idéale, et d'autre part de jugements auxquels on donnerait une valeur objective, car les « jugements transcendants de la Raison » ne sont pas contradictoires en tant qu'on les objective, ils sont contradictoires en eux-mêmes : or la totalisation absolue et contradictoire qu'ils impliquent n'est pas autre chose que la totalisation absolue et contradictoire qu'implique la régression par laquelle on prétend atteindre les Idées.

Si donc il est possible à l'esprit d'arriver, par une régression qui va de condition en condition, jusqu'à une Idée, il sera aussi possible à l'esprit de concevoir que cette Idée puisse être la condition première et absolue de toute la série ; et s'il est impossible à l'esprit de relier une condition absolue à une série de conditions, — soit, par exemple, de concevoir qu'une Cause première puisse commander toute une série de causes et d'effets — c'est qu'il lui est impossible de s'élever par régression, en remontant une telle série, jusqu'à la Cause première, jusqu'à la condition absolue.

§ 7. Existence d'Idées qui ne sont ni dialectiques ni contradictoires, et qui ne sont pas obtenues par la méthode de régression.

Cette dialectique n'est donc pas un caractère extrinsèque des Idées ainsi obtenues, caractère qui se révélerait seulement quand on les mettrait en présence des séries empiriques : elle existe, sous la forme d'une contradiction flagrante, dans la constitution même des Idées, considérées en elles-mêmes, indépendamment de toute application : la contradiction que l'on a admise dans l'opération par laquelle on a dégagé les Idées, se retrouve inévitablement dans ces Idées, qui ne peuvent être autre chose que des formes diverses de la conception contradictoire du *Tout infini* ou *absolu*, différenciée suivant les catégories.

Ainsi, si tant est que les Idées obtenues par la méthode de régression représentent les problèmes que la Raison pose sur la nature de l'Etre, et sur les conditions absolues de l'expérience, elles représentent ces problèmes sous une forme telle, qu'ils ne sont pas seulement insolubles sans contradiction, mais qu'ils sont eux-mêmes contradictoires.

Mais les mêmes problèmes peuvent être énoncés de telle façon, qu'ils ne sont ni contradictoires ni insolubles ; à condition de ne pas se servir de la méthode de régression, il est possible de dégager de l'expérience des Idées de Cause et de Substance absolues et inconditionnelles, et toutes les autres Idées de la Raison, sans que la conception contradictoire et dialectique du Tout infini s'attache à leur usage, et soit contenue en elles.

Cela est si évident, que chez Kant lui-même on voit apparaître de telles Idées : il y a chez lui des Idées de la Raison qui ne sont pas dialectiques. Pour s'en convaincre, il suffit de considérer le jeu de la solution des antinomies dynamiques[1] : là on voit des Idées dialectiques de Cause et de Substance, désignant une totalité infinie, se transformer, d'une façon magique, en Idées de Cause et de Substance tout aussi absolues et inconditionnées, mais qui ne désignent plus une telle totalité ; et, tandis que les premières sont purement idéales, celles-ci peuvent bien, selon Kant, avoir un objet dans un

---

[1] Voir P. III, ch. III, § 9, la critique des antinomies dynamiques.

monde intelligible [1]. Et en effet, on voit, dans la *Raison pratique*, que les Idées de Cause et de Substance absolues sont réalisées, grâce au postulat moral, sous le nom de principes *objectifs*, capables de déterminer la puissance d'un être *considéré comme noumène* [2]. Cette Cause noumènale, qui est l'Idée de Dieu, cette Substance noumènale, qui est l'Idée du Moi intelligible, ne sont nullement dialectiques, parce qu'elles n'ont pas été découvertes par régression à la limite de séries illimitées.

Comment ont-elles été découvertes? Voilà ce qui nous intéresse ; car quant aux Idées dialectiques, elles ne sont certainement pas inévitables, puisqu'elles ne sont même pas logiques et naturelles ; et nous les rejetons entièrement, comme vaines et chimériques, aussi bien qu'insolubles et contradictoires.

Pour pouvoir dégager de l'expérience des Idées qui ne soient pas dialectiques et contradictoires, il faut que nous trouvions une méthode qui ne nous contraigne pas de chercher une condition absolue, un Être véritable, *à la limite d'une série illimitée* de conditions ; il faut que nous puissions les dégager de l'expérience par une opération qui ne contienne elle-même aucun hiatus, aucune contradiction, par une opération qui soit logique et naturelle.

Mais si nous trouvons une telle méthode, si le problème de l'Être et des conditions absolues de l'expérience se dégage naturellement et logiquement de l'expérience, sans qu'il soit nécessaire de faire intervenir aucun élément étranger, c'est que l'expérience contient aussi la solution de ce problème ; si nous découvrons dans l'expérience une origine immanente des Idées de la Raison, nous trouve-

---

[1] En effet, les thèses des antinomies dynamiques peuvent être vraies dans le monde nouménal.
[2] Kant, *Prol.*, P. III, § 53, pp. 185-186.

rons dans l'expérience aussi, par une opération inverse, et qui sera inévitable, leur usage immanent, ou leur objet réel, aussi certainement que la multiplication d'un quotient fait reparaître le dividende, ou que la synthèse des éléments d'un corps scientifiquement analysé produit de nouveau ce même corps.

CHAPITRE II

L'IMMANENCE DE LA RAISON, LA MÉTHODE, LE PRINCIPE SYNTHÉTIQUE

§ 1. Vérité et inconditionnalité de la représentation.

Si l'on aboutit à la théorie de la transcendance de la Raison, c'est toujours parce qu'on a commencé par postuler cette théorie; si, après avoir examiné les problèmes que la Raison pose sur la nature de l'Etre et les conditons absolues de l'expérience, on conclut que l'expérience ne peut pas en contenir la solution, c'est parce qu'on a d'abord posé en fait que la connaissance sensible n'est que discursive, ou qu'elle ne connaît que des relations, qu'elle n'est que phénoménale, ou qu'elle ne connaît que des manifestations de quelque chose d'inconnu.

On fait de la connaissance un intermédiaire entre l'esprit et l'Etre : l'Etre, en entrant dans les formes de la connaissance sensible, se transformerait en pure apparence; ainsi l'esprit se diviserait contre lui-même : d'une part il produirait des représentations, et de l'autre, il les déclarerait différentes de l'Etre véritable et universel.

« Si, dit Kant, nous ne voyons, comme il est juste, dans les objets des sens que de simples phénomènes, nous reconnaissons aussi par là que les phénomènes ont un fondement qui est une chose en soi, bien que nous n'en puissions nullement saisir la nature intime, mais seulement la manifestation phénoménale, c'est-à-dire la façon dont nos sens sont affectés par ce quelque chose que nous ne connaissons pas. L'intelligence donc, par cela même qu'elle reçoit en elle des phénomènes, reconnait aussi l'existence de choses en soi ; et de la sorte, nous pouvons dire que la représentation de pareils êtres, qui sont les fondements des phénomènes, n'est pas seulement *légitime*, mais *inévitable* [1]. »

L'existence des choses en soi, placées en dehors du domaine de l'expérience, hors de l'atteinte de la connaissance sensible, n'est donc pas seulement possible, elle est nécessaire ; et la théorie de la connaissance sensible prend dès le début le caractère d'une doctrine ontologique.

Cette affirmation initiale de la nécessité, ou même de la possibilité de l'existence d'une Chose en soi hors de l'expérience — affirmation établie par une pétition de principe, et enfermant dès l'abord la recherche dans un cercle vicieux — est grosse de toutes les difficultés insolubles dans lesquelles se débattent les métaphysiciens et les dialecticiens, et que les positivistes s'efforcent d'esquiver. Mais elle est elle-même inconséquente, inconcevable et vaine. La Chose en soi hors de l'expérience, non seulement ne peut pas être *connue*, mais ne peut pas même être *pensée*, sinon grâce à une faute de logique, et à une erreur de l'imagination. Pour concevoir en effet qu'une représentation donnée puisse être conditionnée par une Chose en soi, il faudrait pouvoir considérer du dehors cette représentation ; mais comment la pensée sortirait-elle de la représentation qu'elle a ? C'est là une

---

[1] Kant, *Prol.*, P. II, § 32, pp. 124-125.

impossibilité radicale et absolue ; la pensée est tout entière, sensation, entendement et Raison, dans sa représentation; et les prétendues conditions de cette représentation en sont seulement des parties ou des éléments.

La distinction du phénomène et de la Chose en soi doit donc être rejetée, ou du moins elle ne doit pas être posée au début d'une étude purement analytique de la connaissance sensible : il faut examiner la représentation, et voir ce qu'elle contient, sans introduire d'abord dans cette étude des considérations étrangères.

Ainsi la représentation sensible est la seule réalité que nous connaissions encore, et dont nous puissions parler ; elle nous apparaît dès l'abord comme tout autant objective que subjective ; elle est *idéale* dans ce sens, qu'elle ne suppose aucun être antérieur dont nous puissions avoir une notion quelconque ; mais dans le même sens, et pour la même raison, elle est réelle, donnée en soi et inconditionnellement.

Comment cela s'accorde avec la diversité de l'expérience et avec la multiplicité des consciences, quel rôle les Idées de la Raison peuvent jouer dans une telle représentation, c'est ce que nous aurons à examiner; et nous ne préjugeons pas la question de savoir si nous pourrons demeurer dans l'Idéalisme où tout d'abord nous nous campons. Mais tels sont bien les caractères qu'il faut attribuer à la représentation sensible, tant qu'on ne connaît rien hors d'elle, rien qu'elle.

§ 2. Spontanéité de la représentation.

Cet Idéalisme physique ou naturel, qui nous paraît être le naturel et inévitable postulat initial de toute théorie générale de la connaissance, rend compte de la possibilité des connaissances *synthétiques a priori*, et notamment des mathématiques; même il étend beaucoup la possibilité de telles connaissances, et permet de comprendre comment les sensations, aussi bien que les pensées, s'unissent et se combinent nécessairement; comment par exemple, le mélange du rouge et du bleu *doit* donner le violet; ou pour mieux dire encore, d'après une telle théorie, toute connaissance synthétique est *a priori;* s'il n'y a pas de chose en soi hors de la connaissance, il n'y a aucune réceptivité dans la connaissance, et partant aucun *a posteriori* dans les connaissances synthétiques. Ce qui ne veut pas dire qu'il n'y ait aucune contingence : la connaissance peut être à la fois spontanée et libre ; elle peut aussi à la fois être libre dans la production des sensations, et mettre dans plusieurs sensations, ou dans toutes, quelques éléments communs, que l'abstraction ensuite pourra dégager, et qui constitueront les *lois* de la connaissance.

On nous dira que, si la connaissance est toute spontanée, nous sommes tenus de l'*intellectualiser*, comme Leibnitz, ou de la *mathématiser*, comme les psychophysiciens, c'est-à-dire de réduire la sensation à la pensée. Mais il n'y a là qu'une fausse apparence qu'il est facile de dissiper.

Si à cette affirmation, que la connaissance est toute spontanée, nous avions joint celle-ci, que la connaissance, pour être spontanée, doit être une pensée, et non une sensation, alors nous serions tenus en effet de montrer que la sensation se réduit à la pensée; mais en réalité la sensation est elle-même spontanée. La preuve empirique de cette assertion, qui a été commencée par Descartes, et fortifiée, sinon achevée par M. Taine et par M. Renouvier, nous paraît irréfutable[1] : la science réduit indéfiniment le rôle de l'objet sensible dans la sensation ; on prétend qu'il reste toujours au moins une disposition et

---

[1] Il y a une autre preuve, qui se fait par l'analyse et la synthèse de l'expérience, et dont tout cet Essai n'est que le développement.

un mouvement de parties insensibles ; mais cela même n'est pas nécessaire, puisque nous avons des rêves et des halluncinations.

La pensée — si on l'oppose à la sensation — n'est autre chose que l'abstraction : les représentations qu'elle fournit ne sont autre chose que les sensations mêmes, dépouillées de tous les éléments sensibles qui ne sont pas communs à toutes les sensations ou à un grand nombre. Il est donc impossible de réduire entièrement la sensation à la pensée ; bien plus, il est impossible de commencer cette réduction, car, à chaque pas que l'on ferait, lorsqu'il s'agirait de reconstruire la sensation avec des représentations abstraites, on ajouterait à celles-ci des éléments que l'on ne saurait prendre ailleurs que dans la sensation même : la pensée, en effet, n'a rien qu'elle n'emprunte à la sensation, pas même l'insaisissable *intellectus;* elle n'est elle-même que la sensation appauvrie et simplifiée, et par suite généralisée, par l'abstraction. Si donc la pensée est spontanée, elle tient ce caractère de la sensation ; et si l'abstraction, aussi loin qu'on la pousse, ne peut jamais enlever à la pensée ce caractère de spontanéité, c'est qu'il est essentiel à la sensation.

§ 3. Le développement indéfini de la représentation. La progression.

Nous avons montré, au chapitre précédent, que, s'il était concevable que les conditions d'une représentation donnée fussent hors d'elle, dans une série dont elle ferait partie, il faudrait alors chercher les conditions premières et absolues de cette représentation, non pas seulement à l'une des deux limites d'une telle série, mais des deux côtés. Si l'on admet cette double régression, on est amené à concevoir toutes les séries comme données absolument, indépendamment de l'expérience, dans un Tout absolu, qui ne comporte ni avant ni après, ni conditions ni conséquences. En effet, la cause, par exemple, étant la condition de l'effet, et l'effet la condition de la cause, et ainsi indéfiniment, il n'y a place pour aucune contingence dans un Tout dont toutes les parties sont données au même titre.

Mais si l'on admet qu'une représentation est donnée inconditionnellement, on trouve en elle une unité tout aussi absolue que l'est l'unité de ce Tout absolu des métaphysiciens; et en même temps on rétablit dans cette représentation la contingence et la vie. En effet, ce qui était, dans la conception des métaphysiciens, double régression, devient alors double progression : la cause est la condition de l'effet, si la cause est donnée dans la représentation; l'effet est la condition de la cause, si l'effet est donné dans la représentation.

Ainsi toute régression se fait quand la pensée revient à l'unité de la représentation présente, après l'avoir développée; mais, quand la pensée s'étend d'un côté ou de l'autre, elle suit toujours une progression, jamais une régression : c'est-à-dire qu'elle ne peut pas sortir de la représentation présente, et ne fait que la développer suivant les règles logiques.

Le raisonnement n'est pas une synthèse par laquelle l'esprit, séparé de la représentation présente, et la dominant, la lierait à une autre représentation, qu'il dominerait également; le raisonnement n'est rien qu'un développement analytique de la représentation. De même, en multipliant et en divisant une durée ou une étendue, l'esprit ne fait que développer ce qui se trouve dans la représentation présente. S'il se transporte dans l'avenir, il ne fait que compter et développer les puissances qui sont dans cette représentation ; s'il se transporte dans le passé, il ne fait que compter, éclairer, et développer les images de la mémoire : mais qu'est-ce que la mémoire, sinon la représentation présente? Par la mémoire, tout le passé se trouve enfermé dans le présent, comme l'avenir s'y trouve enfermé par la prévision et par les puissances actives. Et que l'on retourne la question comme on voudra, si l'on cherche le contenu du passé ailleurs que dans la mémoire, et les conditions de la durée ailleurs que dans le présent, ce ne sera que par une création de l'imagination jointe à une affirmation métaphysique, en concevant le temps comme une ligne, hors de laquelle la pensée se placerait pour en considérer la suite.

Si la représentation présente est toute spontanée et indépendante, la possibilité de l'*Indéfini* s'explique tout naturellement : l'antinomie, l'Idée dialectique ne se présentent que pour ceux qui, en dehors de la connaissance qui *se fait*, placent un espace et un temps en soi, ou des choses en soi quelconques.

La théorie de Kant sur l'idéalité de l'espace et du temps semblait d'abord devoir renfermer la solution des contradictions qu'offrait la conception d'un espace et d'un temps en soi : il ne devait y avoir, en effet, d'amplification et de division dans l'espace et dans le temps, que celles qui sont déterminées dans les représentations sensibles. Mais cet avantage fut perdu, dès que Kant se défendit de poser l'Idéalisme dans toute sa rigueur : il n'opposa plus la durée et l'étendue déterminées dans l'expérience à un espace ou à un temps en soi, mais il les opposa à des choses en soi; par là il revint au même point où en étaient ses prédécesseurs, qui opposaient la durée et l'étendue sensibles à un espace et à un temps intelligibles : en effet, on vit reparaître les Idées dialectiques et contradictoires de l'infiniment grand et de l'infiniment petit, s'imposant inévitablement.

Mais, s'il n'y a aucune chose en soi hors de la représentation sensible, et si, par conséquent, elle est absolument indépendante et spontanée, de quelque côté qu'elle s'étende, elle se développe par une *progression*, c'est-à-dire par un simple développement des puissances qui sont en elle, sans tendre à aucune limite réelle ou idéale.

La division de la durée et de l'étendue concrètes s'arrête aux dernières parties nécessaires à la position des plus simples manifestations perçues de la qualité ou du mouvement ; la division de la durée et de l'étendue abstraites, c'est-à-dire simplement imaginées, peut aller plus loin que la division du concret : mais elle s'arrête aussi en fait : elle s'arrête aux dernières parties imaginées. Toutefois, ces dernières parties de la division actuelle ne sont pas les dernières parties de la division possible : elles sont elles-mêmes indéfiniment divisibles.

Prétendre que, si une durée et une étendue données sont indéfiniment divisibles, elles doivent renfermer un nombre infini de parties, c'est-à-dire une contradiction, c'est considérer la durée et l'étendue en dehors de la représentation, où seulement elles sont données, et imaginer qu'elles ont d'autres déterminations que celles qu'elles reçoivent de l'expérience. La durée et l'étendue déterminées, et leurs dernières parties déterminées, sont données inconditionnellement ; mais les parties possibles de ces dernières parties données ne sont pas données : elles le deviennent quand la perception ou l'imagination poursuivent actuellement la division.

Ce qui est vrai de la division de la durée et de l'étendue, est vrai aussi de leur multiplication : quel que soit le nombre par lequel une durée ou une étendue sont multipliées — soit par l'extension réelle des choses, soit par l'amplification de l'imagination abstraite — ce nombre est toujours déterminé, et le produit obtenu est une durée ou une étendue déterminée ; mais l'extension des choses dans le temps et dans l'espace, et l'amplification de l'imagination est toujours indéfiniment possible.

De même que la pensée ne rencontre aucun terme dans

la multiplication ni dans la division de la durée et de l'étendue, de même les causes peuvent indéfiniment multiplier leurs effets, les substances s'enrichir de modes nouveaux, les causes et les substances développer de nouvelles puissances à de nouvelles profondeurs ; l'imagination peut aller plus loin encore que va la perception, poursuivre la multiplication des modes et des effets dans l'image abstraite du temps futur, et ranger indéfiniment, dans l'image du temps passé, les causes et les substances qu'elle trouve enveloppées les unes dans les autres dans la représentation présente.

Prétendre que cette possibilité indéfinie de la division et de la multiplication de la durée et de l'étendue, du développement de l'expérience, et de la pénétration de la pensée dans la série des causes et des effets, des substances et des modes, tend inévitablement vers une limite idéale, qui serait une Idée dialectique et contradictoire *terminant des séries indéfinies*, c'est supposer que cette possibilité indéfinie est soutenue par une condition extérieure à la représentation sensible. Mais si nous refusons de concevoir dès l'abord une chose en soi hors de la représentation sensible, si par conséquent nous considérons la représentation comme absolument spontanée, indépendante et inconditionnée, alors, imposer une limite idéale au développement indéfini de cette représentation — développement qui se fait, soit par la multiplication, soit par la division de ses parties, soit par la recherche des causes et des substances, soit par la production des modes et des effets qui sont en elle enveloppés — « ce n'est pas traiter un problème nécessaire de la Raison, mais s'en créer un arbitrairement, puisque, pour comprendre parfaitement ce qui est donné, nous n'avons pas besoin des conséquences, mais des principes », et que tous les principes et toutes les conditions de l'expérience sont à l'intérieur de la représentation présente, donnés en elle inconditionnellement.

§ 4. L'unité synthétique de la représentation.

S'il en est ainsi, nous devons découvrir ces principes et ces conditions — qui ne sont autre chose que les véritables Idées de la Raison — par l'analyse d'une représentation sensible. Et si, en effet, nous découvrons ainsi les Idées de la Raison, sans nous perdre dans des séries infinies, par la simple et naturelle analyse d'une représentation, il sera évident que les Idées de la Raison ont dans l'expérience à la fois une origine et un usage immanents; et nous aurons ainsi la preuve rationnelle du postulat idéaliste qui nous a paru s'imposer dès l'abord d'une façon inévitable, à savoir qu'une représentation présente est spontanée, indépendante, et vraie absolument.

Avant d'entreprendre une telle analyse, il nous faut montrer quelle est l'*unité* de la représentation sensible qu'il s'agit de dissocier. Tout le monde s'accorde à dire que c'est une unité *synthétique :* mais on définit généralement la *synthèse* comme une *liaison* faite entre des données distinctes de la sensation, par un moyen terme, forme pure, habitude, intuition, faculté de l'âme, ou unité de la conscience[1]. Les éléments unis, constituant des touts empiriques, des unités distinctes, conservent donc, dans la synthèse, leur pluralité et leur diversité, et ne se fondent pas dans l'unité indissoluble d'une seule et même représentation.

Ainsi, par exemple, si la synthèse de la cause et de l'effet n'est qu'une liaison faite au moyen d'une forme pure, comme le veut Kant, ou de l'habitude, comme Hume le prétend, la cause et l'effet restent distincts, et occupent

---

[1] Kant prétend que dans certains cas seulement la synthèse est une *formation* de concept ; et c'est dans les sciences mathématiques qu'il en serait ainsi. Mais cette formation de concept se fait en unissant, par le moyen de l'intuition pure, deux concepts, imparticipables en eux-mêmes. Elle n'est donc encore qu'une liaison.

deux moments dans la durée, deux lieux dans l'étendue : l'effet n'est pas l'action produite au moment et au lieu où elle se produit, mais bien le changement opéré après que l'activité de la cause a cessé, ou dans un lieu que cette activité n'atteint pas; de même, la représentation d'une substance et celle d'un mode de cette substance sont deux représentations distinctes : la cause et la substance sensibles sont *transcendantes* à leurs effets et à leurs modes.

Il en résulte évidemment que, pour expliquer entièrement un phénomène de causalité ou de substantialité, il faudra chercher hors de la cause la cause de la cause, et hors de la substance la substance de la substance, et ainsi indéfiniment; et que l'Idée de la Cause et l'Idée de la Substance, c'est-à-dire la Cause et la Substance premières et inconditionnelles, seront transcendantes à toute la série empirique.

Mais ces Idées de la Cause et de la Substance inconditionnelles, on n'aurait pas été contraint de les chercher par une totalisation impossible de séries indéfinies, on les aurait trouvées dans une représentation déterminée, si on n'avait pas défini la synthèse comme une liaison.

Jamais une liaison n'est une véritable synthèse ; c'est par ignorance que nous parlons par exemple de synthèses chimiques : il est assez certain qu'il n'y a pas de véritable synthèse dans la chimie; et c'est pourquoi la chimie recule sans cesse devant la physique, et doit enfin disparaître complètement; avec des instruments assez précis, on reconnaîtrait que les éléments qui entrent dans une combinaison chimique conservent leur nature propre, et demeurent distincts les uns des autres : la combinaison n'est donc pas une unité véritable, mais un agrégat, une simple somme à laquelle seule une synthèse de l'esprit donne une unité [1].

---

[1] S'il n'y a pas de synthèse dans la pure matière, il n'y a pas non plus

La synthèse véritable doit avoir une unité entièrement immanente, c'est-à-dire que les éléments que l'analyse pourra en dégager ne doivent pas avoir eux-mêmes une unité propre, être des touts distincts, et que l'analyse ne doit laisser en dehors de ces éléments aucune forme vide, aucun *lien* abstrait.

Et telle est en effet l'unité de la représentation : la cause et l'effet sensibles, la substance et le mode, ne sont pas des représentations distinctes, unies habituellement ou nécessairement : la cause et l'effet, la substance et le mode constituent ensemble une seule et même représentation ; en d'autres termes, la représentation n'est pas un élément du jugement synthétique : le jugement synthétique n'est que le développement de la représentation.

De même, en effet, que les sciences naturelles ne reconnaissent pas de transformations réelles de force, et cherchent un même mouvement sous des manifestations superficiellement diverses, selon l'analyse philosophique aussi, l'effet ne saurait être que ce qui se produit au moment que la cause agit, et au lieu où elle agit; la cause ne saurait être que ce qui agit au moment que l'effet se produit et au lieu où il se produit. Or, qu'est-ce qui se produit et qu'est-ce qui agit? c'est un seul et même objet, lequel est, selon le point de vue, actif ou passif, substance ou mode, cause ou effet, mais toujours substance ou mode de lui-même, cause ou effet de lui-même, agissant sur lui-même et souffrant lui-même l'action qu'il fait.

On ne perçoit pas une causalité en rapprochant deux représentations diverses, mais quand on saisit la cause et l'effet dans une seule et même représentation. De même, dans la représentation synthétique de substantialité, il n'y a pas de diversité empirique entre la substance et le mode:

de réalité : seul un organisme, étant une représentation de soi, est synthétique et un, et partant réel.

ce dont la substance est substance dans le mode n'est pas ce en quoi le mode diffère empiriquement de la substance, mais ce qui est identique dans la substance et dans le mode.

Si toute cause sensible est immanente à ses effets, et si toute substance sensible est immanente à ses modes, il est bien évident que l'Idée de la Cause et l'Idée de la Substance, c'est-à-dire la Cause et la Substance premières et inconditionnées d'un effet et d'un mode leur seront aussi immanentes. En effet, la Cause et la Substance sensibles sont elles-mêmes la Cause et la Substance premières et inconditionnées de leurs effets et de leurs modes ; et il serait illogique de chercher la cause de cette cause et la substance de cette substance — ce qui conduirait à une Idée dialectique — si la cause et la substance sensibles ne sont pas des représentations distinctes des effets et des modes, mais forment avec eux une unité synthétique, dans une seule et même représentation.

Ainsi la représentation sensible possède elle-même cette unité rationnelle qu'on cherche vainement par la totalisation des séries indéfinies; c'est-à-dire qu'elle contient en elle-même toutes ses conditions, qu'aucun problème ne se pose en dehors d'elle, que les problèmes rationnels naissent de l'opposition de ses termes, et sont résolus par leur union synthétique en elle.

§ 5. Les éléments de l'unité synthétique.
Ils ne peuvent être dégagés ni par la division, ni par l'abstraction, mais seulement par l'analyse.

La synthèse, étant l'unité d'une certaine *relation*, suppose en effet deux termes opposés l'un à l'autre ; ce sont ces deux termes qu'il s'agit maintenant de dégager et de définir.

Des trois opérations différentes qui fournissent des parties ou des éléments d'une unité, la division, l'abstraction et l'analyse, la dernière seule est capable de dégager et d'isoler les termes qui sont en relation l'un avec l'autre dans l'unité synthétique de la représentation sensible.

La division porte sur un tout qui a des parties au moins *assignables*, chacune desquelles forme à son tour un tout, possède une unité, et peut être objet de représentation. Or il est vrai que toute représentation concrète est indéfiniment divisible : on peut, par la division, séparer la durée et l'étendue en parties distinctes de plus en plus petites ; on peut de même, dans une cause ou une substance données, trouver toujours, par la division, de nouvelles causes et de nouvelles substances, enveloppées les unes dans les autres [1].

Mais les dernières causes et les dernières substances, les dernières parties de la durée et de l'étendue, auxquelles aboutira une telle division, si loin qu'elle soit poussée, seront encore des touts empiriques, des représentations de même nature que la première, et auxquelles conviendra la même définition rationnelle, bien que la description en doive être différente ; autrement dit, toutes les parties d'une représentation concrète contiennent encore les mêmes éléments rationnels, en relation l'un avec l'autre, et la même unité synthétique, que cette représentation elle-même. La division est incapable d'atteindre, et ne poursuit nullement les éléments simples de la durée et de l'étendue, ni les Idées d'une Cause et d'une Substance pures et absolues, c'est-à-dire qui ne soient pas en même temps un effet et un mode : elle est incapable d'isoler les deux termes opposés des relations empiriques, de dissocier l'unité synthétique de la représentation.

Ces mêmes termes et cette même unité se retrouve-

---

[1] Si la synthèse n'est pas une liaison, mais une unité immanente, la prétendue régression est en réalité une division de la représentation.

raient donc dans une représentation qui serait indivisible. Mais, comme on l'a vu, aucune division ne peut arriver non plus à une représentation indivisible : la division du concret donne toujours des parties du concret, c'est-à-dire des parties concrètes, et partant divisibles. Seule l'*abstraction* dégage de l'expérience des représentations qui ne peuvent pas être divisées ; telles sont les quatre représentations abstraites fondamentales de *durée*, d'*étendue*, de *causalité* et de *substantialité*[1], que l'on peut appeler les *abstractions logiques*.

Ces représentations sont indivisibles, parce qu'elles sont obtenues par l'élimination de toutes les déterminations qui différencient les unes des autres toutes les parties d'une représentation concrète ; elles représentent ce qu'il y a de commun dans toutes les représentations concrètes d'un certain ordre, et dans toutes leurs parties, c'est-à-dire une relation indéterminée, dont les deux termes sont opposés et liés dans une unité synthétique.

Cette unité synthétique, l'abstraction est donc tout aussi incapable que la division de la dissoudre ; ces termes rationnels, elle est tout aussi incapable de les isoler. Mais elle les dégage à la fois l'un et l'autre de toutes les déterminations restrictives du concret, et les offre, en relation l'un avec l'autre, dans toute leur pureté ; c'est donc sur les abstractions logiques que devra porter l'opération nouvelle qui les distinguera l'un de l'autre, qui les isolera par la dissociation de l'unité synthétique. Cette opération est l'analyse.

---

[1] On verra, au ch. III, la justification de ce choix de quatre représentations abstraites fondamentales.

§ 6. L'Analyse. La relation fondamentale de la connaissance, ou la relation du Déterminant et de l'Indéterminé.

Nous n'avons pas pu donner de l'unité synthétique une définition qui la distingue de toute autre unité, sans distinguer par là même l'opération qui dégagerait les éléments de cette unité de la division et de l'abstraction, et de toute autre opération fournissant les parties ou les éléments d'une unité d'une autre nature.

En effet, les éléments de l'unité synthétique ne doivent être, avons-nous dit, ni des représentations concrètes, ni des représentations abstraites; ils ne doivent pas former des touts empiriques, des unités sensibles; ils ne doivent contenir en eux-mêmes aucune relation, et partant aucune unité synthétique; ils ne peuvent avoir de signification que par leur opposition dans l'unité d'où ils ont été tirés.

Ces caractères suffisent pour distinguer l'analyse de toute autre opération fournissant les parties ou les éléments d'une unité; mais ils sont insuffisants pour faire voir qu'il y a vraiment une opération capable d'isoler les termes des relations empiriques, de dissoudre l'unité synthétique; et qu'il n'y en a qu'une seule. Pour cela, il faut montrer en quoi les deux termes d'une relation synthétique diffèrent l'un de l'autre, comment ils répondent respectivement aux deux termes de toute autre relation synthétique, et par conséquent aux deux termes d'une relation synthétique entièrement abstraite, universelle et unique; il faut définir et nommer les deux termes d'une telle relation, et montrer ainsi quel est le caractère distinctif de chacun des deux termes de la synthèse, et quelle est leur signification essentielle, dans toute représentation, quelle qu'elle soit.

Il semble que nous n'ayons pour cela qu'à choisir entre les nombreuses formules que nous trouvons dans l'histoire de la philosophie, et qui s'appliquent également à la relation fondamentale de la connaissance sensible. La Connaissance sensible consiste essentiellement, dit-on, dans une synthèse :

   d'Être   et de Non-Être,
   d'Esprit   et de Matière,
   de Connaissant et de Connu,
   de Contenant et de Contenu,
   d'Action   et de Passion,
   d'Interne   et d'Externe,
   de Sujet   et d'Objet.

L'unité de ces relations est bien une unité synthétique, c'est-à-dire que leurs deux termes ne possèdent pas à leur tour une unité, ne sont pas des touts qui puissent être objets de représentation, mais qu'ils sont unis dans une seule et même représentation ; elles sont universelles, c'est-à-dire qu'elles se trouvent illustrées dans toute l'étendue de la connaissance sensible. Cependant, comme elles sont plusieurs, et qu'elles ne peuvent pas être réduites toutes à l'une d'elles, aucune d'elles non plus n'est la relation fondamentale de la pensée, mais elles représentent toutes également des aspects divers de toute représentation : elles expriment la relation fondamentale de la pensée *sous des considérations diverses*.

Il en résulte que leurs deux termes ne représentent pas ce qu'il y a d'essentiel dans les deux termes de toute relation synthétique, mais certains caractères divers qui se trouvent toujours dans ces termes : autrement dit, les deux termes de ces diverses relations universelles représentent les deux termes d'une relation synthétique unique et fondamentale *sous des considérations diverses*.

Il devient donc facile de découvrir cette relation unique, en faisant abstraction de ces considérations diverses : le premier terme de la synthèse étant absolument subjectif, ou interne, ou actif, ou connaissant, ou contenant, selon le point de vue, est toujours essentiellement un déterminant, ou un principe de détermination ; le second terme étant absolument objectif, ou externe, ou passif, ou connu, ou contenu, selon le point de vue, est toujours essentiellement un indéterminé, ou un principe d'indétermination, sur lequel le déterminant exerce son action ; toute l'essence de l'un consiste à imposer certaines déterminations au second ; toute essence de celui-ci est de fournir matière à ces déterminations. Toute synthèse renferme donc la relation d'un *Déterminant* et d'un *Indéterminé*.

L'opération par laquelle on isole ces deux termes l'un de l'autre s'appelle l'*analyse rationnelle*.

§ 7. La relation du Déterminant et de l'Indéterminé, et le Principe rationnel.
L'analyse dégage de chaque synthèse deux termes corrélatifs.

C'est ce *principe synthétique*, cette relation fondamentale du Déterminant et de l'Indéterminé qui va nous servir de *principe rationnel*, c'est-à-dire qui va nous fournir la méthode qui nous permettra de découvrir les Idées de la Raison, par l'analyse des grandes représentations abstraites.

En effet, si toute synthèse renferme la relation du Déterminant et de l'Indéterminé, illustrée de différentes façons dans des images ou des sensations diverses, l'analyse rationnelle, portant sur une représentation, y découvrira deux éléments opposés l'un à l'autre comme le sont le Déterminant et l'Indéterminé ; cette analyse portant sur les quatre grandes représentations abstraites, et les dissociant, tirera de chacune d'elles deux Idées opposées de la même façon.

De la représentation abstraite, ou de la relation de causalité, il est illogique de vouloir dégager une seule Idée, puisqu'elle a deux termes : l'analyse en dégage l'Idée de

Cause pure et l'Idée d'Effet pur ; de la représentation abstraite de substantialité, elle dégage l'Idée de Substance pure et l'Idée de Mode pur ; des représentations abstraites de durée et d'étendue, les Idées de l'Instant et du Continu temporel, du Point et du Continu spatial.

§ 8. Les termes des représentations abstraites, isolés par l'analyse, sont les Idées de la Raison.

Les termes que l'analyse dégage des grandes représentations abstraites, et que seule elle peut isoler, ont bien tous les caractères essentiels des Idées de la Raison, telles qu'on le trouve partout dans l'histoire de la philosophie.

Ils ne doivent représenter ni aucun objet d'expérience, ni aucune notion abstraite, ni aucun *lien* quelconque, qui impliquerait une relation, puisqu'ils sont obtenus par la dissociation de l'unité des relations abstraites.

Ils représentent bien les conditions inconditionnelles des relations empiriques : la Cause pure, absolument séparée de tout effet, est bien un principe pur, qui déterminerait les rapports de causalité, sans avoir en lui-même aucune relation ni aucune détermination : elle est bien une condition inconditionnée et purement déterminante des faits de causalité ; de même, la Substance pure, absolument séparée de tout mode, l'Instant et le Point — qui ne sont pas une durée et une étendue infiniment petites — dégagés entièrement de tout rapport de durée et d'étendue, et séparés de tout continu, sont bien des conditions purement déterminantes des relations de substantialité, de durée et d'étendue.

De même, l'Effet et le Mode purs, absolument séparés de toute cause et de toute substance, sont aussi des conditions inconditionnées des relations de causalité et de substantialité, s'il est vrai, comme nous avons essayé de le montrer, que l'effet et le mode sensibles sont autant conditions de la cause et de la substance, que la cause et la substance le sont de l'effet et du mode. L'Effet pur et le Mode pur, le Continu temporel et le Continu spatial représentent évidemment, dans les rapports de causalité, de substantialité, de durée et d'étendue, la condition indéterminée, le principe d'absolue indétermination qu'impliquent par opposition les principes purement déterminants.

Les termes purs des relations abstraites, isolés par l'analyse, représentent enfin, comme doivent le faire les Idées de la Raison, les attributs d'une Chose en soi. Ce qui est cause sans être effet, ce qui est substance sans être mode, ce qui a pour siège un point de l'espace et un instant du temps, est bien une Chose en soi. Ce qui est pur effet sans être cause, ce qui est pur mode sans être substance, ce qui occupe le continu de l'espace et du temps[1], est encore une Chose en soi.

Mais comme toutes ces Idées, étant nées d'une analyse qui dissocie l'unité synthétique, ne peuvent pas être objets de représentation, dire qu'elles représentent les attributs d'une Chose en soi, c'est dire seulement qu'elles représentent les problèmes que la Raison pose sur la nature de l'Etre, sans en fournir elles-mêmes la solution.

§ 9. Les Idées obtenues par l'analyse ne sont pas transcendantes.
La synthèse des Idées corrélatives.

Ces Idées ont donc, disons-nous, tous les caractères essentiels des Idées de la Raison, telles que nous le trouvons dans tous les systèmes. Mais il importait de montrer que c'est seulement par l'analyse qu'elles peuvent être dégagées de l'expérience ; car elles perdent ainsi un autre caractère, qui ne leur est pas essentiel, et qu'elles retenaient des méthodes illogiques par lesquelles on prétendait les produire, c'est à savoir le caractère dialectique. Produites

---

[1] Ce que l'on appelle la Matière première ou le Non-Etre.

par l'analyse, les Idées ne sont plus transcendantes : il n'y a plus entre l'expérience et la Raison une opposition inévitable et inconciliable ; le problème de l'Etre, dont la solution n'a pas été donnée par les Idées elles-mêmes, n'est plus insoluble : il trouve sa solution dans l'expérience par la synthèse des Idées. Le Principe synthétique nous ayant permis de découvrir l'origine immanente des Idées — c'est-à-dire de dégager de l'expérience les problèmes de la Raison d'une façon naturelle et logique — par l'analyse des représentations abstraites, nous permettra de découvrir leur usage immanent, c'est-à-dire la solution des problèmes de la Raison, par la synthèse des Idées dans les représentations abstraites.

Comme le Déterminant n'est pensable que par opposition à l'Indéterminé, et l'Indéterminé par opposition au Déterminant, cela revient à dire que seule leur relation est pensable ; car la pensée dans laquelle on oppose le Déterminant à l'Indéterminé est la même que celle dans laquelle on oppose l'Indéterminé au Déterminant : ainsi l'opposition de ces deux termes est telle, qu'ils ne peuvent être pensés que dans l'unité de leur synthèse.

Ainsi de même, les Idées qui représentent la pure Cause, la pure Substance, l'Instant et le Point, semblaient n'avoir qu'un usage transcendant, tant que, par une faute de logique, on les considérait seules, ou en relation avec des séries empiriques indéfinies, à la limite desquelles on croyait les avoir trouvées ; mais si l'on admet que les Idées n'ont d'autre origine que l'analyse des représentations, on sera contraint d'opposer à ce premier groupe d'Idées, non pas des séries de représentations sensibles, mais un autre groupe d'Idées corrélatives, qui représentent le pur Effet, le pur Mode, le Continu temporel et spatial.

On reconnaîtra alors que les deux Idées corrélatives, si elles ne peuvent pas avoir une application ou un objet, c'est-à-dire être représentées, indépendamment l'une de l'autre, ne peuvent pas davantage, indépendamment l'une de l'autre, être pensées ou conçues d'aucune façon ; et que, si elles sont conçues par opposition l'une à l'autre dans l'unité de leur synthèse, elles trouvent là aussi une application adéquate, un usage immanent, un objet d'expérience, en un mot, une représentation.

§ 10. L'autonomie de l'expérience.

L'expérience n'est donc pas *intelligible* par quelquechose d'inintelligible : elle est intelligible par elle-même, et contient en elle tous les principes quelconques d'intelligibilité ; elle n'est pas *donnée* par quelque chose qui ne lui serait pas donné : elle se donne elle-même à elle-même, et renferme la solution des problèmes qui sont en elle ; elle n'est pas *conditionnée* par quelque chose qui ne serait pas soumis à ses conditions : elle se conditionne elle-même, et renferme toutes les conditions qu'elle suppose, elle n'est pas *limitée* par l'illimité : elle se limite par elle-même ; elle forme un tout déterminé, et est saisie tout entière dans une représentation sensible.

L'unité de la représentation n'est pas seulement, comme le veut Kant, une *unité intellectuelle*, unité d'une loi logique, en dehors de laquelle il n'y a aucune application des règles de la connaissance sensible, aucun usage des abstractions logiques, aucune connaissance déterminée, aucune synthèse, aucune représentation ; mais elle est aussi une *unité rationnelle*, unité hors de laquelle il n'y a ni Cause, ni Substance premières, ni Mode, ni Effet derniers, ni Instant, ni Point, ni Continu, ni Etre, ni Chose en soi, ni problème, ni conception d'aucune sorte, unité qui renferme les objets des Idées, c'est-à-dire la solution des problèmes que la Raison pose sur l'esprit et sur la matière, sur l'origine, les limites et la fin de l'Univers, en un mot, sur la nature de l'Etre, et les conditions absolues de l'expérience.

La représentation sensible se connaît elle-même, elle se contient elle-même, elle agit sur elle-même ; elle est son propre sujet et son propre objet, sa propre cause et son propre effet, sa propre substance et son propre mode ; elle donne pleine et entière satisfaction à la Raison, et se suffit complètement à elle-même. C'est là ce que nous entendons par la spontanéité de la connaissance sensible, et, comme on le voit, spontanéité de la connaissance sensible signifie la même chose qu'immanence de la Raison.

CHAPITRE III

L'ABSTRACTION PROGRESSIVE, ET L'ORDRE DES IDÉES

§ 1. L'abstraction progressive.

Si la relation du Déterminant et de l'Indéterminé est la relation fondamentale de la connaissance sensible, si elle est illustrée dans toute synthèse, dans toute unité empirique, si par conséquent l'analyse rationnelle peut porter sur toute représentation, quel qu'en soit le degré d'abstraction, et en dégager deux termes qui répondent au Déterminant et à l'Indéterminé, et si les Idées de la Raison n'ont pas d'autre origine, il doit être possible de traiter la connaissance sensible par une abstraction progressive, qui, partant des représentations concrètes, et sans rencontrer des Idées, ni des relations irréductibles, dégage seulement des représentations de plus en plus pauvres, et ne s'arrête qu'à la relation entièrement abstraite, unique et fondamentale du Déterminant et de l'Indéterminé.

Il importe donc, pour confirmer notre démonstration, de montrer, ou du moins d'indiquer une telle abstraction. En même temps, si les Idées de la Raison naissent de l'analyse des représentations abstraites, en montrant le tableau, l'ordre et le classement de celles-ci, nous découvrirons le tableau, l'ordre, et le classement des Idées.

§ 2. Les abstractions logiques, ou les lois de la pensée.

Parmi les représentations abstraites, il en est, et elles sont innombrables, qui sont formées par le simple rapprochement d'objets semblables en quelque partie, sans que l'on considère les lois de la pensée qui règlent la connaissance de ces objets. Ces représentations abstraites répondent à des classes naturelles, à des représentations générales concrètes, c'est-à-dire embrassant un ensemble d'objets ; elles sont la matière des sciences particulières, et n'intéressent qu'indirectement la logique ou la théorie de la connaissance sensible. Nous n'avons à considérer ici qu'un nombre très restreint de représentations abstraites, que nous avons appelées les *abstractions logiques*, nées du rapprochement que l'on fait des faits et des objets de l'expérience, sous la considération exclusive d'une même opération qui s'y trouve : les abstractions logiques répondent donc à des *lois de la pensée* ou de la connaissance sensible, abstraction faite de la diversité de leur application ; c'est-à-dire qu'elles représentent les *problèmes* de l'ordre empirique [1].

§ 3. Causalité et substantialité.

Or, les premiers problèmes qui s'imposent à la pensée au sujet d'un objet d'expérience sont les deux problèmes de sa formation et de son existence : est-il l'effet, ou la

---

[1] Les Idées de la Raison représentent les problèmes de l'ordre rationnel, c'est-à-dire les problèmes sur la nature de l'Etre tel qu'il est ; les abstractions logiques représentent les problèmes de l'ordre empirique, c'est-à-dire les problèmes sur les relations de l'être tel qu'il est donné, sans qu'aucune question soit posée sur sa réalité absolue.

cause, le soutien, ou l'attribut et le mode d'un autre objet, perçu ou imaginé avec lui dans une même représentation[1] ? Si l'on trouve une réponse à ces deux questions, on saura tout ce qui, dans cet objet, intéresse la théorie de la connaissance. En effet, les autres problèmes généraux qui se présentent à propos des objets de l'expérience, tels que les problèmes de leur extension dans l'espace et dans le temps, sont compris dans ces deux premiers, comme nous essaierons de le montrer ; et tous les problèmes qui n'y sont pas compris sont affaire de description et de classement, et par conséquent appartiennent aux sciences particulières.

Au premier degré de l'abstraction, nous posons donc les deux représentations abstraites de *causalité* et de *substantialité*, comme les plus riches et les plus compréhensives.

Nous évitons de donner à ces abstractions logiques les noms de cause et de substance, qui conviennent, soit à des objets particuliers, c'est-à-dire à des parties de la représentation concrète, soit à des éléments de l'analyse des représentations abstraites, ou à des Idées de la Raison : la causalité et la substantialité sont des relations de l'expérience, relations de cause à effet, de substance à mode.

La causalité et la substantialité ne sont pas des *formes pures*, ni des *facultés de l'âme*[2] : des formes pures ou des facultés de l'âme, ne contenant aucune détermination sensible, et partant ne pouvant pas être réduites par l'abstraction, n'auraient rien de commun, et par conséquent ne pourraient pas coopérer à une fonction commune : il y aurait

---

[1] Nous disons : *dans une même représentation* ; car si les deux objets étaient perçus ou imaginés dans des représentations différentes, il n'y aurait aucun rapport possible entre eux : pour que la pensée établisse des rapports entre deux objets, elle doit les embrasser dans un même acte, dans une même représentation. V. le ch. précédent.

[2] Nous ne nous attaquons pas seulement ici à la philosophie transcendantale de Kant, mais à toute théorie par laquelle on prétend vider des représentations de tout leur contenu sensible, et dégager ainsi des *liens* qui soient dans une faculté de l'esprit.

donc autant de synthèses différentes dans la connaissance qu'il y aurait de formes ou de facultés irréductibles et imparticipables; et ces synthèses ne pourraient pas être réduites à une seule[1].

Mais aussi, est-il impossible de dégager logiquement de telles formes pures ou de telles facultés de l'âme en vidant les représentations de tout leur contenu sensible ; car toute détermination sensible vient également de la forme et du contenu de la connaissance ; en appauvrissant l'un, l'abstraction appauvrit l'autre; et tant qu'il y aura quelque principe de détermination dans la forme de la connaissance, il y aura quelque diversité sensible dans le contenu.

Les abstractions logiques ne peuvent être que les *communautés* de l'expérience : elles ne reçoivent pas un contenu de la sensibilité : elles sont elles-mêmes contenues dans les sensations ou dans les images. La représentation abstraite de causalité est contenue dans les sensations ou dans les images de *choses qui arrivent;* la représentation abstraite de substantialité, dans les sensations ou dans les images de *choses qui demeurent.* Ou pour mieux dire, ces représentations abstraites sont *illustrées* dans les sensations et les images : si elles *s'appliquent* à plusieurs représentations concrètes, c'est qu'elles sont ces représentations elles-mêmes, simplifiées et appauvries par l'élimination des déterminations qui font leur diversité.

Les abstractions logiques sont riches d'extension, parce qu'elles sont pauvres de compréhension; mais elles ne sont pas vides de toute compréhension ou de toute détermination sensible : elles ne sont pas entièrement abstraites; elles ne renferment que les déterminations communes à un

---

Kant rétablit ingénieusement l'unité de la connaissance au moyen de la théorie du *Schématisme transcendantal*, et de celle de l'unité de *l'Aperception*. Mais il est peut-être permis de dire que ses laborieuses explications font voir la difficulté plus clairement qu'elles ne la résolvent.

grand nombre de représentations concrètes, mais elles ont encore ces déterminations comme contenu sensible, et constituent des connaissances encore *concrètes* jusqu'à un certain degré ; la représentation abstraite de causalité contient les sensations ou les images d'*efficacité*, d'*effort* et d'*action en mouvement ;* la représentation abstraite de substantialité contient les sensations ou les images de *résistance*, d'*inertie*, de *tension*, d'*effort*, et d'*action permanente et immobile.* Ou, pour parler avec plus de précision, il ne faut pas dire que ces représentations abstraites contiennent ces sensations et ces images, mais qu'elles ne sont autre chose que ces sensations et ces images elles-mêmes, déterminées selon une loi logique, et selon la loi fondamentale de la connaissance sensible, c'est-à-dire ayant le caractère d'une relation empirique et d'une unité synthétique.

§ 4. Durée et étendue.

Il est donc impossible, de certaines représentations concrètes de causalité ou de substantialité, de dégager, en faisant abstraction de la durée et de l'étendue, une causalité et une substantialité qui seraient des formes pures, des *liens* transcendantaux, des principes d'unité situés dans une faculté de connaître. Par contre, on peut, de certaines représentations concrètes de causalité ou de substantialité, c'est-à-dire d'action en mouvement et d'action permanente et immobile, en faisant abstraction des éléments sensibles qui diversifient ces représentations, dégager une durée et une étendue qui sont des représentations abstraites d'un degré plus élevé.

Cette durée et cette étendue ne sauraient être, comme le veut l'opinion courante, l'espace et le temps infinis : les représentations de durée et d'étendue abstraites ne sont que les représentations de certaines relations de contenant et de contenu, qui se trouvent dans les représentations concrètes et dans les représentations abstraites de causalité et de substantialité ; l'abstraction, portant à l'origine sur une durée et une étendue concrètes déterminées, donne une durée et une étendue abstraites, également déterminées : la durée abstraite ne dépasse pas d'un moment, ni l'étendue abstraite d'une ligne, la durée et l'étendue concrètes : abstraction faite des sensations et des images diverses dans une représentation concrète, abstraction faite ensuite des sensations et des images générales qui sont attachées aux représentations abstraites de causalité et de substantialité, il reste la représentation d'une durée et d'une étendue, qui n'est autre chose que la représentation des limites extérieures de cette première représentation concrète et de ses limites intérieures, c'est-à-dire des limites de ses parties.

Nous admettons avec Leibnitz que la durée et l'étendue abstraites sont l'ordre des coexistences et des successions, non seulement réelles, mais possibles[1] ; mais aussi en concluons-nous que, pour concevoir une durée et une étendue abstraites infinies, il faut concevoir une durée et une étendue concrètes qui seraient infinies, c'est-à-dire qu'il faut concevoir la possibilité de successions et de coexistences réelles à l'infini.

Par cette remarque, nous ne prétendons pas résoudre le problème de l'Infini dans le temps et dans l'espace : nous voulons seulement établir que ce problème ne naît pas de l'abstraction. Le problème de l'Infini est un problème d'analyse rationnelle, qui se trouve également à tous les degrés de l'abstraction, dans toutes les relations synthétiques, et que l'abstraction ne peut ni résoudre, ni poser.

---

[1] Avec cette réserve, que nous n'admettons pas la réduction de la durée à la succession, et de l'étendue à la coexistence.

§ 5. Identité de la durée et de l'étendue avec la quantité intensive et la quantité extensive.

Si l'on pense communément que le temps et l'espace abstraits doivent être considérés comme infinis, c'est qu'on ne voit dans le temps et dans l'espace que l'image de quelque chose d'homogène, qu'il n'y a aucune raison de limiter ; mais en réalité cette prétendue image homogène sans limites n'est que l'absence des déterminations qui ont été éliminées par l'abstraction : quand on imagine un temps ou un espace abstraits, on n'imagine pas quelque chose d'homogène, on imagine les limites extérieures et les limites intérieures des représentations concrètes, abstraction faite des sensations qui constituaient la diversité de ces représentations et de leurs parties ; c'est-à-dire qu'on imagine des *relations de quantité*. Les représentations abstraites de la durée et de l'étendue ne sont donc autre chose que les représentations de deux sortes de quantités.

Kant fait de la quantité extensive, et de la quantité intensive — qu'il appelle *qualité* — des catégories, et les sépare des *intuitions* de l'espace et du temps ; mais il fournit lui-même la réfutation de sa propre théorie, par les difficultés qu'il rencontre en la développant, et même, semble-t-il, les inconséquences auxquelles il ne peut pas échapper. En effet, il lui est impossible de montrer avec simplicité et évidence aussi bien le rapprochement des catégories mathématiques avec les catégories dynamiques, que leur distinction d'avec les intuitions du temps et de l'espace : tandis que les concepts de cause et de substance peuvent se séparer de l'intuition, et s'appliquer aux choses en soi, la quantité — extensive et intensive — reste dans le monde phénoménal ; il n'en est pas question dans la théorie du monde nouménal : la thèse et l'antithèse des antinomies dynamiques sont également vraies, selon qu'on applique les concepts dynamiques aux phénomènes ou aux noumènes; mais la thèse et l'antithèse des antinomies mathématiques sont également fausses, parce que la quantité est inséparable de l'intuition.

Ainsi ce qui ressort de la critique kantienne, c'est, pour le moins, que la quantité, extensive et intensive, est liée à l'intuition d'une tout autre façon que la causalité et la substantialité. Nous allons essayer de montrer que la distinction de deux sortes de quantités tient à la distinction du temps et de l'espace; que la quantité extensive n'est autre chose que l'étendue, et que la quantité intensive n'est autre chose que la durée; et qu'ainsi la durée et l'étendue sont des représentations ou des relations synthétiques, que l'on peut encore traiter par l'abstraction.

§ 6. Identité de la durée et de la quantité intensive.

Toutefois nous ne diviserons pas notre preuve en deux parties symétriques, traitant l'une de la durée et l'autre de l'étendue : si nous parvenons à prouver que la durée et la quantité intensive s'unissent et se confondent, il n'y aura aucun doute ni aucune difficulté à l'égard de l'étendue et de la quantité extensive. Il nous faut donc d'abord prouver que la durée est une quantité, puis chercher quelle est la nature de la quantité intensive, enfin montrer que cette quantité est la quantité du temps.

§ 7. Que la durée doit être une quantité.
Le temps et la quantité extensive.

La quantité du temps — si le temps avait une quantité — ne saurait être, selon M. Bergson, que la quantité extensive : or le déterminisme mécanique est indissolublement lié, pense-t-il, et avec raison, à la quantité extensive; il en conclut que, pour que la liberté, la vie et la pensée soient possibles, il faut que le temps n'ait aucune quantité.

Vous croyez que l'action vient après la décision, et la décision après la délibération ? Illusion spatiale : la succession n'appartient pas au temps. Du reste, M. Bergson ne commet pas cette naïveté, qui consisterait à réduire le temps à la coexistence, après l'avoir dépouillé de la succession pour éviter le déterminisme spatial : car la même difficulté se présenterait évidemment. Les moments du temps ne se rangent dans aucun ordre logique ou numérique, pas plus de coexistence que de succession : ils se rangent dans un ordre purement harmonique.

Qu'est-ce que l'harmonie sans ordre logique ? Ne serait-ce pas la confusion même ? C'est ce qu'on pourrait croire d'après la comparaison dont M. Bergson se sert : quand on entend un concert, il arrive que l'on ne saisisse plus aucune succession de sons, mais comme un accord général, où tous les sons sont représentés dans une sensation unique et indéfinie : c'est alors que l'on saisit le temps véritable.

L'âme, remarquerons-nous, perd alors aussi bien le sentiment de la coexistence, que celui de la succession ; car si elle entendait *simultanément* tous les sons de l'orchestre, à supposer qu'elle entendît quelque chose, ce serait une étrange cacophonie ; mais quand la mélodie, ou la succession des sons, se confond pour elle avec l'harmonie, elle ne perçoit qu'une sensation confuse, qu'il serait difficile d'analyser : elle est, pensons-nous, dans un état fort voisin du sommeil.

En effet, mieux encore qu'en entendant une vague harmonie, c'est en dormant, que l'on saisit, dit M. Bergson, le mystère du temps : dans un rêve très vague et sans images spatiales, se révèle le *moi véritable*, non le moi fatalement enchaîné au déterminisme de l'espace, et à l'ordre de la succession, laquelle n'est qu'une forme de l'espace, mais le moi libre, dans un temps qui ne commence, ni ne finit, ni ne s'écoule, ni ne se compte d'aucune façon.

Cela fait penser à la prière des mystiques, ignorée de

l'âme qui prie. L'homme se glorifie de mettre de la suite et de la logique dans ses idées ; si ce n'est là qu'illusion spatiale, les animaux, dans le rêve infini et confus qui fait toute leur pensée, sont plus près de la vérité que nous : M. Bergson en convient.

A notre avis, dans la conscience même d'un protozoaire, qui ne saisit ni simultanéité ni succession, il y a encore des degrés de sensation, et une quantité; mais c'est là ce qui ressortira de l'argumentation que nous entreprendrons un peu plus loin. Pour le moment, il nous suffit de remarquer qu'avec une égale subtilité, et un égal mépris de l'ordre logique, on pourrait montrer ce qu'est l'espace, abstraction faite de la longueur et de la largeur, et la profondeur étant réduite à une vague impression de l'âme. Aussi bien qu'au temps, on pourrait enlever à l'espace sa quantité, et le réduire à une pure qualité ; alors l'espace et le temps seraient des représentations irréductibles, parce qu'elles seraient très vagues, ou plutôt parce qu'elles ne seraient pas de véritables représentations, parce qu'elles échapperaient à toute description, à toute définition, à toute pensée.

Mais si l'on attribue au temps et à l'espace la même sorte de quantité — la quantité extensive — on devra placer tous les faits de vie et de liberté en dehors du temps aussi bien que de l'espace, car on ne pourra rattacher ni à l'un ni à l'autre la quantité intensive, qui appartient à ces faits. M. Pillon[1] croit trouver une solution, en niant la quantité intensive ; ses arguments sont irrésistibles : mais nous pouvons adopter ses conclusions sans renoncer à notre propre doctrine, parce qu'il entend la quantité intensive tout autrement que nous.

[1] *La preuve cartésienne de l'existence de Dieu*, Année philosophique, t. 1.

En effet, la quantité intensive, telle que M. Pillon l'entend, ne se distingue en rien de la quantité extensive ; nous sommes donc d'accord avec lui sur un point, c'est que les faits de l'ordre intensif échappent aux lois de la quantité extensive, et ne peuvent pas se mesurer en mesures d'étendue, s'expliquer par des rapports de grandeur spatiale. Or, c'est là tout ce que M. Pillon prétend établir.

En confondant la quantité intensive avec la quantité extensive, M. Pillon ne fait qu'accepter les définitions de la quantité intensive qu'on trouve chez les divers philosophes, et qui toutes reviennent au même : les degrés de réalité s'additionnant à l'infini des Cartésiens, comme les degrés de sensation en nombre infini allant de 1 à 0 de Kant, se comptent et s'additionnent absolument comme les degrés des faits purement mécaniques, et comme les parties de l'espace.

Si l'on attribue communément aux faits de l'ordre intensif une quantité qui ne convient qu'aux faits purement mécaniques, c'est, dit avec raison M. Pillon, qu'on est séduit par la clarté absolue de la représentation de l'espace ; on veut réduire toute la nature à une simplicité géométrique, en divisant toutes les représentations, comme on divise l'étendue, en degrés absolument semblables les uns aux autres, et semblables au tout.

On s'autorise, pour faire cela, de la théorie de la réduction des qualités secondes aux qualités premières. Mais, sous son apparente simplicité, cette théorie cache une difficulté insoluble. En mesurant le mouvement en mesures spatiales, il est vrai qu'on mesure d'une certaine façon la sensation qui répond à ce mouvement; mais pour que cette mesure fût réelle, il faudrait qu'il y eût, entre les qualités premières et les qualités secondes, une ressemblance réelle, un *nexus ;* or ce nexus est introuvable ; on ne peut découvrir, dans le rapport des deux sensations, qu'un fait d'expérience, sans explication.

Il faut donc renoncer à mesurer l'une par l'autre, et reconnaître l'existence de deux ordres de faits : les faits de l'ordre extensif se mesurent en mesures d'étendue ; les faits de l'ordre intensif ne le peuvent pas ; toute mesure d'étendue appliquée à ceux-ci sera indirecte et métaphorique, fausse en principe, et souvent, en fait, inexacte, comme le prouvent les expériences mêmes de l'école psychophysique.

Toutefois faut-il conclure de là que les faits de l'ordre intensif n'ont aucune mesure et aucune quantité ? Nous ne le pensons pas ; car, pour qu'il y ait changement, ressemblance et différence, pour qu'il y ait conscience et sensation, il faut qu'il y ait communication entre les sensations ou entre les parties de la sensation ; or, communication suppose degrés et commune mesure, et partant quantité.

Si les représentations de l'ordre intensif n'avaient aucune quantité, on ne pourrait pas faire entre elles cette « comparaison d'estime et de préférence », que M. Pillon oppose à la comparaison de quantité ; s'il y a une comparaison d'estime et de préférence, il y a des degrés d'estime et de préférence ; il y a donc une quantité dans les actions morales et dans les faits vitaux, et ce n'est que par la considération de cette quantité, que peut se former la notion de perfection sensible et morale.

Si donc on ne peut pas définir une quantité intensive qui se distingue de la quantité extensive, il faut rendre aux faits de l'ordre intensif une quantité, qui sera une quantité extensive; on ne pourra constituer que par une méthode de *maximation* la notion de perfection ; la méthode géométrique sera d'un usage universel, et on tombera dans le déterminisme mécanique [1]. Et si le déterminisme mé-

---

[1] Il ne faut pas confondre le déterminisme mécanique avec le déterminisme métaphysique, dont il sera question plus loin.

canique règne dans le monde, l'espoir de pouvoir placer quelque part des faits de liberté et de vie est chimérique ; le *clinamen* est impossible, la liberté *idée-force* elle-même est une pure illusion, et le finalisme doit être renvoyé aux rêveurs et aux mystiques.

Mais si l'on peut découvrir et définir une sorte de quantité réellement distincte de la quantité extensive, le déterminisme mécanique sera réduit naturellement à n'être que la loi des faits de l'ordre extensif ; les faits de l'ordre intensif lui échapperont, ayant trouvé leur propre mesure et leur propre quantité.

§ 8. La quantité intensive.

Quel est donc le caractère spécifique de la quantité intensive, qui doit rendre compte de la qualité, de la vie, de la liberté, de la perfection sensible et morale, aussi exactement que la quantité extensive rend compte des faits mécaniques ? De quelle nature est la quantité qui se trouve dans les faits de l'ordre intensif ? Quels rapports de contenant et de contenu les parties d'une représentation de l'ordre intensif soutiennent-elles entre elles et avec cette représentation ? Ces trois questions ont le même sens, et la réponse est facile.

Les parties d'une représentation de l'ordre intensif ne s'unissent pas suivant un ordre uniforme et simple, ou par une simple addition, de telle façon que l'une d'elles ne puisse disparaître sans laisser un vide, et que par conséquent leur enchaînement soit nécessaire et sans variété : elles s'unissent par une véritable combinaison, et suivant un ordre complexe. L'une de ces parties peut disparaître sans laisser de hiatus, et, par conséquent, il n'y règne aucune nécessité absolue : seulement, si le nombre des parties change, la qualité de la représentation totale est modifiée ; car chacune de ses parties s'unit *intensivement* aux autres, c'est-à-dire projette autour d'elle des échos harmoniques. L'unité d'une représentation de l'ordre extensif tient à l'identité de toutes ses parties, semblables entre elles et semblables au tout ; l'unité d'une représentation de l'ordre intensif tient à ceci, que cette représentation est tout entière dans chacune de ses parties.

Telle est la nature de la quantité intensive. Cette définition rend compte du caractère des faits de vie et de liberté aussi clairement, et d'une façon aussi spécifique, que la définition de la quantité extensive rend compte du caractère des faits mécaniques. Elle a la même valeur, si toutefois on peut trouver à cette quantité intensive un fondement aussi solide que celui que trouve la quantité extensive dans les rapports de l'espace. C'est dans les rapports du temps qu'il nous faut trouver ce fondement.

§ 9. La quantité intensive et la durée. Théorie des trois dimensions du temps.

Mais si le temps n'est, comme on le définit généralement, qu'une simple *succession*, nous n'y trouverons aucune quantité intensive. Il est évident en effet que, si les événements se rangent dans le temps suivant une succession unilinéaire, cette ligne du temps a les mêmes caractères et la même sorte de quantité que les lignes de l'espace ; ses parties sont semblables entre elles et au tout ; on ne peut détacher l'une d'elles du tout, sans laisser un hiatus ; elles s'unissent par une simple addition. Si donc le temps est réduit à une simple succession, il perd toute son originalité ; il ne se distingue plus de l'espace que par une certaine qualité, très vague et indéfinissable ; on ne peut fonder sur les rapports du temps aucune démonstration spécifique ; il n'y a qu'une seule quantité, une seule explication des choses, une seule méthode scientifique, la quantité extensive, l'explication et la méthode géométriques.

S'ensuit-il que la succession du temps ne soit qu'une illusion spatiale ? Pour essayer de le prouver, il faut vraiment faire violence à la pensée : qu'y a-t-il au monde de plus évident et de plus certain que la chaîne du temps ? Pour la réduire à une image empruntée à l'espace, il faut se servir de la théorie des « illusions inévitables », et de la méthode de réfutation par l'absurde, théorie et méthode dont l'insuffisance saute aux yeux. Par l'absurde, on peut réfuter tour à tour les contradictoires ; et rien n'empêche d'appeler la pensée elle-même une illusion inévitable. Nous maintenons donc la succession du temps, jusqu'à ce qu'on nous montre par l'analyse ce qu'elle est.

Or, le résultat de l'analyse est très clair et très certain ; le voici : la succession est un élément essentiel du temps, mais elle ne le constitue pas tout entier ; et seule elle n'est rien. Si la succession ne rend pas compte à elle seule de la quantité des faits intensifs ou temporels, cela prouve seulement que l'analyse par laquelle on réduit le temps à la succession est incomplète.

Mais de ce que la succession est un élément essentiel et constitutif du temps, il ne s'ensuit pas qu'il règne dans le temps aucun déterminisme. La notion même d'une succession unilinéaire ne nous semble pas impliquer, comme M. Pillon et M. Bergson le prennent pour accordé, la notion d'une détermination absolue ; la théorie qui nous paraît s'imposer, dans l'hypothèse de la réduction du temps à une succession unilinéaire, est au contraire celle de l'*indépendance* des moments du temps. Le déterminisme mécanique est la loi des faits purement mécaniques, et ne peut pas se trouver dans le temps, de quelque façon qu'on le considère : il est vrai que, si le temps n'était qu'une simple succession, la liberté et la vie seraient impossibles ; mais c'est parce qu'il régnerait dans le temps un *hasard* absolu, et nullement un absolu déterminisme.

En effet, si le temps était une simple succession, les moments du temps seraient absolument indépendants les uns des autres : la différence entre le déterminisme de l'espace et le hasard du temps tiendrait à ce que l'espace est donné tout entier à la fois, et toutes ses parties au même titre, tandis que le temps s'écoule : dans l'espace, chaque point est nécessairement lié aux autres ; mais dans le temps — non pas comme écoulé, mais comme s'écoulant, et toujours dans la même hypothèse de la réduction du temps à la succession — le moment qui n'est pas encore serait absolument indéterminé à l'égard du présent et du passé, puisqu'il ne serait rien.

Il s'ensuit que, dans une simple succession, il ne pourrait y avoir ni conscience, ni puissances d'aucune sorte ; en effet, la conscience du temps et toutes les puissances sont dans le présent ; et pour qu'elles existent, il faut que le présent renferme d'une certaine façon le passé et l'avenir. Or, que serait le présent dans une simple succession ? Ce serait un instant, une pure limite ; nullement un *lien* entre le passé et l'avenir, mais au contraire une séparation absolue.

Cette ligne de la succession elle-même, que serait-elle ? Rien. Pas plus dans le temps que dans l'espace, une ligne n'est rien, car elle n'est composée que de points sans aucun corps. Si le temps était une simple succession, il serait impossible d'avoir plusieurs pensées à la fois ; ou bien ce serait un *miracle*. Or nulle pensée n'est simple : si le temps n'était qu'une succession, il serait impossible d'unir un sujet à un attribut ; il serait impossible d'avoir une perception ou une sensation.

On ne résout pas la difficulté en disant qu'il y a plusieurs lignes parallèles de succession : des lignes parallèles ne feraient pas un corps, pas plus dans le temps que dans l'espace ; si près qu'elles fussent l'une de l'autre, elles ne se toucheraient pas, et n'auraient aucune communication. Si les lignes parallèles du temps communiquent entre elles et font un corps, c'est que le temps n'a pas une seule dimension, mais deux, et trois dimensions.

La théorie des trois dimensions du temps doit avoir pour effet de soustraire au déterminisme mécanique — aussi bien qu'au hasard d'une pure succession — les faits de vie, de pensée et de liberté, qui se développent dans le temps; elle doit atteindre ce résultat, non pas en enlevant au temps toute quantité, comme le font M. Pillon et M. Bergson, mais en lui attribuant la quantité intensive, telle que nous venons de la décrire.

La première dimension du temps est la *succession*; la seconde est la *simultanéité*, ou coexistence.

En définissant l'étendue comme coexistence, Leibnitz fait une confusion étrange : l'idée de coexistence appartient au temps, et nullement à l'espace; coexistence en effet ne signifie pas *juxtaposition*: la coexistence du sujet et de l'attribut dans le jugement n'implique aucune juxtaposition, et la juxtaposition de deux points dans l'espace n'implique aucune coexistence, puisqu'ils peuvent être perçus successivement.

La coexistence ou simultanéité est donc, comme la succession, une dimension du temps ; pas plus que la succession, elle ne constitue à elle seule le temps. Si, après avoir nié que le temps soit une pure succession, on le réduisait à une pure simultanéité, on verrait reparaître toutes les difficultés qu'on aurait d'abord écartées. Mais, comme la succession, la simultanéité n'est qu'une ligne du temps, une dimension sans corps : dans une simple simultanéité, sans succession, il n'y aurait aucune sensation, aucune pensée.

La simultanéité n'est autre chose que la communication ou la liaison des lignes de succession du temps. Ensemble, la succession et la simultanéité forment le *plan objectif* de la conscience.

Qu'on ne se trompe pas sur ces mots : il y a là autre chose qu'une image spatiale; le plan du temps n'est pas la même chose que le plan de l'espace. L'espace apparaît d'abord — sinon chronologiquement, ce qui est douteux, et ici sans importance, du moins logiquement — comme une surface plane ; il faut un acte nouveau de l'esprit pour lui donner une profondeur, et constituer enfin un corps ou une quantité; de même, le plan du temps est l'ordre des événements suivant la succession et la simultanéité : c'est le plan objectif de la conscience ; les événements y sont représentés comme successifs et simultanés, mais non encore comme pénétrés par la conscience. La conscience les pénètre par la troisième dimension du temps.

Cette troisième dimension est donc la *pénétration :* nous ne l'appelons pas *profondeur*, afin d'éviter l'amphibologie ; car il ne faut pas croire qu'il y ait ici encore une image spatiale : la profondeur qui appartient au temps n'est pas la même chose que la profondeur de l'espace ; celle-ci s'évalue en longueurs homogènes, celle-là en degrés complexes de conscience.

Ce que nous appelons la pénétration, on l'appelle communément la conscience elle-même; mais c'est à tort, car la succession et la simultanéité sont des éléments tout aussi nécessaires de la conscience. Il serait facile peut-être de reconnaître encore cette pénétration dans le temps lui-même, tel que le conçoit M. Bergson, c'est-à-dire privé de la succession et de la simultanéité, ou du plan objectif de la conscience.

Sans la succession et la simultanéité, ce qui reste du temps ne serait, selon M. Bergson, qu'une impression vague; selon nous, ce ne serait rien du tout. De même, si la pénétration s'évanouit complètement, le plan objectif de la conscience disparaît aussi — de la même façon que, sans profondeur, une surface n'est rien. — Ce plan demeurant le même, la pénétration peut varier ; et le plan objectif peut varier, la pénétration demeurant la même. La pénétration a donc tous les caractères nécessaires pour être une troisième dimension du temps.

§ 10. Distinction de la durée, ou quantité intensive, et de l'étendue, ou quantité extensive.

Comme aucune des dimensions du temps n'est identique à l'une quelconque des dimensions de l'espace, le temps et l'espace, bien qu'unis indissolublement dans la représentation, n'ont pas la même mesure : à un espace restreint peut correspondre, dans tel ou tel fait, une durée immense ; et, dans tel autre, une immense étendue peut être perçue dans un court moment. A vrai dire, et abstraitement, chaque moment de la durée contient l'espace tout entier, et chaque partie de l'espace, tout le temps. Ce qui est séparé dans le temps peut être uni dans l'espace, et ce qui dans l'espace est nécessairement déterminé peut être libre dans le temps.

Les trois dimensions de l'espace sont de même nature, et leur ordre peut être renversé : la profondeur peut être prise pour la longueur ou pour la largeur : l'espace est donc donné tout entier, et toutes ses parties au même titre ; il est uniforme et homogène. Au contraire, les trois dimensions du temps ne peuvent pas être interverties, ni prises l'une pour l'autre : le temps n'est donc pas homogène, et toutes ses parties ne sont pas données au même titre. Il y a donc un ordre réel du temps, un passé, un présent et un avenir.

L'unité de l'espace tient à l'identité de toutes ses parties, qui toutes également possèdent ses trois dimensions : l'unité du temps est tout entière dans le présent, où seulement se trouvent les trois dimensions du temps.

L'ordre du temps n'est pas une pure succession, car

le présent renferme le passé et l'avenir : il renferme le passé et l'avenir non par une simple addition, mais par une véritable combinaison; non avec toutes leurs déterminations, mais avec leurs puissances réelles; non dans un ordre uniforme et absolu, mais dans un ordre complexe et harmonique.

Ainsi, l'on échappe à la fois au hasard et au déterminisme, à la doctrine de l'indépendance des moments du temps, et à celle de leur liaison nécessaire. Le temps ainsi défini rend compte de la richesse et de l'harmonie des faits de vie et de liberté; il se distingue nettement de l'espace; il constitue la quantité intensive que nous cherchons, aussi évidemment et au même titre que l'espace constitue la quantité intensive.

§ 11. Le terme de l'abstraction. La relation fondamentale. L'unité synthétique de la conscience.

Si l'on admet la réduction de la durée à la quantité intensive, on coupera court à cet agnosticisme nouveau, fondé sur le temps, qui tend à s'établir en France, et à succéder à l'agnosticisme spatial des Anglais. Le *moi véritable* ne peut plus être caché et enveloppé dans l'inconscient; les faits de vie et de liberté ne peuvent plus échapper aux lois rigoureuses de la logique, si, sous l'image du temps, on trouve des rapports précis, et une quantité déterminée.

Ainsi enfin il devient possible de découvrir l'unité universelle de la connaissance, et de dégager par l'abstraction un principe unique de toutes les synthèses, une loi qui s'applique à toutes les représentations, à tous les faits et à tous les objets de l'expérience. En effet, on pourra éliminer par l'abstraction la qualité de l'espace et la qualité du temps, qui sont des sensations de l'imagination, indépendantes des déterminations des sens extérieurs, mais qui sont encore cependant des déterminations sensibles, constituant la différence de la quantité extensive et de la quantité intensive.

Sous la quantité extensive, c'est-à-dire sous les rapports spatiaux, et sous la quantité intensive, c'est-à-dire sous les rapports temporels, on découvrira ainsi une seule et même relation, qui sera illustrée dans l'espace et dans le temps, et partant dans toutes les représentations abstraites et concrètes.

Quelle est cette relation? On est tenté de répondre : c'est la *quantité pure* ou le *nombre*. Mais cette réponse ne contient aucune solution : il n'y a pas en effet de nombre pur; il y a deux sortes de nombres : l'un n'est autre chose que la quantité extensive, l'autre n'est autre chose que la quantité intensive. Si le nombre est composé d'éléments semblables entre eux et semblables au tout, unis dans une simple somme, le nombre n'est que la quantité extensive; s'il est composé d'éléments hétérogènes, qui projettent autour d'eux des échos harmoniques, ou qui renferment chacun le tout, le nombre n'est que la quantité intensive. Il faut donc chercher ce qu'il y a de commun et de fondamental dans ces deux sortes de nombres ou de quantités.

Comme tout nombre ou toute quantité se compose de deux éléments, à savoir une pluralité ou diversité, et une unité, il faut chercher si ce qu'il y a de commun entre la quantité extensive et la quantité intensive, c'est l'un ou l'autre de ces deux termes, ou si c'est seulement leur relation.

Ce qu'il y a de commun dans les deux sortes de quantités, ce ne peut être la pluralité, puisque cette pluralité est constituée d'une part par des éléments homogènes, et d'autre part par des éléments hétérogènes, et qu'elle est la détermination sensible qui différencie une quantité de l'autre, c'est-à-dire précisément ce dont il faut faire abstraction.

Ce ne peut pas être non plus l'unité comme somme, ou comme combinaison de cette pluralité : cette unité n'est encore que le nombre lui-même ; si la pluralité, dans les deux sortes de quantités, est différente, la somme ou la combinaison de cette pluralité est aussi différente, et il faut encore l'éliminer, pour gravir le dernier degré de l'abstraction.

Ce qu'il y a de commun dans les deux sortes de quantités ne peut donc être que la relation de leur pluralité et de leur unité : et, en effet, cette relation est dans les deux cas une *synthèse*. Dire que le rapport entre l'unité et la pluralité d'une somme de parties homogènes, aussi bien que le rapport entre l'unité et la pluralité d'une combinaison de parties hétérogènes, est une relation synthétique, n'est paradoxal que si l'on s'en tient à une observation purement extérieure de ces quantités. Mais si on les examine du point de vue de la logique, c'est-à-dire du mode de la connaissance qui se fait en elles, on voit très bien qu'une pluralité ne deviendrait ni une somme ni une combinaison, qu'une diversité sensible quelconque ne deviendrait pas une représentation, sans un acte synthétique, toujours le même au fond dans toute l'étendue de la pensée, et qui donne à la diversité sensible une unité sans laquelle elle ne formerait pas une connaissance. Ce qu'il y a de commun et de fondamental dans la représentation d'une quantité extensive, et dans celle d'une quantité intensive, et par conséquent dans toutes les représentations abstraites et concrètes, c'est donc qu'elles possèdent une même unité synthétique, qui est *l'unité essentielle de la conscience*.

En faisant de l'unité de la conscience la loi suprême et universelle de la connaissance, il semble que nous tombons enfin dans la doctrine Kantienne de l'*Unité de l'Apercep-*

tion, et qu'après avoir combattu, à tous les degrés de l'abstraction, les formes transcendantales, nous sommes contraints de reconnaître, au sommet de la pensée, l'existence d'une unité qui n'est autre chose qu'une forme pure, laquelle ferait de la pluralité qui lui serait *subsumée* une somme, une combinaison, une représentation quelconque. Mais il n'y a là qu'une fausse apparence, qu'il est facile de détruire : ce que nous appelons l'unité de la conscience n'est pas la même chose que l'unité de l'aperception de Kant.

Si l'unité de la conscience était une forme pure, il n'y aurait aucune *homogénéité* entre cette unité de la forme, et la représentation elle-même, dans laquelle l'unité ne peut pas être séparée par l'abstraction de la diversité; c'est-à-dire que cette forme ne serait pas applicable directement et simplement à cette représentation, et répugnerait à recevoir aucun contenu, bien qu'on prétendît l'avoir obtenue simplement et logiquement en vidant de tout son contenu une représentation : ce qui est une inconséquence.

Mais, pour nous, ce que nous appelons l'unité de la conscience, ce n'est pas l'unité de la représentation, abstraction faite de sa diversité; c'est au contraire l'indissoluble union de cette unité et de cette diversité. L'unité de la conscience n'est pas un principe subjectif : elle est elle-même une unité synthétique, une synthèse, la synthèse même de la diversité et de l'unité, du contenant et du contenu, du connaissant et du connu, du sujet et de l'objet, du Déterminant et de l'Indéterminé ; elle ne reçoit pas un contenu dans l'expérience, elle y est illustrée : elle n'est autre chose que le principe synthétique lui-même.

Il y a donc bien dans toute représentation un élément purement subjectif, opposé à un élément purement objectif, mais l'abstraction est radicalement impuissante à l'isoler : seule l'analyse en est capable.

Et ce n'est pas là une vaine subtilité; car si l'unité

suprême que l'abstraction dégage — c'est-à-dire l'unité de la conscience — est une forme purement subjective, alors toute connaissance que nous pourrons avoir d'un Sujet et d'un Objet véritables et absolus lui devra être soumise, c'est-à-dire devra être un contenu de la conscience subjective, et par conséquent ne représentera pas un Sujet et un Objet véritables, mais un sujet et un objet phénoménaux, ou tels qu'ils apparaissent au moi sensible.

Mais, si l'unité de la conscience n'est pas un principe subjectif des synthèses, c'est-à-dire des représentations, si elle est elle-même une synthèse, si la représentation n'est pas un contenu de la conscience, aux formes de laquelle toute réalité devrait être soumise pour être connue, si la représentation et la conscience ne sont qu'une seule et même chose, alors le sujet de la représentation n'est pas hors de la représentation, ni l'objet de la conscience hors de la conscience : la conscience de soi est la connaissance immédiate d'une réalité tout autant objective que subjective ; le Sujet et l'Objet véritables et absolus ne sont pas soumis à l'unité de la conscience, mais la conscience n'est autre chose que l'indissoluble union de ce véritable Sujet et de ce véritable Objet.

C'est ce qui va être expliqué dans le chapitre qui suit.

CHAPITRE IV

L'ANALYSE, ET LA SIGNIFICATION DES IDÉES

§ 1. L'abstraction progressive, et l'analyse. La table des Idées.

Cette abstraction progressive qui, sans rencontrer aucune notion irréductible, aboutit en dernier lieu à la relation entièrement abstraite, unique et universelle, d'un connaissant et d'un connu, d'un sujet et d'un objet, d'un Déterminant et d'un Indéterminé, constitue à elle seule toute la méthode de l'Empirisme : avec les déterminations sensibles des représentations abstraites de causalité, de substantialité, de durée et d'étendue, tombent aussi en effet les Idées de Cause et de Substance, et toutes les autres : par quoi il est évident que ces Idées ont leur origine dans la sensation.

Mais les empiriques s'arrêtent à cette relation dernière, et n'en cherchent aucune explication : ils laissent donc sans solution, ou plutôt ils négligent entièrement le problème des rapports du connaissant et du connu, du sujet et de l'objet, du Déterminant et de l'Indéterminé, c'est-à-dire le problème de la vérité de l'expérience. S'ils s'apercevaient de l'existence de ce problème, ils verraient aussi que les différentes Idées de la Raison en représentent seulement les formes diverses, et que, si les déterminations sensibles qui les diversifient sont éliminées par l'abstraction, ce qu'il y a d'essentiel dans leur signification ne peut pas être éliminé de la même manière, et demeure tout entier dans les deux termes de la relation universelle complètement abstraite.

Le problème de la vérité de l'expérience naît de l'analyse de cette relation ; et comme elle se trouve illustrée dans toutes les représentations que l'abstraction progressive a dégagées et réduites l'une dans l'autre, la même analyse doit aussi opposer l'un à l'autre les deux termes qui sont unis synthétiquement dans les abstractions logiques : on retrouve ainsi les problèmes que l'Empirisme n'a pas résolus, les Idées qu'il n'a pas expliquées, bien qu'il en ait indirectement montré l'origine dans la sensation.

Ces Idées se rangeront donc en deux séries corrélatives :

Idées répondant au Déterminant.	Idées répondant à l'Indéterminé.
INSTANT,	CONTINU TEMPOREL,
POINT,	CONTINU SPATIAL,
CAUSE,	EFFET,
SUBSTANCE.	MODE.

§ ?. L'analyse et la corrélativité des Idées.

Il est bien clair qu'il ne s'agit pas ici d'une cause, d'une substance, d'un effet et d'un mode sensibles, ni d'un instant et d'un point qui seraient une durée et une étendue très petites, ni d'un continu qui serait une durée ou une étendue réelles ou imaginées : ce seraient là en effet des représentations, et partant des relations, non des Idées. Il ne s'agit pas non plus d'une cause qui produirait des effets, sans être elle-même l'effet d'une autre cause, d'une substance qui soutiendrait des modes sans être soutenue par une autre substance, d'un effet qui serait produit par une cause sans être à son tour cause d'un autre effet, d'un mode qui serait soutenu par une substance sans soutenir à son tour d'autres modes : bien que l'objet de pareilles représentations soit placé, par les métaphysiciens qui les imaginent, en dehors du domaine de l'expérience possible, ce sont aussi des représentations, et partant des relations, que l'analyse aurait encore à dissocier, pour isoler les Idées.

Puisque les Idées ne sont que les termes des relations abstraites, pour concevoir l'Idée de Cause *en elle-même*, il faut la séparer de toute Idée d'Effet, et n'imaginer, ou se représenter, aucun *rapport* de causalité, dans lequel l'analyse trouverait encore deux termes, c'est-à-dire deux Idées. Pour concevoir l'Idée d'Effet *en elle-même*, il faut aussi la séparer de toute Idée de Cause, et l'affranchir entièrement de toute représentation de causalité. Il en est de même de toutes les Idées de la Raison.

C'est ainsi que les métaphysiciens peuvent dire, ce qui, au premier abord paraît être une simple absurdité, que la Cause et la Substance absolues sont parfaites comme cause et comme substance, quoique leurs effets et leurs modes soient imparfaits ; et, si nous voulons considérer une conséquence plus élevée encore, c'est ainsi que dans les plus purs systèmes de métaphysique, les réalités empiriques, qui sont à la fois causes et effets, substances et modes, sont dissoutes et anéanties par l'analyse, et qu'une Cause et une Substance absolues s'opposent à une pure Matière, avec laquelle elles n'ont aucune communication.

Cette séparation, dira-t-on, est impossible à la pensée. En effet elle est impossible à l'imagination, mais elle n'est pas impossible à la Raison : comme une représentation est une synthèse de deux termes, nous concevons bien, par l'analyse, deux termes, quand nous imaginons cette relation.

L'erreur des métaphysiciens est de croire que cette conception est double, c'est-à-dire qu'une conception particulière, ayant une unité propre, répond à chacun de ces deux termes, et que la Raison constitue par conséquent un mode de connaissance différent de la connaissance sensible. En réalité, la connaissance sensible étant une synthèse, la Raison n'est autre chose que *l'analyse de cette synthèse :* les deux Idées corrélatives ne font ensemble qu'une seule unité, qui est une unité synthétique, qu'une seule pensée; nous concevons bien deux termes d'une relation synthétique, mais nous les concevons comme opposés et unis dans l'unité d'une même pensée, qui est une représentation sensible.

Tel est bien, en effet, le caractère que nous avons attribué aux Idées de la Raison ; et c'est précisément ce caractère qui nous sert à édifier la théorie de la vérité absolue de l'expérience : si les Idées sont ainsi corrélatives, et n'ont de signification quelconque que par leur opposition et leur union dans l'unité synthétique d'une représentation, il en sera de même de l'esprit et de la matière, de l'action et de la passion, du connaissant et du connu, du pur sujet et du pur objet.

En effet, les relations d'esprit et de matière, d'action et de passion, de connaissant et de connu, de sujet et d'objet étant, comme on l'a vu, des caractères communs à toutes les représentations, selon l'aspect sous lequel on les envisage, leurs deux termes ne trouveront pas une place distincte dans le tableau des Idées, mais ils ne sont autre chose que des caractères divers des Idées, suivant l'aspect sous lequel on les envisage. Ainsi les Idées qui répondent au Déterminant expriment le pur esprit, la pure action, le pur connaissant, le pur sujet ; et les Idées qui répondent à l'Indéterminé expriment la pure matière, la pure passion, le pur connu, le pur objet.

§ 3. L'Instant et le Point, la Cause et la Substance, Idées subjectives.

On confond souvent les Idées purement rationnelles de l'Instant et du Point avec l'Idée dialectique de l'Infiniment petit, en considérant l'Instant et le Point comme les limites de la division indéfinie de la durée et de l'étendue.

L'Instant et le Point, considérés comme les limites de la division de la durée et de l'étendue, sont des Idées objectives, empruntées au *Mécanisme*, qui est un système de métaphysique objective. Mais le Mécanisme est antinomique et contradictoire, à cause même de l'impossibilité d'arriver par la division aux derniers éléments de la durée et de l'étendue, c'est-à-dire d'expliquer le mouvement comme quelque chose d'objectif. L'Instant et le Point, considérés comme limites de la division, c'est-à-dire comme des Idées objectives, sont donc dialectiques et contradictoires : mais ce sont de pures chimères, et non des Idées répondant à des problèmes nécessaires de la Raison. Le pur Objet ne peut être considéré que comme un Continu infini, sans aucun instant ni aucun point. L'Instant et le Point appartiennent au pur Sujet.

L'Instant et le Point ne sont ni dialectiques ni contradictoires, considérés comme des termes d'analyse, comme les éléments déterminants des synthèses temporelles et spatiales. Alors ils sont des Idées subjectives.

Le véritable usage des Idées de l'Instant et du Point se trouve, en bonne métaphysique, dans les systèmes *dynamiques*, c'est-à-dire dans les systèmes qui réduisent toute réalité au sujet : l'usage de ces Idées n'est nullement antinomique dans le Dynamisme, parce que l'Instant et le Point y sont considérés comme de purs centres d'action, comme sièges d'unités de force et de conscience, unités qui ne sont pas contiguës. L'Idée du Continu est, en effet, complètement étrangère à un tel système ; et si les métaphysiciens dynamistes prétendent *faire* le continu avec le simple, le continu qu'ils font, étant d'ordre intellectuel, est tout autre chose que le véritable Continu que l'analyse dégage des représentations de durée et d'étendue. Le sujet peut être réduit à un Instant et à un Point, dans un système de métaphysique qui n'implique pas contradiction : l'objet ne le peut pas ; l'Instant et le Point ne peuvent pas être le siège d'un mode et d'un effet, ils sont le siège d'une Cause et d'une Substance absolues.

Or, les Idées de Cause et de Substance, répondant au Déterminant, sont aussi des Idées subjectives.

Comme, dans l'expérience, nous ne saisissons la cause et la substance sensibles qu'en nous-mêmes — ou, si nous les saisissons dans les choses hors de nous, ce n'est qu'en tant que nous croyons les connaître intérieurement — il est évident que les Idées de Cause et de Substance doivent se rapporter au pur Sujet. Les Idées de Cause et de Substance ne sont pas les limites idéales de régressions indéfinies ; la Cause et la Substance métaphysiques ne sont pas une Cause et une Substance qui seraient à l'origine d'une série infinie d'effets et de modes : si l'on définit ainsi la Cause et la Substance, c'est qu'on en cherche les Idées dans les systèmes mécaniques et cosmologiques, où elles sont, en effet, dialectiques et contradictoires, mais où elles ne devraient pas avoir place. C'est dans les systèmes dynamiques et théologiques, c'est-à-dire dans les systèmes dont les éléments sont des Idées internes, ou se rapportant au pur Sujet, qu'il faut chercher les véritables Idées de Cause et de Substance : là elles n'ont plus rien de dialectique ni de contradictoire ; en effet, elles ne sont pas mises en relation avec des séries de modes ou d'effets ; elles perdent toute relation et toute communication avec un effet ou un mode quelconques. Et c'est ainsi seulement qu'elles peuvent être vraiment *absolues*, c'est-à-dire ne contenir en elles-mêmes aucune relation, et n'être pas relatives à autre chose.

§ 4. L'Effet et le Mode, le Continu temporel et le Continu spatial, Idées objectives.

Les Idées d'Effet et de Mode purs et absolus ne se trouvent pas dans les systèmes théologiques, mais dans les systèmes cosmologiques : c'est-à-dire que ce sont des Idées se rapportant non au pur Sujet, mais au pur Objet.

En effet, dans l'expérience, nous ne sommes jamais pour nous-mêmes des effets et des modes sensibles : nous cherchons nos effets et nos modes hors de nous ; et dans les choses extérieures même, les effets et les modes nous paraissent être une expansion, un développement externe de ces choses. Les Idées de l'Effet et du Mode purs doivent donc nécessairement être la matière des problèmes que la Raison pose sur la nature de l'Objet pur.

Les Idées d'Effet et de Mode, puisqu'elles sont corrélatives aux Idées de Cause et de Substance, ne se confondent pas plus avec le Continu, que les Idées de Cause et de Substance ne se confondent avec l'Instant et le Point. Mais, de même que la Cause et la Substance ont pour siège l'Instant et le Point, l'Effet et le Mode purs ont pour siège le Continu temporel et le Continu spatial. Il nous reste donc seulement enfin à montrer que le Continu est une Idée se rapportant à la nature du pur Objet.

Pour comprendre cela, il faut se garder de confondre le Continu temporel et le Continu spatial, soit avec la durée et l'étendue sensibles, soit avec le temps et l'espace infinis. La durée et l'étendue sont des représentations qui se font indéfiniment, mais qui sont toujours déterminées ; le temps et l'espace infinis ou *en soi*, Idées dialectiques, nullement nécessaires, à notre avis, et entièrement vaines, seraient encore des représentations, bien que leur objet fût placé en dehors de toute expérience possible ; ayant des parties et des proportions intérieures déterminées, ils seraient des synthèses, dans lesquelles l'analyse aurait encore à opposer deux termes rationnels, dont l'un serait le Continu. Le Continu n'est pas absolu parce qu'il n'a pas de limites extérieures — attendu qu'il n'y a pas en lui de distinction de l'intérieur et de l'extérieur — il est absolu parce qu'il n'y a en lui aucun instant et aucun point, aucun principe subjectif de détermination.

Il ne peut donc y avoir aucune image du Continu : l'imagination a besoin de limites et de points de repère, autrement elle se perd et s'anéantit ; une durée purement continue, c'est-à-dire sans changements, pourrait être longue d'un siècle : elle serait un instant pour l'imagination ; dans une durée et dans une étendue extrêmement petites, l'imagination, si elle les isole, peut placer un monde. Toutes les dimensions de l'Univers imaginable pourraient être changées, sans que l'imagination fût affectée de ce changement : mais c'est parce qu'une telle hypothèse n'a aucun sens, pas plus pour l'imagination que pour la pensée : comme la pensée, l'imagination divise indéfiniment la durée et l'étendue qu'elle *fait*, sans jamais saisir le Continu en lui-même.

Aussi le sujet empirique, le moi actif s'attribue-t-il à lui-même les qualités sensibles des choses avant de s'attribuer le mouvement ; ensuite il reconnaît qu'il peut créer le mouvement, et la durée et l'étendue déterminées ; mais il se heurte toujours, s'il veut aller jusqu'à l'Absolu, à un pur Continu, qui est un Non-Moi absolu. Le Continu est la Matière première, le Non-Etre, l'Idée cosmologique et objective par excellence : sur ce point, tous les métaphysiciens sont d'accord, de Platon à Spencer.

§ 5. Le Sujet et l'Objet absolus et la Conscience.

Mais ici se présente encore, avec une nouvelle apparence de vérité, l'objection tirée de la théorie des formes pures.

On nous accorde que la Cause et la Substance, l'Instant et le Point — que nous avons appelés des Idées subjectives — représentent les principes de détermination introduits dans l'expérience par le sujet ; on nous accorde que le Continu — ainsi que le Mode et l'Effet purs, qui, dit-on, se ramènent au Continu — représentent un élément absolument indéterminé, sur lequel s'exerce l'action de ces principes subjectifs. Mais ces principes déterminants et subjectifs, et ces principes indéterminés et objectifs ne peuvent pas nous faire connaître le Sujet et l'Objet absolus, puisqu'ils sont également des éléments d'un sujet empirique, d'un moi phénoménal, de la conscience. Comme ni les uns ni les autres n'ont aucune détermination, ce ne sont pas des objets de la connaissance du moi, mais bien des formes de cette connaissance ; les uns sont des formes du Déterminant, c'est-à-dire des *catégories;* les autres, des formes de l'Indéterminé, c'est-à-dire des *intuitions pures.*

Et il est bien vrai que les catégories et les intuitions pures sont opposées de la façon que nous avons dit que l'étaient les Idées subjectives et les Idées objectives, c'est-à-dire qu'elles n'ont d'usage et même de signification que dans l'unité de leur synthèse ; mais cette synthèse se fait entre des formes pures, dans la pure faculté de connaître. Elle est nécessaire pour que quelque chose soit déterminé ou connu, mais elle ne nous fait pas sortir du moi phénoménal. L'Etre lui-même, soit comme Sujet, soit comme Objet, l'âme qui connaît, et le monde dont elle connaît les phénomènes, sont en dehors de cette synthèse. L'unité synthétique de la connaissance est donc seulement une *unité intellectuelle,* et non une *unité rationnelle.*

Ainsi, peu importent les noms qu'on donne aux deux éléments purs des synthèses empiriques : des Idées subjectives et des Idées objectives, aussi bien que des catégories et des intuitions pures, et tous les principes de connaissance, font partie du moi empirique ; par conséquent, ni le pur Sujet, ni le pur Objet ne peuvent être connus.

Le pur Sujet et le pur Objet ne peuvent pas, sans contradiction, être soumis à la détermination essentielle de la connaissance, à laquelle les Idées de ce pur Sujet et de ce pur Objet seraient nécessairement soumises [1] : le Sujet, dès qu'il serait connu, deviendrait *objet* de connaissance, et l'Objet deviendrait subjectif ; les Idées subjectives et les Idées objectives ne peuvent représenter le pur Sujet et le pur Objet que dans le sujet empirique : tout le drame de la connaissance se passe dans l'unité de la conscience, c'est-à-dire dans le sujet sensible, dans le moi empirique.

§ 6. L'unité de la conscience.

Il est impossible d'échapper à ce raisonnement, si l'on admet que l'unité de la conscience — hors de laquelle évidemment la connaissance ne peut pas sortir — est une forme subjective, c'est-à-dire que la conscience elle-même est un *sujet sensible*. Mais c'est ce que les métaphysiciens que Kant combat n'admettent pas ; en quoi ils ont raison.

Nous accordons sans peine à Kant que l'Idée de la psychologie rationnelle telle qu'il l'entend est absurde : mais il n'y a rien de tel chez Descartes ; il proteste même explicitement d'avance contre une telle interprétation de sa doctrine. En métaphysique, Descartes n'a jamais songé à réaliser l'unité de la conscience pour en faire un Sujet absolu ; le Sujet absolu dans son système, il l'appelle l'Esprit, mais ce n'est nullement un *moi* nouménal ; ce

---

[1] Kant, *Raison pure*, Barni, t. II, p. 4-5.

Sujet absolu, cet Esprit est Dieu ; il n'est pas saisi comme *objet* de connaissance, il demeure Sujet absolu ; son Idée n'est nullement soumise à l'unité de la conscience ; son existence n'est nullement *déduite*[1] de cette unité ; pour le penser, il faut *dissocier* cette unité ; il est le principe déterminant de la conscience : c'est ainsi, en effet, qu'il faut comprendre cette assertion, que Dieu est Esprit, bien qu'il soit soustrait à toutes les conditions de la pensée. C'est l'union de ce pur Sujet — qui est Dieu — avec un principe d'indétermination — lequel n'est autre chose que le pur Objet — qui constitue l'unité de la conscience et de l'expérience.

Le Sujet métaphysique n'est donc nullement, dans le système de Descartes, l'unité de la conscience ou du moi empirique, réalisée dans l'Absolu. Quant au moi empirique, ou à la conscience, elle n'est nullement un *sujet logique*. L'objection que Hobbes fait à la théorie de Descartes tombe complètement à faux ; mais, par contre, elle porte juste contre la doctrine que Kant attribue à tort à Descartes, et qu'il tient lui-même pour accordée et indiscutable, doctrine d'après laquelle la conscience serait un sujet logique, ce qui forcerait à chercher l'Idée d'un Sujet absolu à la limite d'une série indéfinie.

« Ce n'est pas, dit Hobbes, par une autre pensée, que j'infère que je pense ; car encore que quelqu'un puisse penser qu'il a pensé — laquelle pensée n'est autre chose qu'un souvenir — néanmoins il est tout à fait impossible de penser qu'on pense, ni de savoir qu'on sait, car ce serait une interrogation qui ne finirait jamais : d'où savez-vous que vous savez que vous savez[2] ? »

Descartes aurait pu écrire cela lui-même ; il n'y a dans le *Je pense, donc je suis*, aucune inférence d'un sujet

---

[1] Kant, *Raison pure*, Barni, t. II, p. 13.
[2] Hobbes, 3ᵉˢ obj., Œuvres de Descartes.

logique à un Sujet absolu : ce qui reviendrait, comme Kant le montre, à une inférence d'un sujet logique à un *Objet* absolu ; le *je*, dans les deux membres de phrase, a le même sens ; il n'a pas, d'une part, le sens d'un sujet logique, et d'autre part, le sens d'un Sujet absolu. Pour que l'unité de la conscience — unité exprimée par le mot *je* — fût un sujet logique, une forme subjective, il faudrait que la diversité de la conscience, la représentation — exprimée par le mot *pense* — pût être considérée comme le contenu d'une telle forme subjective ; or c'est là ce que Descartes n'a jamais songé à soutenir, et ce qui est insoutenable. En vertu de l'unité de la conscience, mes représentations ne sont pas miennes seulement : elles sont moi-même. Le mot *je* n'a donc pas d'autre sens que le mot *pense*, et le mot *suis*. La conscience est la représentation tout entière, non en tant qu'elle est rapportée à un sujet — car, pour la rapporter à un sujet, il faudrait se placer en dehors et au-dessus de la conscience même — mais en tant simplement qu'elle est *une*. Avec le *Je pense, donc je suis*, on ne sort pas du domaine empirique : la conscience sensible est tout autant objective que subjective, et c'est dans la conscience même, c'est-à-dire dans la représentation, c'est-à-dire dans l'expérience, que l'identité du sujet et de l'objet est évidente sans démonstration.

§ 7. La dissociation de l'unité de la conscience. Connaissance immédiate du Sujet et de l'Objet absolus.

En considérant le *je* de la conscience, ou l'Unité de l'Aperception, comme un sujet logique, comme le « véhicule et le soutien des Idées de la Raison aussi bien que des concepts de l'entendement »[1], Kant, comme il s'en rend fort bien compte, ne fait que répéter, sous une autre forme, le principe postulé en quelques mots au début de

---

[1] Kant, *Raison pure*, Barni, t. II, p. 4-5.

la *Critique de la Raison pure*, et sur lequel tout son système est construit, à savoir qu'il y a des choses en soi hors de l'expérience, et dont nous ne pouvons connaître que les phénomènes.

La conception des choses en soi n'est pas seulement légitime, selon lui ; elle est nécessaire, parce que, si toute réalité, pour être connue, doit être soumise à une unité qui n'est qu'une forme du moi, la loi suprême d'une *faculté de connaître*, ce n'est plus la réalité qui est connue, mais son phénomène, c'est-à-dire ce qui apparaît au moi. Ainsi, toutes les formes de l'entendement fournissent des concepts purs, par lesquels nous ne déterminons ou ne *connaissons* rien, il est vrai — parce que la connaissance déterminée se fait par une synthèse qui a lieu à l'intérieur du moi — mais par lesquels nous *pensons* quelque chose en dehors de l'unité de la conscience, c'est-à-dire en dehors de l'expérience réelle et possible, par cela même que nous reconnaissons que toute expérience réelle ou possible est purement phénoménale.

Pour nous, il est tout aussi impossible de sortir de l'unité de la conscience par une *pensée* quelconque, que par une connaissance déterminée ; nous ne pouvons pas plus concevoir la possibilité d'un Sujet ou d'un Objet en soi hors de cette connaissance, que déterminer ou connaître un tel Sujet et un tel Objet, parce que, l'unité de la conscience n'étant autre chose que le *principe synthétique*, c'est-à-dire la synthèse du Déterminant et de l'Indéterminé, et la conscience, identique à la représentation, n'étant autre chose que la synthèse du sujet et de l'objet de la connaissance, c'est-à-dire une réalité saisie immédiatement, nous ne pouvons concevoir un Sujet et un Objet absolus, qu'*en dissociant l'unité de la conscience*.

Il faut bien, en effet, dissocier l'unité suprême de la pensée, pour considérer en eux-mêmes deux termes d'analyse, qui ne peuvent être *pensés* que par opposition l'un à l'autre dans une seule et même *pensée* ; il faut bien dissocier la pensée, pour séparer l'Idée de Cause de l'Idée d'Effet, l'Idée de Mode de l'Idée de Substance ; et comme toutes les Idées se rapportent aux problèmes que la Raison pose sur la nature absolue du sujet et de l'objet, il faut bien dissocier l'unité de la pensée pour considérer séparément un pur Sujet et un pur Objet.

Ainsi, puisque les Idées de la Raison, qui représentent le Sujet et l'Objet absolus, ne sont pas soumises à l'unité de la conscience, mais qu'elles sont les éléments de cette unité, elles peuvent bien représenter les éléments absolus d'une réalité qui est donnée immédiatement dans la conscience, c'est-à-dire qui est la conscience elle-même ; et les Cartésiens pouvaient avoir raison de dire que ce n'est pas la conscience qui produit l'Idée de Dieu — c'est-à-dire du Sujet absolu — mais que c'est l'Idée de Dieu qui est la condition de la réalité de la conscience, que Dieu est à lui-même son Idée, et qu'en saisissant l'Idée de Dieu, nous connaissons Dieu lui-même immédiatement. Et ils auraient pu en dire autant de la matière, c'est-à-dire de l'Objet absolu [1].

§ 8. Le Sujet et l'Objet absolus unis dans la représentation spontanée.

Mais s'ils avaient ainsi mis en présence l'un de l'autre le Sujet et l'Objet absolus, ils se seraient aperçus sans doute que ces deux Idées n'ont de sens que dans l'indissoluble opposition de leur unité synthétique, et que cette synthèse du Sujet et de l'Objet absolus n'est autre chose que la réalité empirique, c'est-à-dire la représentation et la conscience. Nous saisissons immédiatement le Sujet et l'Objet absolus, voilà ce que les métaphysiciens nous

[1] V. P. II, ch. III.

apprennent ; mais il faut ajouter quelque chose qui détruit toute métaphysique : c'est que nous saisissons le Sujet et l'Objet absolus dans l'indissoluble unité d'une représentation spontanée, ou d'une conscience, laquelle est à la fois le véritable Sujet et le véritable Objet, la seule réalité que nous puissions concevoir d'aucune façon, et que nous saisissons immédiatement, puisqu'elle est nous-mêmes.

Le drame de la connaissance se passe donc à l'intérieur de la conscience ; mais la conscience ne s'en distingue pas : elle est elle-même ce drame synthétique ; elle est le sujet et l'objet de toutes ses représentations, et la réalité exprimée par toutes ses Idées.

§ 9. La confirmation du système de l'Immanence de la Raison par l'examen de la métaphysique.

La conscience n'est donc autre chose que l'expérience tout entière dans une représentation unique et universelle : l'unité de la conscience n'est autre chose que le *principe synthétique*, la synthèse en vertu de laquelle cette représentation est une, et vraie absolument ; les Idées sont les éléments que l'analyse découvre dans cette unité. Mais comme elles n'ont de signification que par leur opposition dans l'unité synthétique de la représentation, elles trouvent dans cette représentation, par leur synthèse, leur usage logique et naturel, c'est-à-dire leur usage *immanent*.

Cette méthode nous met en mesure d'arrêter les métaphysiciens et les dialecticiens au moment où ils posent une Idée — soit pour en faire un Etre hors de l'expérience, soit pour l'opposer aux séries de la connaissance sensible, et soulever ainsi des antinomies — et d'opposer à cette Idée une Idée corrélative, avec laquelle elle est contrainte de s'unir en une synthèse qui n'est autre chose qu'une représentation sensible, indépendante et spontanée.

Mais ce sera là l'objet de la dernière Partie de cet Essai. Nous allons maintenant entreprendre une démonstration différente, bien que fondée sur le même principe. Nous laisserons passer les Idées absolues, sans opposer à chacune d'elles l'Idée corrélative : elles se grouperont et s'uniront — d'abord dans le pur Empyrée, c'est-à-dire dans la *métaphysique pure*, puis sur le terrain mixte de la *métaphysique du Tout absolu* — en deux systèmes, opposés l'un à l'autre comme le sont les deux termes du principe synthétique et de toute synthèse.

Toutes les Idées que l'analyse rationnelle dégage du côté du Sujet pur, ou du Déterminant, s'uniront en une Idée générale et suprême, qui est l'Idée théologique, ou l'Idée du *Parfait*, dans le sens de Déterminant ; les Idées appartenant à la série opposée, et répondant au pur Objet, ou à l'Indéterminé, s'uniront de leur côté dans une Idée générale, qui est l'Idée cosmologique de la Matière ou de l'*Infini*, dans le sens d'Indéterminé. Ainsi se formeront les deux grands systèmes de métaphysique, dans lesquels l'esprit peut se reposer un moment et se satisfaire, en voyant se systématiser tous les principes de la connaissance.

Mais le drame commence dès qu'on rapproche ces deux systèmes dans un dualisme ; car les deux Idées suprêmes sont opposées de telle façon, qu'on ne peut pas les mettre en présence l'une de l'autre, sans qu'elles se perdent ensemble dans l'Un absolu, qui n'a plus aucune signification, ni empirique, ni métaphysique. C'est là ce que nous appelons l'*abdication* de la métaphysique : car la métaphysique se détruit ainsi elle-même, sans qu'il soit nécessaire — ce qui d'ailleurs est impossible — de l'ébranler et de l'abattre en prenant point d'appui dans l'expérience réelle ou possible ; et d'elle-même elle fait place à l'Idéalisme empirique.

Dans un tel exposé du procès inévitable de la métaphysique doivent trouver place tous les systèmes types auxquels les systèmes historiques se ramènent nécessairement.

Ces systèmes types sont en nombre restreint : leurs différences viennent de l'usage qui est fait dans chacun d'eux des Idées de la Raison : mais ils ont tous — dans chacune des deux branches opposées de la métaphysique — un même fond commun.

Ce sont, en effet, toujours les mêmes Idées de la Raison qui se présentent dans tous les systèmes de métaphysique, différenciées suivant l'usage qu'on en fait, mais toujours reconnaissables à un caractère essentiel. Et cela ne peut s'expliquer que si l'on admet, qu'obéissant à une nécessité qui règne au-dessus de toutes les théories de la Raison, étroites et incomplètes, les philosophes dégagent toujours les Idées par un même procédé inconscient ; et que la méthode qu'ils adoptent ne leur sert qu'à les dénaturer. Et cela deviendra très évident, quand on reconnaîtra que ceux qui découvraient les Idées sans aucune méthode, en *sautant* du relatif dans l'Absolu, sont les seuls qui les aient connues dans toute leur pureté.

Nous pensons que notre méthode n'est autre chose que l'explication naturelle et logique de ce procédé inconscient : si nous pouvons montrer qu'il en est ainsi, nous aurons donné la meilleure preuve que les éléments de pensée, dont nous avons trouvé par l'analyse l'origine immanente, et dont nous montrerons par la synthèse l'usage immanent dans la connaissance sensible, ne sont pas des idées nouvelles et inconnues, ni des conceptions dont on serait en droit de contester le caractère rationnel et la portée ontologique, mais que ce sont bien les mêmes Idées que les métaphysiciens réalisent, que les dialecticiens opposent antinomiquement aux représentations sensibles, et que les positivistes écartent comme inexplicables et vaines, mais débarrassées des éléments étrangers introduits en elles dans les différents systèmes, et exprimant dans toute sa pureté le problème de la vérité de l'expérience ou de l'immanence de la Raison.

DEUXIÈME PARTIE

L'EMPYRÉE
OU LA MÉTAPHYSIQUE PURE

CHAPITRE PREMIER

LE PARFAIT ET L'INFINI

§ 1. L'Absolu et les Idées.

Par cela même qu'elle contient en elle la relation des Idées, ou que la Raison lui est immanente, la connaissance sensible est indépendante et spontanée ; elle n'est donc pas relative à autre chose, et dans ce sens, avons-nous dit, elle est *absolue ;* de leur côté, les Idées sont absolues, en ce sens qu'elles ne contiennent en elles-mêmes aucune relation ; mais elles sont essentiellement relatives les unes aux autres.

Pour fonder une métaphysique, il ne suffit pas de tels Absolus, à la fois absolus et relatifs : seul un Absolu qui ne serait pas relatif à autre chose, et ne contiendrait en soi aucune relation, peut être l'objet d'une métaphysique : telle est donc la signification que nous donnerons dorénavant au mot d'Absolu.

Mais cette définition est encore purement négative : il faut chercher quels objets la métaphysique prétend se donner à elle-même, auxquels convienne une telle définition. Qu'est-ce donc que l'Absolu métaphysique? Il semble au premier abord que la réponse à cette question doive être très difficile à trouver.

« Quelle idée vague que celle-ci, dit M. Caro, l'absolu! Isolée, que représente-t-elle ? Pour beaucoup de philosophes, l'absolu correspond assez exactement à ce que Kant appelait le noumène, cause, substance, essence, ce qui est primitif, fondamental dans les êtres, antérieur à toute détermination, ce qui subsiste sous la série des phénomènes. C'est en ce sens que les Positivistes, par exemple, déclarent illusoire toute recherche concernant l'absolu. Ils ne comprennent pas seulement par là la cause divine, mais toute cause, toute substance, par opposition aux phénomènes...

« Enfin les Spiritualistes consacrent généralement ce mot à désigner Dieu, entendant par là l'absolu de l'Etre, de la cause, de la substance, cause, substance qui ne dépend d'aucune condition, qui est en soi et par soi. Mais alors pourquoi cette ellipse bizarre, qui prête à tant de difficultés ? Quand vous me parlez de l'absolu pur, sans rien qui le détermine pour mon esprit, je ne sais si vous me parlez du noumène de Kant, de l'essence insaisissable de la matière ou de l'esprit, de l'Etre indéterminé de Hegel, par qui tout commence, ou de l'Esprit, par qui tout s'achève ; ou enfin de Dieu, tel que Descartes l'entend, quand il parle de l'Infini et du Parfait... On peut discuter longtemps sur l'absolu, sans savoir de quel objet l'on parle[1]. »

Cette confusion étrange peut facilement être débrouillée, dès qu'on en a reconnu la cause : elle vient d'une erreur assez grossière, et, à vrai dire, très fréquente, qui consiste

---

[1] Caro, *L'Idée de Dieu*, p. 492, 493.

à mettre l'Absolu au même rang que l'Infini, le Parfait, l'Universel, le Nécessaire, l'Être, et les autres Idées, véritables ou prétendues, de la Raison : si l'Absolu est, comme tous les métaphysiciens en conviennent, l'objet essentiel de la métaphysique, et même son seul objet, il faut le placer au-dessus de toutes les Idées, ou bien comme leur caractère commun, ou bien comme une unité suprême, qui en est séparée, et qui les domine. Telles sont les deux sortes d'Absolus que nous allons examiner : l'un est l'Absolu de la métaphysique proprement dite, l'autre est l'Absolu du système des Éléates.

Mais l'Absolu ne saurait être un caractère commun à toutes les Idées, car, si les Idées ont un caractère commun, elles ne sont pas absolues : on ne peut pas dire qu'elles sont absolues par participation de ce caractère commun, car si elles participent de quelque chose, elles sont par là relatives : il est impossible que l'Absolu soit plusieurs, et qu'il se communique à quelque chose. Il est donc impossible qu'il soit défini d'une façon positive, et pensé, soit en lui-même, comme les représentations de l'expérience, soit par opposition à autre chose, comme les Idées de la Raison : l'Absolu est l'*Un*, et tout ce qu'on en pense le dénature.

Aussi n'est-il rien. Seule une imagination mystique a pu donner à l'Un absolu une existence véritable : le système de l'Un n'est pas une métaphysique ; il est la négation de toute métaphysique ; l'Un est au-dessus de l'Empyrée, où habitent les Idées des métaphysiciens ; mais il n'a qu'une valeur éristique, pour rabattre d'en haut les Idées, et pour leur contester la qualité d'Absolus.

Aux arguments éristiques que les Éléates dirigent contre eux, les métaphysiciens ne peuvent répondre ; mais ils se croient en droit de les considérer comme sophistiques, et de négliger l'Un absolu, parce qu'il ne peut pas être pensé, et qu'il n'est rien. Nous allons essayer de montrer que, bien loin de pouvoir négliger l'Un absolu, la métaphysique est contrainte, par une nécessité *intérieure*, de s'approcher sans cesse de lui, sans jamais pouvoir retourner en arrière ; et qu'enfin elle se perd et s'anéantit dans cet Un absolu : et là est l'explication de la force invincible des arguments éristiques des Eléates.

D'ailleurs, on verra que la victoire des Eléates, en détruisant la possibilité de la métaphysique, ne détruit pas la possibilité de l'expérience, mais qu'au contraire elle affranchit l'expérience de la contrainte des faux Absolus de la métaphysique.

Pour entreprendre cette démonstration, il nous faut revenir à cette première sorte d'Absolus que nous avons indiquée et rejetée plus haut : il nous faut admettre par hypothèse que l'Absolu est le caractère commun des Idées ; que les Idées sont absolues, c'est-à-dire qu'elles n'ont aucune relation en elles-mêmes, et ne sont pas relatives à autre chose : tels sont les Absolus divers et variés qui sont les objets de la métaphysique.

Puisque nous entendons maintenant nous attaquer à des Absolus constitués, et montrer l'extrémité où aboutit la métaphysique, sans l'arrêter à son début, puisque nous nous proposons de montrer la synthèse inévitable des deux éléments rationnels opposés, non plus dans les fondements de la métaphysique, entre les premiers Absolus qu'elle crée, mais à son sommet, entre les deux Idées suprêmes, l'Infini et le Parfait, non seulement nous laisserons passer les Idées absolues, mais encore nous nous efforcerons de faire valoir leurs titres ; nous savons déjà que l'Idée de la Raison ne contient en elle-même aucune relation : nous ferons maintenant l'effort auquel nous invitent les métaphysiciens, pour la penser comme si elle n'était pas non plus relative à autre chose, comme si elle formait par elle-même une unité ; pour la penser, en un mot, comme un Absolu.

Pour cela, nous aurons recours à la méthode de régression, que nous avons rejetée quand nous cherchions à dégager de l'expérience les Idées de la Raison dans toute leur pureté : incapables de produire les Idées rationnelles, cette méthode est bonne pour les isoler, et en faire des Absolus. On comprendra cela si l'on veut bien suivre ce raisonnement : les métaphysiciens — aussi bien que leurs adversaires dialecticiens — prétendent que les Idées sont engendrées par une méthode de régression ; ils reconnaissent en même temps que, pour arriver aux Idées par cette méthode, il faudrait que l'opération qui doit les engendrer fût infinie ; par conséquent, si les Idées rationnelles sont bien engendrées par une telle méthode, elles sont infiniment éloignées des rapports empiriques, et partant, isolées et absolues. Ainsi, du fait même que la méthode adoptée est incapable de produire les Idées, on peut conclure que ces Idées sont absolues.

La seule méthode qui réellement produise les Idées en les dégageant de la connaissance sensible est la méthode de l'analyse : il y a un moment logique, dans la conception de toute relation synthétique, où ses deux termes sont opposés, puisque évidemment une synthèse n'est rien sans une analyse. Ces termes opposés sont les Idées : l'analyse les donne dans toute leur pureté rationnelle ; mais elle ne permet pas d'en faire des Absolus, puisqu'elles sont essentiellement relatives les unes aux autres, et ne peuvent être pensées que dans la représentation de leur relation synthétique.

Pour faire de l'Idée un Absolu, il faut l'isoler de l'Idée corrélative, avec laquelle elle ne manquerait pas de s'unir dans une relation synthétique, où elle épuiserait toute sa signification. Mais comment concevoir l'Idée de Cause sans concevoir l'Idée d'Effet ? Comment concevoir l'Idée de Substance sans concevoir l'Idée de Mode ? C'est à dire comment concevoir les Idées autrement que dans les relations empiriques que forme leur synthèse, et où elles sont entièrement immanentes ? C'est ce qui est impossible, ou ce qui n'a lieu que grâce au sophisme de la méthode de régression.

Voici en effet comment on opère : un seul des deux termes de l'analyse est considéré comme une Idée de la Raison, et sort du rapport synthétique, pour devenir transcendant ; l'autre y demeure immanent : dans la relation de causalité, la Cause seule est dite transcendante ; la série des effets est considérée comme purement phénoménale, et comme se poursuivant par une simple progression. Il en est de même de toutes les relations synthétiques, et de toutes les Idées de la Raison. Dès lors les Idées ne sont plus conçues, comme le veut l'analyse, par opposition avec des Idées corrélatives, mais bien par opposition avec les séries empiriques, avec les relations synthétiques et les représentations sensibles.

« Si nous pensons, dit Kant, l'être de raison par de purs principes de l'entendement, nous ne pensons vraiment par là rien de déterminé, et par suite notre concept est dénué de sens ; si nous le pensons au moyen de propriétés empruntées au monde sensible, ce n'est plus un être de raison, mais il est pensé comme l'est un phénomène, et il ressortit au monde sensible... Puisque nous ne pouvons jamais connaître ces êtres de pensée dans ce qu'ils peuvent être en eux-mêmes, c'est-à-dire d'une façon déterminée, et que cependant nous les admettons par rapport au monde sensible, avec lequel notre raison doit les unir, nous pourrons tout au moins penser cette liaison au moyen des concepts qui expriment leur rapport au monde sensible [1]. »

---

[1] Kant, *Prol.*, Hachette, 1891, p. 206.

« Les conceptions de l'être, de l'infini, de l'absolu, du nécessaire, de l'universel, dit M. Caro, sont impliquées de telle sorte dans les notions du phénomène, du fini, du relatif, du contingent, de l'individuel, que la logique ne peut les en séparer. En affirmant l'un de ces derniers termes, la pensée affirme implicitement l'un des premiers. Chaque terme empirique appelle un terme rationnel correspondant[1]. »

L'Idée, n'étant plus conçue par opposition avec une Idée corrélative, avec laquelle elle s'unirait inévitablement, pour former une relation synthétique dans laquelle elle épuiserait toute sa signification, mais bien par opposition avec une série empirique, avec une relation synthétique, avec une représentation sensible, à laquelle elle peut bien s'opposer, mais avec laquelle elle ne peut pas s'unir complètement, demeure donc transcendante, c'est-à-dire absolue.

C'est ainsi que s'établit cette relation de l'Absolu et du relatif, qui est le fondement commun de la métaphysique et de la dialectique. Mais comment l'Absolu pourrait-il être correspondant ou corrélatif au rapport d'où il a été tiré ? Dès qu'il sort de ce rapport, le rapport n'existe plus : il n'en reste en effet que le terme opposé, c'est-à-dire un autre Absolu : un Absolu ne sort pas de la relation sans voir s'élever en face de lui un autre Absolu ; ce qui s'oppose au relatif, ce n'est pas un Absolu, ce sont les deux ; autrement dit, ce qui s'oppose à la synthèse des deux Idées rationnelles, c'est leur analyse, à leur union leur distinction, à leur rapport encore leur rapport. Par conséquent il n'y a pas de rapport entre le relatif et l'Absolu, quelque nom que l'on donne à ce prétendu rapport, ni *correspondance*, ni *analogie*, ni *rapport négatif* : il ne peut y avoir de rapport qu'entre les Idées elles-mêmes ; mais si elles entrent en rela-

---

[1] Caro, *L'Idée de Dieu*, p. 286.

tion deux à deux, elles cessent d'être absolues, pour constituer par leur union des représentations empiriques.

Il y a une métaphysique qui est fondée tout entière sur ce prétendu rapport du relatif et de l'Absolu : c'est la métaphysique du *Tout absolu;* elle tombe naturellement dans des antinomies. Mais les métaphysiciens créateurs de systèmes purs évitent les antinomies, parce qu'ils ont grand soin de séparer entièrement l'Absolu du relatif. Les rapports de l'Absolu avec le relatif ne leur fournissent aucune donnée positive : ils n'ont servi qu'à rendre possible la conception des Idées absolues ; c'est un degré de la méthode au-dessus duquel ils ont hâte de s'élever, un sophisme originel qu'ils ont hâte d'oublier, en affirmant fortement l'indépendance des Idées.

Nous oublierons aussi ce sophisme, dont nous avons montré la spéciosité : si l'on admet que les Idées rationnelles peuvent se concevoir par opposition aux relations déterminées — et non plus par opposition à une autre Idée dans une représentation — alors l'Idée s'isole en effet, se fixe; son union avec l'expérience, loin d'être inévitable, devient impossible ; elle n'est plus relative à autre chose : elle est absolue. L'Absolu est constitué; on peut le nommer, le définir, et s'en servir comme d'un élément positif de connaissance, dans une construction métaphysique.

§ 2. Groupement des Idées absolues en deux Idées suprêmes.

En devenant absolues, grâce à l'opération que nous venons de leur faire subir, les Idées n'ont pas cessé de former deux groupes opposés : du côté du Déterminant se placent encore les Idées absolues du Point, de l'Instant, de la Cause, et de la Substance ; du côté de l'Indéterminé, les

Idées absolues du Continu spatial, du Continu temporel, de l'Effet, et du Mode.

Ces deux groupes, au lieu d'être corrélatifs, sont absolument indépendants l'un de l'autre, et sans aucune communication. Mais il ne suit pas du raisonnement que nous venons d'établir, que les Idées qui composent chacun des deux groupes opposés ne puissent pas communiquer entre elles et s'unir : et en effet, de chaque côté il n'y a pas plusieurs Absolus, mais un seul, dont les Idées particulières ne sont que le développement.

Ces deux Absolus ne sont pas le pur Déterminant et le pur Indéterminé, dont la signification est purement abstraite : le Déterminant est plus abstrait que la Cause, que la Substance, que le Point et que l'Instant, et partant ne contient pas ces Idées, mais est contenu en elles ; pour les mêmes raisons, l'Indéterminé ne renferme pas le Mode et l'Effet absolus, et le Continu, et n'est pas constitué par l'union de ces Idées.

Le mélange ou l'union de la Cause, de la Substance, du Point et de l'Instant forme l'Idée suprême du *Parfait ;* le mélange ou l'union du Mode et de l'Effet absolus, du Continu spatial et du Continu temporel forme l'Idée suprême de l'*Infini*.

Mais comment peut se faire ce mélange ou cette union d'Idées ? Est-ce par des propositions analytiques ? Non, car les propositions analytiques ne peuvent se tirer que de propositions synthétiques : or les Idées ne peuvent pas entretenir les unes avec les autres — dans un des deux groupes opposés — des rapports synthétiques ; car il faudrait alors analyser ces rapports : l'un des deux termes irait naturellement dans un des deux groupes d'Idées, et l'autre dans l'autre. Donc *il n'y a, dans la métaphysique pure, aucune proposition*, aucun axiome ; en effet, nulle proposition ne peut être tenue pour absolue.

Pour comprendre comment les Idées, dans chacun des deux groupes opposés, se relient les unes aux autres, et s'unissent en une Idée suprême, il suffit de se rappeler quel est le rapport que soutiennent entre elles les représentations abstraites d'où ces Idées ont été tirées : les éléments rationnels de l'étendue et de la durée, le Point et le Continu spatial, l'Instant et le Continu temporel, jouent dans le monde des Idées le même rôle que jouent les relations ou les représentations d'étendue ou de durée dans la chaîne des relations ou des représentations empiriques ; de même que les représentations de causalité ou de substantialité ne sont pas entièrement abstraites, et qu'elles contiennent les représentations de durée et d'étendue, de même les Idées de Cause, de Substance, d'Effet et de Mode absolus ne sont pas entièrement abstraites, et contiennent les Idées du Point et de l'Instant, du Continu spatial et temporel. C'est grâce à cette union des Idées dynamiques avec les Idées mathématiques, que se forment les Idées suprêmes du Parfait et de l'Infini.

On voit que nous ne faisons que transporter dans la connaissance rationnelle la méthode mathématique, dont nous avons fait usage dans la détermination des principales représentations abstraites. Toutefois, il y a un bon et un mauvais usage de la méthode mathématique. Nous avons déjà signalé cet abus, qui consiste à attribuer aux phénomènes intensifs une quantité extensive ; et, sur ce point, nous avons adopté les conclusions de M. Pillon, en ajoutant toutefois qu'il y a aussi une quantité intensive : cet abus tient à l'oubli de la distinction de l'espace et du temps, distinction qui doit se trouver à tous les degrés de la connaissance. Un autre abus de la méthode mathématique, que nous signalons maintenant, tient à la confusion de ces différents degrés : il consiste à appliquer à des notions philosophiques d'un certain ordre des notions mathématiques d'un autre degré.

Nous avons distingué, en effet, trois degrés dans la connaissance : la connaissance du premier degré est celle des représentations déterminées et concrètes ; la connaissance du second degré est celle des relations communes et abstraites ; la connaissance du troisième degré est celle des éléments rationnels de ces relations : l'abus de la méthode mathématique, en métaphysique, consiste à établir dans les Idées de Cause, de Substance, d'Effet ou de Mode absolus, ou dans les Idées dynamiques, qui sont des connaissances du troisième degré, des *relations* de durée ou d'étendue, abstraites ou même concrètes, lesquelles sont des connaissances du second ou du premier degré. Et c'est cet abus que l'on attaque généralement sous le nom de méthode mathématique.

Mais comme à chaque degré de la connaissance se trouvent aussi des connaissances mathématiques du même degré, il y a aussi en métaphysique un usage légitime de la méthode mathématique, qui consiste à appuyer les Idées dynamiques sur les Idées mathématiques, comme on appuie les représentations concrètes ou abstraites de causalité et de substantialité sur les représentations concrètes ou abstraites de durée et d'étendue.

On place généralement la Cause et la Substance, l'Effet et le Mode absolus hors de la durée et de l'étendue. Rien de mieux : et les créateurs de systèmes de métaphysique du *Tout absolu* ont grand tort de ne pas maintenir cette séparation. Mais est-ce assez? Si elles sont hors de l'espace et du temps, les Idées ne vont-elles pas présenter une étrange confusion? Et comment pourra-t-on distinguer l'Infini du Parfait? Cette confusion peut facilement être débrouillée, les Idées peuvent être classées dans un ordre régulier, enfin l'Idée suprême de l'Infini peut être opposée nettement à l'Idée du Parfait, si l'on fait usage de la méthode mathématique, telle que nous venons de la définir.

§ 3. L'Etre Parfait et l'Etre Infini.

L'Idée du Parfait n'est autre chose que l'Idée d'une Cause absolue, qui est aussi une Substance absolue indépendante de tout effet et de tout mode, et soustraite à la succession et à l'extension ; mais cette Cause et cette Substance absolue renferme en elle, ainsi que disaient les Cartésiens, tout l'*intelligible* de l'espace et du temps ; c'est-à-dire qu'elle est fondée sur un Parfait mathématique, lequel consiste dans les Idées du Point et de l'Instant. C'est à condition d'être réduites au Point et à l'Instant, que les Idées de Cause et de Substance peuvent constituer l'Idée métaphysique de l'Etre Parfait. Cet Etre Parfait est le Dieu de la théologie pure.

A cet Etre Parfait s'oppose l'Etre Infini : c'est le Monde ; non pas le monde de l'expérience, mais un Monde métaphysique, une Matière première dépouillée de tout élément de perfection rationnelle. Ce Monde est constitué par l'Effet et le Mode absolus ; non pas par des modes et des effets déterminés, lesquels modifieraient Dieu, et détermineraient sa causation relativement à eux, et auraient enfin en eux-mêmes quelque chose d'*intelligible* ou de parfait ; mais par le Mode et l'Effet absolus qui, pas plus que la Cause et la Substance absolues, ne se conçoivent dans l'étendue et la durée déterminées.

Pour que les Idées de Mode et d'Effet absolus s'unissent, et forment l'Idée suprême de l'Infini, il leur faut aussi un fondement et un lien mathématique : elles ne peuvent s'unir qu'au moyen d'un Infini mathématique.

Mais cet Infini mathématique n'est pas la conception du nombre infini ou de l'Infini en grandeur ou en petitesse, conception contradictoire, et qui contient des éléments abstraits, et partant des Idées appartenant au Parfait. Le véritable Infini mathématique n'est autre chose que le pur Continu.

Tandis que la Cause et la Substance absolues ne se conçoivent que dans une *Etendue* et une *Durée intelligibles*, c'est-à-dire dépouillées de tout élément d'indétermination, c'est-à-dire enfin par les Idées du Point et de l'Instant, le Mode et l'Effet absolument indéterminés ne se se conçoivent que dans une *Etendue* et une *Durée* infinies, c'est-à-dire aussi absolument indéterminées, dépouillées de tout élément de perfection rationnelle, et réduites enfin au pur Continu.

Ces deux Idées suprêmes du Parfait et de l'Infini occupent l'Empyrée : tel est le grand dualisme métaphysique, sur lequel repose toute notre démonstration.

CHAPITRE II

LA MÉTAPHYSIQUE PURE DU PARFAIT OU LA THÉOLOGIE PURE

§ 1. Introduction. La Métaphysique pure des Cartésiens.

Les métaphysiciens de ce siècle s'efforcent presque toujours de trouver une explication de l'expérience, en reliant le monde sensible au monde intelligible, au moyen de la conception du Tout absolu. La métaphysique des Cartésiens était toute différente : il est vrai qu'on trouve chez eux quelques systèmes de métaphysique du Tout absolu — et c'est un tel système que les modernes admirent chez Spinoza ; — il est vrai que Descartes lui-même construit l'expérience avec des données métaphysiques ; mais ce n'est pas la physique de Descartes, c'est sa théologie pure, que ses grands disciples français ont surtout développée, et qui donne à l'école son caractère propre.

La métaphysique de l'école cartésienne peut être appelée une *métaphysique pure :* elle ne connaît pas l'antinomie de l'Absolu et du relatif, ni les contradictions du Tout absolu, parce qu'elle s'efforce de maintenir une séparation complète entre le monde intelligible et le monde sensible ;

elle s'élève seulement de l'expérience vers l'Absolu, elle se contente de dégager et de définir les Idées, pour en faire des Etres, et elle demeure tout entière dans l'Empyrée.

Il est vrai que la méthode des Cartésiens est métaphysique, et non purement *rationnelle* : mais, tout en donnant une valeur ontologique aux Idées, ils leur conservent les caractères essentiels qu'elles reçoivent d'une analyse, qui se fait implicitement dans leur pensée, et qui les contraint enfin de trouver dans leur métaphysique les conclusions mêmes de la théorie de l'immanence de la Raison.

En effet, par un rapprochement de l'Etre parfait et de l'Etre infini, la métaphysique arrive chez eux à sa conclusion dernière, en se perdant dans l'Un absolu. Or c'est là véritablement une abdication spontanée; car cet Un, le seul Absolu, n'est qu'une unité vide et impensable; et toutes les Idées de la Raison, et à leur sommet les deux Idées suprêmes du Parfait et de l'Infini, déchues du rôle d'Etres et d'Absolus que la métaphysique prétendait d'abord leur faire jouer, ne peuvent que jouer un rôle immanent dans les relations sensibles.

Première Section. — DISTINCTION DE L'IDÉE DU PARFAIT

§ 2. **La purification de l'Absolu.**

Les variations de l'école Eclectique sur la métaphysique cartésienne eurent pour résultat d'établir un grand désordre dans le monde intelligible : les Idées du Parfait et de l'Infini ne se distinguèrent plus l'une de l'autre; elles s'unirent et se confondirent, pour former ensemble une Idée de Dieu, à laquelle la théologie ecclésiastique, la morale, et la piété vulgaire fournissaient aussi leur contingent, qui contenait, outre les Idées de la Raison, des relations abstraites et des représentations concrètes, et dont le lien et l'unité étaient fournis par la représentation d'une existence individuelle et personnelle.

M. Pillon[1] s'efforce de débrouiller cette confusion étrange. Le Parfait, selon lui, n'est autre chose que la perfection sensible, la perfection morale, esthétique et intellectuelle, la perfection d'un être individuel et personnel ; l'Infini n'est autre chose que la quantité infinie, l'Infini actuel ou abstrait ; il sépare nettement ces deux notions l'une de l'autre, et poursuit la seconde sous toutes ses formes, on sait avec quelle vigueur, pour la chasser entièrement du domaine de la philosophie.

Nous sommes pleinement d'accord avec M. Pillon sur ces deux points. Seulement, selon nous, ce parfait sensible et individuel, et cet Infini de la quantité, ne sont pas le Parfait et l'Infini sur lesquels est fondée la preuve cartésienne de l'existence de Dieu ; ou du moins, il y a autre chose dans cette preuve ; cet Etre infini et parfait que M. Pillon analyse, et dans la conception duquel entrent les notions de la perfection sensible et de la quantité infinie, c'est le Dieu des Eclectiques et des théologiens, c'est aussi le Dieu des métaphysiciens anté-Cartésiens ; mais, pour découvrir l'Etre infini et parfait, tel qu'il se dégage, selon nous, de la métaphysique cartésienne, il faut précisément enlever à ce Dieu sa perfection sensible et sa quantité infinie, il faut le dépouiller de toute représentation sensible et de toute relation abstraite, et ne lui laisser que les pures Idées de la Raison.

Nous ne nions pas que les Cartésiens aient parfois confondu la perfection sensible et la quantité infinie, et qu'avec ces deux notions, ils aient fait entrer souvent des représentations sensibles et des relations abstraites dans leur conception de Dieu ; nous convenons que leur Dieu ressemble fort, le plus souvent, au Dieu des Eclectiques,

---

[1] *Année philosophique*, t. I.

des théologiens, et des métaphysiciens du moyen âge ; nous avouons même qu'il y a a fort peu de passages, dans les écrits des Cartésiens, dans lesquels se trouve fidèlement décrite l'Idée de Dieu que nous présentons comme profondément cartésienne, et que seul peut-être Fénelon s'est tenu rigoureusement à cette Idée d'un Dieu pur, sans jamais lui attribuer une perfection sensible, ni une quantité infinie.

Mais, pour prétendre que cette Idée est profondément cartésienne, il suffit que nous la trouvions indiquée dans de rares passages, si elle est vraiment originale ; il suffit que nous la trouvions fortement développée chez un métaphysicien auquel on n'attribue pas d'ordinaire une grande place dans l'histoire de la philosophie cartésienne, si, en excluant de la théologie tous les éléments de perfection sensible et de quantité infinie, toutes les représentations concrètes et toutes les abstractions, pour découvrir une conception de Dieu formée uniquement de pures Idées de la Raison, ce métaphysicien n'a fait autre chose qu'appliquer les règles que posent les plus grands Cartésiens, et tirer les conclusions de leurs analyses.

En effet, l'œuvre de la métaphysique cartésienne est avant tout une œuvre de purification de l'Absolu, parce qu'elle est une œuvre d'analyse. D'abord les qualités sensibles sont analysées ; elles fournissent d'une part une sensation pure [1], et d'autre part des *idées innées ;* la passion est ensuite analysée de la même façon, en sensation pure et *idées* innées ; enfin Malebranche découvre les mêmes éléments dans les *idées adventices.* Par ce seul fait que les éléments de la représentation de la perfection sensible sont soumis à l'analyse, cette représentation est exclue de la métaphysique, qui ne doit contenir que des principes premiers.

[1] La Sensation, dépouillée de tout élément intellectuel, n'est plus, comme on le verra, qu'une Idée.

Mais la conception de Dieu est encore formée d'Idées de la Raison, et d'*idées innées*, ou de relations abstraites ; après l'avoir purifiée des éléments sensibles et concrets, les Cartésiens la purifient des abstractions qu'elle contenait. On sait avec quelle ardeur ils poursuivent les *abstractions métaphysiques*, et avec quelle décision ils les rejettent. Les abstractions métaphysiques sont les relations d'étendue et de durée, de substantialité et de causalité, érigées en Absolus — au moyen de la conception du Tout absolu — et mises au rang des Idées de la Raison, c'est-à-dire introduites dans la métaphysique. Donc, si les Cartésiens demeurent fidèles à leurs principes, l'Etre infini et parfait sera résolument placé en dehors de tout rapport d'étendue et de durée, de substantialité et de causalité. La conception de la quantité infinie ou de l'infini actuel, est donc en principe exclue de leur métaphysique, puisqu'elle réunit toutes les abstractions métaphysiques, toutes les relations abstraites érigées en Absolus.

Il ne reste donc, pour former l'Idée de l'Etre suprême, que de pures Idées de la Raison ; et quand les plus grands Cartésiens y ont introduit autre chose, nous estimons que c'est par une inconséquence flagrante ; voilà ce qu'il ne faut pas oublier en lisant ce qui va suivre, si on ne veut pas nous accuser injustement d'erreurs historiques.

§ 3. L'Etre infini et parfait.

Comment les Idées de la Raison vont-elles s'unir pour former l'Idée suprême de l'Etre infini et parfait ? Le Réalisme du moyen âge ne permettait aucune fusion métaphysique; les Idées et les Formes, absolues et indépendantes, formaient une sorte de république ; l'unité de Dieu n'était autre chose que l'unité d'un être individuel. Nous avons dit quelle méthode permet aux Cartésiens de trouver l'ordre de l'unité des Idées : c'est la méthode mathématique, largement entendue, qui consiste à chercher le soutien des Idées de Cause et de Substance dans les Idées du Point et de l'Instant, comme on cherche le soutien des représentations abstraites de causalité et de substantialité dans les relations d'étendue et de durée. En découvrant l'ordre et l'unité des Idées, les Cartésiens concilient le Réalisme avec le Nominalisme.

Les Idées ne sont pas de purs *flatus vocis* : « Il est évident, dit Descartes, que tout ce qui est vrai est quelque chose, la vérité étant une même chose avec l'être[1]. » Les Idées sont donc *réelles*; toutefois elles ne sont pas des Etres métaphysiques, comme dans le Réalisme du moyen âge, parce qu'elles communiquent les unes avec les autres se groupent, s'unissent, se fondent dans une Idée suprême, appelée Dieu, seul Etre métaphysique, dont les autres Idées représentent les attributs. La théorie de la Vision en Dieu, formulée par Malebranche, est essentielle à toute la métaphysique cartésienne ; à moins de revenir au Réalisme du moyen âge, qui posait autant d'Etres absolus qu'il y a d'Idées, il faut faire rentrer les Idées les unes dans les autres, et toutes dans une Idée suprême.

C'est ainsi que se forme d'abord l'Idée de l'Être infini et parfait. « Les vérités éternelles que tout entendement aperçoit toujours les mêmes, par lesquelles tout entendement est réglé, sont quelque chose de Dieu, ou plutôt sont Dieu même. Car toutes ces vérités éternelles ne sont au fond qu'une seule vérité. Ainsi, la vérité est une de soi : qui la connaît en partie en voit plusieurs ; qui la verrait parfaitement n'en verrait qu'une [2]. »

L'Idée de Dieu se forme donc logiquement en réunissant toutes les Idées de la Raison dans l'Idée d'un seul Etre. Dieu[3] est l'Idée la plus haute, l'objet essen-

---

[1] *Méd.* V.
[2] Bossuet, *Conn. de Dieu*, ch. IV, § 5.
[3] V. Caro, *L'Idée de Dieu*, p. 286-287.

tiel, et la méthode même de la connaissance rationnelle ; la théologie n'est autre chose qu'une théorie de la connaissance rationnelle, exposée sous une forme métaphysique.

L'Idée de l'Etre infini et parfait est purement métaphysique, puisqu'elle ne contient que des éléments absolus ; mais elle est encore confuse, et la raison en est facile à saisir.

Chacune des relations abstraites qui ont fourni des Idées rationnelles en a fourni non pas une seule, mais deux, qui sont absolument opposées ; il doit donc y avoir, dans l'Idée formée de l'union de toutes ces Idées, une opposition semblable ; l'Idée de l'Etre infini et parfait est formée, en effet, de deux Idées suprêmes, dont le rapport serait connu avec évidence, si l'on s'était rendu compte des rapports qui unissent deux à deux les éléments rationnels dont elles sont composées. Mais si ces rapports étaient connus, il n'y aurait point de métaphysique. Il faut donc accepter cette Idée telle qu'elle est, et tâcher ensuite de la débrouiller, c'est-à-dire de distinguer en elle l'Idée du Parfait de l'Idée de l'Infini ; c'est ce que les Cartésiens ont fait, du moins quelques-uns d'entre eux, comme nous allons le montrer.

§ 4. Distinction du Parfait et de l'Infini.

Mais tout d'abord, il faut s'entendre sur les mots. Les Cartésiens font un étrange abus du mot d'Infini, et l'appliquent indifféremment à toutes les Idées ; quand on le rencontre dans leurs écrits, il faut se mettre en garde ; est-ce proprement de l'Infini opposé au Parfait qu'il s'agit ? ou bien s'agit-il du Parfait lui-même ? ou bien encore du caractère commun de toutes les Idées, c'est-à-dire de l'Absolu ? ou enfin de l'Un, qui est l'Absolu suprême et unique ?

Ce qui permet de se reconnaître, c'est que le mot de Parfait s'applique rarement à l'Infini, et qu'au contraire du mot d'Infini, il a un sens très spécial, et en général très nettement exprimé.

La même différence se trouve entre les Idées elles-mêmes du Parfait et de l'Infini. L'Idée de l'Infini est généralement indécise et confuse; elle donne matière à des divergences d'opinions, à des réfutations et à des critiques, dans le sein même de l'école cartésienne; au contraire, l'Idée du Parfait est tout à fait claire et précise; sur cette Idée, tous les Cartésiens s'entendent et s'accordent entre eux; aucune obscurité, aucune hésitation, aucune divergence; la seule cause possible de confusion serait le mélange d'éléments sensibles ou abstraits; mais il suffit d'être averti pour pouvoir l'écarter sans peine.

Enfin, ce qui frappe à première vue, dans la description de l'Etre infini et parfait, c'est qu'il est parfait en *lui-même*, et infini *dans ses rapports avec le monde;* le Parfait est une Idée théologique, et l'Infini, une Idée cosmologique. Telle est la distinction sur laquelle tout notre raisonnement est fondé, et que nous allons faire comprendre, en indiquant la construction d'une pure théologie, où Dieu est considéré seulement comme l'Etre parfait. Mais auparavant, pour préparer cette construction, il nous faut déterminer le genre d'existence que doit avoir un Etre parfait, et le mode de connaissance par lequel il doit être saisi.

§5. Mode d'existence de l'Etre Parfait.

La nature du Dieu Parfait des Cartésiens est une nature purement rationnelle; son mode d'existence est aussi un mode d'existence purement rationnelle. Quand les Cartésiens répètent que Dieu seul existe véritablement, il ne faut pas croire qu'ils veuillent par là mettre en doute l'existence objective et empirique des objets sensibles, et attribuer à Dieu le mode d'existence qui conviendrait à de tels objets ; s'ils parlent ainsi, c'est qu'ils méprisent, comme métaphysiciens, l'existence sensible, concrète et individuelle des choses du monde, et qu'à leur avis, l'existence la plus haute et la seule véritable est l'existence idéale des Idées absolues dans l'Empyrée.

Mais, aussi bien que l'Etre parfait, l'Etre infini, la Matière pure, le Néant métaphysique a une existence rationnelle, et non sensible ; pour déterminer le mode d'existence de Dieu, il ne suffit donc pas de dire que c'est une existence rationnelle, il faut ajouter que c'est une existence *intelligible ;* et pour comprendre le sens véritable de ce mot, il faut se référer à la distinction que nous avons établie entre les Idées subjectives et les Idées objectives; le mot *intelligible* ne s'applique proprement ici qu'au Parfait, c'est-à-dire aux Idées subjectives.

Seule cette distinction entre les Idées subjectives ou déterminantes, et les Idées objectives ou indéterminées, permet de comprendre comment, en face du Dieu Parfait peut subsister une Matière infinie, un Néant. Ce Néant doit bien aussi exister, d'une existence rationnelle, puisque sans lui il n'y aurait pas de monde déterminé, mais seulement un Dieu Parfait : mais le Néant, ou l'Infini, possède l'existence des Idées objectives ; Dieu possède l'existence des Idées subjectives.

L'existence du Parfait est donc subjective, mais elle est en même temps rationnelle : cette existence ne ressemble point à celle des sensations, subjectives par rapport à un objet donné ; l'intériorité qui lui appartient n'est pas non plus la même que l'intériorité *intellectuelle* des lois ou des représentations générales et abstraites, au-dessus des faits ou des représentations concrètes et individuelles : Dieu est aussi bien dans l'objet sensible que dans le sujet sentant, dans les lois générales de la pensée, que dans les choses et les événements particuliers du monde.

La distinction du sujet sentant et de l'objet sensible, de la pensée abstraite et de la réalité concrète, est encore empirique, et non purement rationnelle : le sujet sentant, aussi bien que l'objet sensible, les pensées abstraites, aussi bien que les réalités concrètes, sont des représentations déterminées. L'opposition du Parfait et de l'Infini est le résultat d'une analyse purement rationnelle, laquelle traite comme un seul et même fait le sujet sentant et l'objet sensible, la pensée abstraite et la réalité concrète, et découvre dans ce fait unique, qui est la représentation, un principe absolu et subjectif de détermination, et un principe absolu et objectif d'indétermination.

Ce principe de détermination est, selon la métaphysique pure, le Dieu Parfait. Dieu est donc le principe interne de la pensée et de l'être : il n'a pas une existence qui soit produite par la pensée, comme l'existence subjective de la sensation ou de la représentatin abstraite, ou comme l'existence objective de l'objet sensible et déterminé : il a une existence qui produit la pensée.

Il produit la pensée, l'être réel, la représentation, l'expérience, en s'unissant avec un Néant, qui n'est autre chose, comme on le verra, que l'Idée absolue de l'Infini.

§ 6. Mode de connaissance de l'Être parfait.
L'Intuition rationnelle.

Comment ce Dieu peut-il être connu ? Descartes se sert parfois d'une inférence pour prouver l'existence de Dieu : dans les *Méditations*, il ramène la première preuve du *Discours de la Méthode* à la seconde; c'est-à-dire que la preuve capitale, qui consiste dans cette seule remarque, que nous avons en nous l'Idée du Parfait, n'est plus que le premier terme d'une inférence par laquelle nous concluons que, cette Idée étant supérieure à nous, il faut qu'elle nous ait été donnée aussi par un être supérieur à nous, qui nous a créés.

Voilà une des inconséquences contre lesquelles nous avons dit qu'il faut se mettre en garde : cette preuve des *Méditations* n'est nullement *cartésienne;* elle tendrait à établir l'existence concrète d'un Dieu qui serait *en dehors* de la pensée : la seule preuve vraiment cartésienne de l'existence de Dieu est la *preuve ontologique ;* la première preuve de Descartes n'en est qu'une variante compliquée et confuse.

Le seul mode de connaissance par lequel la pensée puisse saisir le Dieu Parfait est l'*Intuition rationnelle*. Mais il faut ici préciser le sens de cette théorie de l'intuition rationnelle, qui ne ressemble en rien à l'hypothèse kantienne de l'*Intuition intellectuelle*.

Nous avons essayé de montrer que le Sujet absolu et l'Objet absolu sont saisis immédiatement, c'est-à-dire que les Idées qui représentent ce Sujet et cet Objet absolus ne sont pas autre chose que ce Sujet et cet Objet mêmes : en effet, avons-nous dit, les Idées ne sont pas soumises à l'unité fondamentale de la pensée, mais, pour les concevoir, il faut dissocier cette unité, laquelle consiste précisément dans la synthèse du Sujet et de l'Objet purs.

Toutefois le nom d'Intuition ne s'applique pas à la connaissance immédiate de l'Infini, mais seulement à la connaissance immédiate du Parfait : il n'y a, parmi les Cartésiens, aucune divergence d'opinions sur ce point, si l'on restreint comme il convient le sens du mot Infini. On verra dans un autre chapitre quel est, selon eux, le mode de connaissance par lequel nous saisissons l'Infini ; si l'on veut comprendre pourquoi le Parfait seul est connu par intuition, il faut se rappeler que les éléments qui composent cette Idée appartiennent au Sujet ; non pas au sujet sensible et concret, qui est encore pour lui-même un objet ; ni à l'unité de la conscience, qui est, à son plus haut degré d'abstraction, la synthèse même du Sujet et de l'Objet, mais au Sujet pur et absolu, qui ne se trouve que par la dissociation rationnelle de cette unité. C'est ainsi qu'il faut comprendre la théorie connue sous les noms divers d'*Identité de l'intelligence et de l'intelligible*, d'*Evidence rationnelle*, et d'*Intuition;* tel est le fondement de la *preuve ontologique* de l'existence de Dieu, qui est le *Je pense, donc je suis* de la théologie pure.

§ 7. L'Agnosticisme d'Intuition.

Descartes avait fait de l'Idée de Dieu la première et la seule véritable Idée innée : cette Idée n'était pas innée comme les autres en ce que l'esprit eût naturellement la faculté de la former — sorte d'innéité qui convient aux représentations abstraites — : elle était innée en ce sens, qu'elle était le fondement ontologique et le principe déterminant de la pensée, c'est-à-dire qu'elle était le pur Sujet de la pensée.

S'il en était ainsi, l'Idée de Dieu ne pouvait être soumise à l'unité de la pensée, c'est-à-dire qu'elle ne pouvait pas être une conception *représentative;* elle ne pouvait pas être un objet de pensée, ou, selon l'expression de Descartes lui-même, elle ne pouvait pas *limiter la pensée à la manière d'un objet :* donc c'était Dieu lui-même, et non sa représentation, qui était saisi immédiatement : Dieu, son Idée, et le Sujet absolu et pur de la pensée, n'étaient qu'une seule et même chose.

C'est ce principe que Malebranche éclaire et développe, quand il dit qu'il n'y a pas d'Idée de Dieu, que Dieu est à lui-même son Idée, et qu'en saisissant l'Idée de Dieu, nous saisissons Dieu immédiatement. C'est ainsi qu'il faut comprendre cette assertion, que Dieu, bien qu'il soit le principe de toute intellection, bien qu'il soit la réalité dans laquelle nous voyons toutes les Idées, ou plutôt à cause de cela même, n'ayant pas d'Idée qui le représente, est à la fois saisi immédiatement dans l'acte de la pensée, et absolument impensable en lui-même.

Cette sorte d'agnosticisme, qui appartient à la métaphysique du Parfait, est diamétralement opposée à l'agnosticisme de la métaphysique de l'Infini. L'Infini et le Parfait sont absolument impensables, c'est-à-dire que ni l'un ni l'autre de ces Etres absolus ne peut être soumis à l'unité essentielle de la pensée, parce que, pour les séparer l'un de l'autre, il a fallu analyser et dissocier cette unité. Mais le Parfait est inconnaissable, parce qu'il est le Sujet absolu ; et l'Infini est inconnaissable parce qu'il est l'Objet absolu. Les théories de l'identité de l'Intelligence et du Parfait, et de l'opposition de l'Intelligence et de l'Infini, si on les examine de près, ne signifient pas autre chose.

« Si quelqu'un, dit Fénelon, me demande comment est-ce que Dieu se rend présent à l'âme, quelle espèce, quelle image, quelle lumière nous le découvre, je réponds qu'il n'a besoin ni d'espèces, ni d'images, ni de lumière. La souveraine vérité est souverainement intelligible : l'être par lui-même est par lui-même intelligible : l'être infini est présent à tout. Le moyen par lequel on supposerait que Dieu se rend présent à mon esprit ne serait point un être par lui-même ; il ne pourrait exister que par création ; n'étant point par lui-même, il ne serait point intelligible par lui-même, et ne le serait que par son Créateur. Ainsi, bien loin qu'il pût servir à Dieu de milieu, d'image, d'espèce ou de lumière, tout au contraire il faudrait que Dieu lui en servît. Ainsi je ne puis concevoir que Dieu seul, infiniment présent par son infinie vérité, et souverainement intelligible par lui-même, qui se montre immédiatement à moi[1]. »

---

[1] Fénelon, *Ex. de Dieu*, II, IV.

« Il faut, dit-il encore, trouver dans la nature quelque chose d'existant et de réel, qui soit mes idées, quelque chose *qui soit au-dedans de moi, et qui ne soit point moi*[1], qui me soit supérieur, qui soit en moi lors même que je n'y pense pas, avec qui je me croie seul, comme si je n'étais qu'avec moi-même ; enfin qui me soit plus présent et plus intime que mon propre fond. Ce je ne sais quoi si admirable, si familier et si inconnu, ne peut être que Dieu[2]. »

Pour un lecteur inattentif, il n'y a là qu'un vague et chimérique mysticisme ; mais si l'on y regarde de près, on s'apercevra que toute métaphysique sérieuse doit aboutir à un certain agnosticisme, s'élever jusqu'en un lieu d'où toute notion représentative est écartée, parce que l'Etre y est saisi immédiatement ; mais la métaphysique ne se confond pas pour cela avec le mysticisme, car elle parvient à son principe suprême impensable par les degrés réguliers de l'analyse rationnelle. Le mysticisme méprise la pensée, et la tient en suspicion : la métaphysique s'élève à Dieu par les Idées ; et, si elle renonce à le penser en lui-même, elle prétend le saisir rationnellement par ses attributs, c'est-à-dire par les Idées.

Et voilà la raison pour laquelle il nous est impossible d'analyser l'Idée du Parfait en la considérant d'abord dans sa complexité ; mais aussi voilà pourquoi nous pouvons la *construire*, c'est-à-dire en reconnaître tous les éléments, et les réunir méthodiquement.

§ 8. Indication des éléments de l'Idée de l'Etre Parfait.

Il est évident, d'après tout ce qui a été dit, qu'il ne faut faire entrer dans la composition de l'Idée du Parfait aucun élément sensible et déterminé, ni aucune représentation

---

[1] Qui soit le Sujet absolu, et non l'unité de la conscience.
[2] Fénelon, *Ex. de Dieu*, II, iv.

abstraite : il n'y faut faire entrer que des éléments purement rationnels. En second lieu, il faut en exclure rigoureusement toutes les Idées de la Raison qui appartiennent à la série de l'Indéterminé. L'Idée du Dieu Parfait se compose des éléments subjectifs de l'analyse rationnelle.

A ce Dieu ne convient par conséquent aucun des attributs qui appartiennent à l'Idée de l'Infini, ni le Continu indéterminé, ni la dispersion indéfinie des modes et des effets. A lui ne convient non plus aucun des attributs des choses concrètes : il n'est ni étendu, ni successif, ni par conséquent une substance, ni une cause déterminée.

Il contient tout l'*intelligible*, ou les éléments déterminants et parfaits des choses et des représentations, sans aucune de leurs déterminations, et sans aucun des principes d'indétermination que ces déterminations supposent. Il n'y a en lui ni lieu ni position ; son Immensité est sans division ; son Eternité est sans succession. La succession des êtres qu'il crée n'établit dans son Eternité aucune division, et ne nuit nullement à sa simplicité absolue. Il est réduit au Point et à l'Instant ; non pas à un point et à un instant déterminés, lesquels ne sont rien, mais à l'Idée absolue du Point et de l'Instant, qui est tout l'intelligible, ou le parfait de l'espace et du temps.

Il est la Cause suprême du monde, non pas cause déterminée ou concrète, mais Cause absolue : tous les êtres, toutes les pensées, tous les événements du monde ne tiennent que de lui seul les déterminations de leur vie et de leur mouvement. Cependant la causation de Dieu ne se disperse pas dans ses effets ; elle reste pure et parfaite, et absolue, sans que la multiplicité infinie des effets qu'elle produit établisse en elle aucune diversité.

Il est la Substance du monde : tous les attributs du monde, et ses modes changeants ne sont rien que par Dieu ; et toutefois sa Substance n'est pas modifiée réellement par ces modes, ni déterminée par ces attributs. Il est l'Etre pur en soi, auquel ne peuvent rien ajouter ni rien retrancher toutes les manifestations sensibles, l'Etre immuable, tandis que se déroule la vie et le mouvement du monde, la Substance parfaite enfin, qui n'a en elle-même ni modes ni attributs.

On ne s'étonnera pas de ne pas retrouver dans notre construction du Dieu Parfait, les attributs de la *Sagesse*, de la *Puissance*, et de la *Bonté :* la sagesse, la puissace et la bonté, si l'on prend ces mots dans leur sens ordinaire et véritable, sont des attributs sensibles, qui ne conviennent qu'à un être déterminé et concret. Nous avons maintes fois reconnu que Descartes *décrit* parfois son Dieu comme un être individuel ; mais nous avons aussi, pensons-nous, suffisamment montré que c'est là chez lui une inconséquence, et qu'un tel mélange d'Idées rationnelles et de représentations sensibles est absurde. Nous pensons aussi que, si l'on considère le développement de l'école cartésienne, et si l'on cherche ce qu'il y a de commun et de plus profond dans les différents systèmes appartenant à cette école, on y peut trouver l'Idée du Dieu Parfait, tel qu'il *doit* être dans la métaphysique pure.

On continuera à attribuer à Dieu la Sagesse, la Puissance, et même la Bonté, mais la Sagesse, la Puissance et la Bonté de Dieu seront absolument différentes de la sagesse, de la puissance et de la bonté qui conviennent à des êtres sensibles. Cette Sagesse, cette Puissance et cette Bonté, si on les examine de près, ne sont autre chose que des éléments rationnels que l'analyse découvrirait dans la sagesse et la puissance et la bonté des êtres sensibles, c'est-à-dire des Idées de la Raison ; et des Idées subjectives.

Enfin, ce que l'on appelle les *attributs* du Dieu Parfait ne ressemble nullement aux *attributs* d'une substance, lesquels déterminent cette substance ; les attributs de Dieu ne le déterminent pas : ils ne sont que les éléments rationnels dont est composée l'Idée du Parfait, et au-dessus desquels elle s'élève, c'est-à-dire la Cause, la Substance le Point et l'Instant absolus.

Si, au moyen de ces Idées, en les unissant systématiquement selon les principes que nous avons exposés, nous réussissons à construire une Idée du Parfait, qui fournisse une explication complète et suffisante de l'idée de Dieu telle qu'elle se trouve dans la métaphysique pure, notre méthode rationnelle en recevra une confirmation décisive.

Deuxième Section. — CONSTRUCTION DE L'ETRE PARFAIT

§ 9. L'Eternité et l'Immensité. Indication.

L'Eternité et l'Immensité que les Cartésiens et tous les théologiens purs attribuent à Dieu est tout autre chose que l'Eternité et l'Immensité abstraites, c'est-à-dire qu'une durée et une étendue infinies. Ils sont tous d'accord pour ne voir dans ces conceptions contradictoires que les créations d'une imagination déréglée.

« On imagine contre ses propres idées, dit Fénelon, une fausse éternité qui n'est qu'une suite ou succession confuse de siècles à l'infini, et une fausse immensité, qui n'est qu'une composition confuse d'espaces et de substances à l'infini : mais tout cela n'a aucun rapport à l'éternité et à l'immensité véritable [1].

« Dirai-je, ô mon Dieu, que vous aviez déjà une éternité d'existence en vous-même avant que vous m'eussiez créé, et qu'il vous reste encore une autre éternité, après ma création, où vous existez toujours ? Ces mots de *déjà* et d'*après* sont indignes de celui qui *est*... Deux éternités ne feraient pas plus qu'une seule : une éternité partagée qui

---

[1] *Ex. de Dieu*, II, v, 4.

aurait une partie antérieure et une partie postérieure, ne serait plus une véritable éternité ; en voulant la multiplier, on la détruirait, parce qu'une partie serait nécessairement la borne de l'autre, par le bout où elles se toucheraient... Ce qu'on appelle éternité *a parte post* et éternité *a parte ante* n'est qu'une grossière illusion[1]. »

« Demander si *Dieu* est au delà de l'Univers, s'il en surpasse les extrémités en longueur, largeur et profondeur, c'est faire une question aussi absurde que de demander s'il était avant que le monde fût, et s'il sera encore après que le monde ne sera plus... Tout le positif de l'étendue se trouve en Dieu, sans que Dieu soit ni figuré, ni capable de mouvement, ni divisible, ni impénétrable, ni par conséquent palpable, ni par conséquent mesurable... Nul terme relatif ne peut lui convenir. Il n'est pas plus dans le monde qu'il a créé, que hors du monde, dans les espaces qu'il n'a point créés[2]. »

M. Vacherot, qui prétend cependant garder le Dieu des Cartésiens, en lui enlevant seulement l'existence, ne voit là qu'un tissu d'absurdités.

« Selon Plotin, Proclus, et aussi Platon, saint Augustin, saint Anselme et Fénelon, selon tous les autres idéalistes[3] de l'antiquité et des temps modernes, l'éternité n'est pas simplement, comme le veut le sens commun, la durée infinie. Toute durée impliquant une succession contradictoire à la notion même d'éternité, on doit concevoir celle-ci comme un point indivisible, dans lequel s'évanouit toute succession du présent, du passé et de l'avenir..... Cette théorie, encore admise aujourd'hui de presque toutes les écoles, ne soutient pas l'examen. Ou l'éternité

---

[1] Fénelon, *Ex. de Dieu*, II, v, 3.
[2] *Ibid.*, 4.
[3] Ceux que nous appelons les théologiens purs.

est un mot vide de sens, ou elle implique la notion de durée, et signifie simplement la durée éternelle. L'éternité n'est que le temps infini, de même que l'immensité n'est que l'espace infini... En concentrant la totalité infinie des points de la durée dans un moment indivisible, ils confondent l'infiniment grand avec l'infiniment petit[1]. »

Cette Éternité et cette Immensité indivisibles, simples et parfaites, dont parlent les Cartésiens et tous les théologiens purs, se confond, non pas avec l'infiniment petit, conception aussi contradictoire et aussi chimérique que celle de l'infiniment grand, mais, ce qui est, comme on l'a vu, une tout autre affaire, avec l'Idée de l'Instant et avec l'Idée du Point.

Il est vrai que, pour éviter cette conséquence, on pourra prétendre que cette Éternité et cette Immensité ne sont autre chose que la *plénitude de l'être :* mais alors il ne faut pas parler de l'Éternité et de l'Immensité ; et si les Cartésiens ont raison d'en parler, c'est que cette plénitude de l'être est contenue dans une Éternité et dans une Immensité qui sont autre chose qu'une durée et une étendue infinies, mais qui sont une Éternité et une Immensité : une Éternité et une Immensité indivisibles, simples et parfaites.

On peut prétendre encore que cette Éternité et cette Immensité sont absolument incompréhensibles : mais on en pourrait dire autant de tous les attributs de Dieu ; et alors il faudrait abandonner toute théologie, toute métaphysique du Parfait, pour se perdre dans le système de l'Un. Si Dieu a des attributs parfaits que l'on puisse nommer, l'Éternité et l'Immensité sont les premiers de ces attributs ; il faut donc déterminer ces attributs autrement que d'une façon purement négative, en disant qu'ils sont autre chose qu'une durée et une étendue infinies :

---

[1] Vacherot, *Philosophie al.*, t. III, p. 302-304.

or, tout ce que les Cartésiens en disent revient toujours à ceci, c'est que l'Éternité et l'Immensité divines sont indivisibles, simples, et parfaites. Ce n'est donc pas interpréter leur doctrine, mais l'exposer exactement, que de dire que cette Éternité et cette Immensité ont les caractères de l'Idée de l'Instant et de l'Idée du Point ; que cette Éternité est un *Instant éternel*, et cette Immensité, un *Point immense*.

Serait-ce là, comme le prétendent certains critiques, un Instant et un Point mystiques et mystérieux? Non. Il n'est pas impossible, grâce à la méthode d'analyse, de rendre compte de ces conceptions étranges, d'expliquer leur formation, et de justifier l'union de leurs éléments, une fois admis par hypothèse le principe d'une métaphysique pure du Parfait.

§ 10. L'Immensité du Point, et l'Éternité de l'Instant. Explication rationnelle et métaphysique.

Les attributs de l'Être parfait ne peuvent être que des Idées, et non des représentations concrètes ou abstraites ; et parmi les Idées que l'analyse a dégagées de l'expérience, celles-là seulement qui répondent au pur Sujet ou au Déterminant. Dieu ne peut donc pas contenir en lui-même l'étendue et la durée : il contient seulement les principes de perfection rationnelle, c'est-à-dire les principes internes et déterminants, qui, en s'unissant synthétiquement avec un principe d'indétermination, devraient constituer la possibilité et la réalité de l'étendue et de la durée abstraites et concrètes. La théorie de l'analyse rationnelle explique donc pourquoi l'étendue et la durée intelligibles qui sont en Dieu ont les caractères des Idées du Point et de l'Instant.

Mais, selon la théorie de l'analyse rationnelle, ce Point et cet Instant ne se conçoivent que par opposition avec l'Idée du Continu, dans une représentation déterminée d'étendue et de durée : dès lors l'Idée infinie a une valeur et une importance égale à celle de l'Idée parfaite, et lui fait échec : ni l'une ni l'autre ne peut être absolue ou transcendante ; elles ne peuvent toutes deux que jouer un rôle entièrement immanent dans les représentations sensibles ; et il n'y a pas plus une Immensité ou une Éternité parfaites ou simples, qu'il n'y a une Immensité ou une Éternité indéterminées ou continues.

Comment les Idées du Point et de l'Instant deviennent-elles les Idées de l'Immensité et de l'Éternité parfaites ? C'est en devenant des Idées absolues. Et comment deviennent-elles des Idées absolues ? On l'a vu, c'est en étant séparées des Idées corrélatives, en quoi consiste tout l'effort métaphysique.

Et en effet, l'Idée du Continu — laquelle serait un principe d'indétermination qui ferait échec à l'Etre parfait, et qui serait aussi nécessaire à l'explication du monde que les attributs de Dieu — cette Idée est entièrement rejetée de la métaphysique pure du Parfait ; on en fait une image trompeuse de l'imagination. Dès lors les Idées du Point et de l'Instant deviennent transcendantes, c'est-à-dire absolues, puisqu'il n'y a pas de principe corrélatif avec lequel elles puissent s'unir, de telle façon qu'elles épuisent dans une synthèse toute leur signification.

Ainsi enfin les Idées du Point et de l'Instant, étant les seuls principes rationnels de l'espace et du temps, doivent à elles seules expliquer ou produire l'espace et le temps ; elles doivent donc contenir, sans s'unir à aucune Idée corrélative, le principe de l'extension indéfinie, qui est essentiel à l'espace et au temps. Et c'est dans ce sens que le Point est immense et l'Instant éternel.

Est-ce à dire que les Idées du Point et de l'Instant soient sacrifiées, et que l'étendue et la durée intelligibles se confondent avec le pur Continu ? Non. On verra ailleurs une

Immensité et une Éternité purement continues et indéterminées, c'est dans le système de la métaphysique pure de l'Infini. L'étendue et la durée intelligibles ne sont pas plus un pur Continu qu'une étendue ou une durée multipliables et divisibles : leur caractère essentiel est la simplicité et la perfection qui appartient aux Idées du Point et de l'Instant ; et c'est en vertu de cette perfection même — n'y ayant pas de principe d'indétermination qui s'oppose et s'unisse à eux — que le Point est immense, et l'Instant éternel.

L'Immensité et l'Éternité sont les premiers attributs de l'Etre parfait ; ils sont le fondement et le soutien de tous les autres. Il est évident en effet que la Cause et la Substance parfaites, le mode d'existence de Dieu et son mode d'action, et sa perfection tout entière est soumise aux conditions de l'étendue et de la durée intelligibles qui sont en lui.

§ 11. La Cause et la Substance parfaites. Explication rationnelle.

La perfection de la Cause et de la Substance métaphysiques n'est nullement la même que la perfection des causes et des substances individuelles : celle-ci consiste dans la finalité et l'harmonie ; celle-là dans la pureté rationnelle.

« Comment, dit M. Pillon, cette idée de perfection a-t-elle pu être confondue avec celle d'Infini ? La distinction est cependant facile à saisir. Dans l'idée de perfection entrent celles de finalité et d'harmonie, qui sont étrangères à l'idée d'Infini [1]. »

Elles sont, pensons-nous, tout aussi étrangères à l'Idée de perfection métaphysique. La finalité ne joue aucun rôle dans la métaphysique pure, et notamment dans celle des Cartésiens. La finalité et l'harmonie marquent l'union

---

[1] Pillon, *La distinction de l'Infini et du Parfait*, *Critique philosophique*, t. XXII, p. 40.

intime et vivante de la cause avec l'effet, de la substance avec le mode ; elles constituent la perfection sensible et morale, la perfection des représentations déterminées de causalité et de substantialité ; et cela non pas seulement parce qu'elles donnent à ces représentations un certain charme, et établissent en elles par leur présence *des degrés d'estime ou de préférence*, mais parce que la finalité et l'harmonie sont l'essence même de ces représentations et leur définition.

La finalité et l'harmonie doivent donc être soigneusement écartées de la métaphysique du Parfait : la perfection ou l'essence de la Cause et de la Substance absolues est tout autre chose que la perfection ou l'essence des représentations de causalité et de substantialité ; non seulement la Cause et la Substance absolues ne sont pas unies par un lien vivant avec des effets et des modes sensibles, mais même elles n'ont ni modes ni effets sensibles : autrement elles seraient des causes et des substances sensibles. Elles ne sont pas la cause et la substance du monde comme l'entend le sens commun, c'est-à-dire une substance et une cause individuelles ; ni comme l'entendent les partisans de la métaphysique du Tout absolu, c'est-à-dire une Cause et une Substance absolues, agissant comme des causes et des substances concrètes. Elles sont les principes intelligibles ou parfaits par lesquels les causes et les substances sensibles sont causes et substances ; principes intelligibles ou parfaits, dont on fait des Absolus en les isolant des principes corrélatifs infinis du Mode de l'Effet purs.

Ces principes intelligibles ne sont pas *intellectuels*, mais *rationnels :* ils ne sont pas des représentations, des rapports abstraits de causalité ou de substantialité. Pauvre métaphysique, pleine d'obscurités et d'inconséquences, que celle qui réalise les abstractions, qui peuple l'Empyrée des ombres des rapports sensibles, et double le monde concret d'un autre monde, où se rencontrent les mêmes problèmes et les mêmes difficultés ! Qu'est-ce que c'est qu'une Causalité ou une Substantialité absolues? Qu'est-ce que c'est qu'une relation absolue? Ce sont des chimères de la théologie classique et de la métaphysique du Tout absolu : nous verrons que ces absurdités ont été érigées en système. Pour le moment, nous nous contentons de les écarter d'un mot : il n'y a aucun rapport synthétique, aucune représentation abstraite, dans la métaphysique pure du Parfait. Tant que votre conception de la Cause ou de la Substance métaphysique implique, en elle-même, ou hors d'elle-même, un rapport quelconque, vous ne comprenez pas un mot à la métaphysique pure du Parfait.

La Cause et la Substance parfaites non seulement ne sont pas une cause et une substance déterminées par des effets et des modes sensibles, mais même n'impliquent dans l'abstrait, ni en elles-mêmes, ni hors d'elles-mêmes, aucun rapport de causalité ou de substantialité. Et c'est à cette condition qu'elles sont absolues et pures.

§ 12. La Cause et la Substance absolues. Explication métaphysique.

Cela semble contradictoire ; mais rien n'est plus logique : les rapports synthétiques impliquent deux termes rationnels, et puisque ces deux termes sont unis, il y a un moment logique dans la conception de leur rapport, où ils sont opposés. Or, il est absurde de dire que l'un de ces deux termes implique le rapport des deux. Ce point est capital, et toute la métaphysique pure est là : il faut arriver à concevoir l'*Idée de Cause en dehors du rapport de causalité*, *l'Idée de Substance en dehors du rapport de substantialité*. Cela d'ailleurs ne présente plus aucune difficulté, si l'on a compris que toutes les Idées absolues doivent être conçues *en dehors de l'unité essentielle de la pensée.*

Jamais aucune régression ni aucune division, ni aucune abstraction ne pourra fournir de telles Idées : seule peut les fournir une analyse, qui dissocie le principe synthétique et l'unité de la pensée. Si elle est employée comme une méthode, l'analyse rationnelle dégage, des rapports synthétiques, deux termes rationnels, qui n'ont de sens que l'un par l'autre, et qui doivent nécessairement s'unir dans une synthèse ; mais si l'analyse rationnelle n'est qu'un procédé inconscient, l'un des deux termes restera dans l'ombre : ce sera tantôt l'un, tantôt l'autre : il y aura donc deux systèmes de métaphysique opposés. L'un des deux termes *semblera être le seul principe rationnel du rapport synthétique : de là son caractère d'Absolu.*

Pour concevoir *sans la méthode* la Cause et la Substance pures et absolues, il faut un si puissant effort, un si violent coup d'aile, qu'on pourrait compter sur ses doigts les métaphysiciens qui ont compris ces Idées, et ne les ont pas confondues avec des représentations abstraites ou même concrètes. Pour nous, la chose est facile : nous mettons une échelle, et puis nous la poussons du pied, et nous nous trouvons à la même hauteur que Fénelon. Nous analysons les rapports synthétiques en deux termes rationnels, ce qui est une opération aussi facile et aussi exacte qu'un calcul mathématique ; et puis nous négligeons l'un de ces deux termes par hypothèse.

Nous obtenons ainsi une Cause et une Substance absolues, qui n'impliquent aucun rapport de causalité et de substantialité, et qui sont complètement affranchies de toute représentation d'effets ou de modes, soit déterminés, soit abstraits, soit rationnels, soit absolus.

Justifions-nous ces Idées métaphysiques ? Nullement. Nous en montrons seulement l'origine ; et de plus, nous affirmons qu'une fois constituées, elles ne sont plus attaquables qu'au nom de l'analyse et de la synthèse rationnelles, et qu'elles échappent entièrement à toutes les critiques que l'on dirige contre elles, en prenant un point d'appui dans l'expérience. Elles ne sont pas *contradictoires*, puisqu'elles sont simples ; elles ne constituent pas des *tautologies*, puisqu'elles n'ont aucun rapport avec les relations concrètes ou abstraites du monde ; elles ne fournissent aucune *antinomie* pour la même raison ; enfin la théorie de la *relativité de la connaissance* et celle de l'*unité synthétique de la pensée* ne les atteignent pas, puisqu'elles ne sont autre chose que les éléments mêmes de cette relativité, obtenus par la dissociation de cette unité synthétique. Elles peuvent s'élever au-dessus de l'expérience et demeurer absolues, tant qu'on n'aura pas, au nom de l'analyse et de la synthèse rationnelles, opposé l'un à l'autre les deux mondes intelligibles, les deux métaphysiques pures. Mais cette opposition, nous ne pouvons pas encore la faire, parce que nous n'admettons pour le moment que la métaphysique du Parfait.

§ 13. La Cause et la Substance Immenses et éternelles.

Mais, ayant perdu tout lien avec les relations empiriques, les idées seront pauvres et vides, légères et vagues, et flotteront en confusion dans le vide de l'Empyrée. Les représentations concrètes s'ordonnent et se lient dans l'étendue et la durée ; et c'est ainsi qu'elles forment un monde sensible : placées hors de l'espace et du temps, comment s'ordonneront et se lieront les Idées, pour faire un monde intelligible ? Et, pour nous borner à celles de ces Idées qui répondent au Déterminant, comment s'uniront-elles dans l'Idée suprême du Parfait ? Les Cartésiens ont résolu ce problème par la théorie de l'Immensité et de l'Eternité parfaites.

La perfection mathématique n'est pas seulement la première et la plus pure de toutes les formes de la perfection rationnelle et métaphysique, elle est aussi le fondement et l'essence de la perfection de la Cause et de la Substance absolues : la Cause parfaite est la *Cause immense et éternelle ;* la Substance parfaite est la *Substance immense et éternelle.*

Comme dans l'espace et le temps s'unissent la causalité et la substantialité pour former un monde sensible, la Cause et la Substance absolues s'unissent dans l'Immensité et dans l'Eternité pour former l'Etre Parfait : Dieu est l'Etre immense et éternel, dont l'Immensité ne comporte aucune division et dont l'Eternité ne renferme aucune succession. *Dieu est la Cause et la Substance parfaites, parce qu'il est l'Etre immense et éternel.* Il n'agit pas dans le monde et ne le soutient pas comme une cause et une substance sensibles : il est absolument indépendant des effets et des modes qui se suivent et se juxtaposent dans le temps et dans l'espace ; il ne se mêle à rien de concret et n'entre dans aucun rapport abstrait : il voit toutes choses sous l'aspect de l'Eternité et de l'Immensité intelligibles ou parfaites.

« Il n'a point été créant certaines choses plus tôt que d'autres, dit Fénelon, quoiqu'il ait mis une succession à l'existence bornée de ses créatures, car il est éternellement créant ce qui doit être créé et exister successivement. Tout de même il n'y a point en lui de rapports différents aux parties les plus éloignées entre elles qui composent l'univers... Il est éternellement créant ce qui est créé aujourd'hui, comme il est éternellement créant ce qui fut créé au premier jour de l'univers ; de même il est immense dans les plus petites créatures, comme dans les plus grandes[1]. »

---

[1] Fénelon, *Ex. de Dieu*, II, v, 4.

§ 14. Conclusion.

Il nous semble que les explications que nous venons de donner font comprendre clairement ce passage, qui autrement reste une énigme indéchiffrée. Telle est, en résumé, et débarrassée de tous les éléments étrangers, la métaphysique pure du Parfait. C'est une construction bien liée dans toutes ses parties, et solide sur sa base mathématique. Mais il faut élever en face d'elle une métaphysique de l'Infini, qui lui fera échec; et les deux Etres suprêmes, l'Etre Parfait et l'Etre Infini, se fondront ensemble dans l'Un Absolu.

CHAPITRE III

LA MÉTAPHYSIQUE PURE DE L'INFINI
OU LA COSMOLOGIE PURE

§ 1. Introduction. Rejet de la conception de la Quantité infinie.

Nous avons dit que le mot d'Infini a, dans les écrits cartésiens, quatre sens très différents : il signifie le *Parfait*, tel que nous l'avons défini ; il signifie encore l'*Absolu*, comme caractère commun de toutes les Idées, et l'*Absolu* dans lequel elles se réduisent, c'est-à-dire l'*Un* ; il signifie enfin une Idée qui s'oppose à l'Idée du Parfait et qui est du même degré. Chacune de ces quatre significations est d'ailleurs extrêmement claire et précise ; de sorte qu'il sera très facile d'écarter de notre étude les trois premières pour garder la dernière, qui est propre au mot d'Infini.

Ainsi réduite et distinguée nettement du Parfait et de l'Absolu, l'Idée de l'Infini ne doit pas être confondue avec la conception de la *Quantité infinie*, conception vaine et contradictoire, que nous développerons assez longuement dans un autre chapitre, et que, pour le moment, nous nous contentons d'indiquer, pour l'écarter rigoureusement.

Cette conception se trouve déjà dans les écrits cartésiens, mais vaguement et rarement, et le plus souvent pour y être vivement combattue. Au contraire, dans notre siècle, elle a entièrement chassé l'Idée véritablement rationnelle de l'Infini ; elle a pris sa place, et règne dans la métaphysique. Elle y prend diverses formes, et s'appelle l'*infiniment grand*, l'*infiniment petit*, le *Tout absolu*, l'*Universel*. Le Tout ou l'Universel devient alors un Infini dynamique ; l'infiniment grand et l'infiniment petit deviennent l'Infini mathématique, dont on fait volontiers un synonyme de la quantité pure.

Cet Infini n'est autre chose qu'une abstraction métaphysique. On prétend garder les limites intérieures de l'espace et du temps, c'est-à-dire les points et les instants, et en écarter les bornes extérieures, sans voir que ces limites et ces bornes sont de même nature, et tombent ensemble. L'espace et le temps abstraits ont des déterminations qui sont marquées par des points et des instants : on peut les supprimer par l'analyse : alors il reste un Infini qui est purement rationnel, et qui n'est ni un temps ni un espace concret ou abstrait ; mais imaginer un espace et un temps, déterminés par la position ou la succession de leurs parties, et n'étant pas bornés par des instants ou par des points, c'est enfanter un monstre mi-partie abstrait, mi-partie rationnel ; c'est ériger un rapport en Absolu. Il en est de même du Tout de la métaphysique en Tout absolu : la conception du tout implique la conception des bornes extérieures ; on n'a aucun droit de supprimer ces bornes sans supprimer les déterminations intérieures du tout : l'opération qui élimine les unes, élimine fatalement les autres. Le Tout absolu est encore une abstraction métaphysique, une relation et une représentation élevée à l'absolu.

On comprendra bien quel est le lien qui unit ce faux Infini dynamique et ce faux Infini mathématique, et quelle est leur commune et précaire origine, si l'on se rappelle ce que nous avons dit de la recherche de l'Absolu par la division et par la régression. L'Infini que nous rejetons est cet Infini qui paraît résulter de cette régression et de cette division. Quand on prétend, par la division de l'espace et du temps, atteindre le Point et l'Instant, il semble se former une série infinie de parties de l'espace et du temps, qui sont multiples et sous-multiples les unes des autres ; de même, quand on prétend trouver la Cause et la Substance absolues par la régression des représentations de causalité et de substantialité, il semble se former une série infinie de représentations, qui sont causes ou effets, substances ou modes les unes des autres. Ainsi se forment de fausses Idées de l'Infini mathématique et de l'Infini dynamique.

Si, par la division et la régression, on pouvait atteindre le Point et l'Instant, la Cause et la Substance, ces Infinis seraient des Idées vraies : le Point et l'Instant seraient les unités des séries infinies de parties de l'espace et du temps ; la Cause et la Substance absolues seraient cause et substance des séries infinies d'effets et de modes. Mais nous avons vu que cette méthode est absurde et contradictoire : la division ou la régression, fût-elle infinie, n'atteindrait jamais le Point et l'Instant, la Cause et la Substance ; il est donc inutile de la déclarer infinie. En adoptant une telle méthode, on accorde à la fois que la division ou la régression atteint l'Absolu, et qu'elle ne l'atteint pas : rien d'étonnant dès lors à ce que les Idées qu'elle produit soient absurdes et contradictoires.

Nous rejetons donc nettement et rigoureusement l'Infini abstrait : et à ceux qui assurent que cette conception se trouve dans les écrits des Cartésiens, nous répondrons que c'est par une inconséquence impardonnable : car rien n'est plus opposé à leur méthode et à leur pensée véritable.

Au contraire de la conception que nous venons d'indiquer, l'Idée de l'Infini que nous cherchons maintenant à dégager est une Idée aussi purement rationnelle que l'Idée du Parfait, et, une fois dégagée, elle s'oppose à celle-ci avec une extrême netteté.

Première Section. — L'IDÉE DE L'INFINI

§ 2. **L'Infini pur d'étendue et de durée.**

Tandis que l'Idée du Parfait dans ce siècle s'est peu à peu éloignée et affranchie des mathématiques, l'Idée de l'Infini s'y est pour ainsi dire confinée; tandis que le Parfait est devenu synonyme de *qualité*, l'Infini est devenu synonyme de *quantité ;* ainsi, tandis que le Parfait devenait insaisissable et indéfinissable, l'Infini est devenu contradictoire et antinomique.

Nous avons essayé de montrer que toute perfection est fondée sur une perfection mathématique du même degré, c'est-à-dire soit d'ordre concret, soit d'ordre abstrait, soit d'ordre rationnel, et que cela est vrai surtout du Parfait métaphysique, du Dieu de la Raison; il faut ajouter maintenant que l'Idée de l'Infini ne se confond pas avec la notion de quantité, et que la quantité n'est pas elle-même infinie.

Ce point d'ailleurs est déjà prouvé par ce que nous avons dit du Parfait : c'est en effet la quantité — c'est-à-dire l'étendue ou quantité extensive, et la durée ou quantité intensive — qui nous a fourni les éléments les plus importants et les plus manifestes de la perfection rationnelle ; ces éléments sont les points et les instants ; or, la quantité est constituée par la synthèse des points et des instants avec le Continu; la quantité étant une synthèse, une relation, une représentation, est donc essentiellement déterminée, et ne saurait être infinie. C'est le Continu seul qui est infini : or, le Continu n'est pas lui-même une quantité, c'est-à-dire une durée ou une étendue; il n'est qu'une Idée de la Raison, tout comme les Idées corrélatives du Point et de l'Instant.

Notre argumentation et celle des mathématiciens que nous combattons sont l'une et l'autre fondées sur le même fait indéniable : la possibilité indéfinie de la multiplication et de la division de l'espace et du temps. Les Infinitistes croient pouvoir se transporter à la limite de ces deux séries grandissante et évanouissante ; or, cela est contradictoire, puisqu'elles sont indéfinies non seulement pratiquement, mais théoriquement aussi. Ils raisonnent comme si la division et la multiplication donnaient un résultat dernier, qui serait d'un côté la quantité élémentaire, l'infiniment petit, de l'autre la quantité universelle, l'infiniment grand.

Pour nous, nous constatons qu'à tous les degrés la division et la multiplication de la quantité donnent une étendue et une durée déterminées ; nous nous en tenons au fait de la divisibilité et de la multiplicabilité indéfinies de l'espace et du temps ; nous renonçons à trouver un terme réel ou idéal à ces séries réellement et idéalement indéfinies. Le résultat de la division et de la multiplication de l'espace et du temps est donc toujours une étendue et une durée déterminées, et jamais une étendue ou une durée infiniment petites ou infiniment grandes.

Qu'y-a-t-il donc d'infini dans l'espace et le temps ? Ce n'est pas un résultat idéal — ou plutôt imaginaire — de cette divisibilité et de cette multiplicabilité ; c'est cette divisibilité et cette multiplicabilité elles-mêmes. L'Infini n'est donc pas autre chose que l'*Indéfini* : les Infinitistes distinguent ces deux conceptions parce qu'ils considèrent l'Infini comme une quantité réelle : l'Indéfini n'est dès lors pour eux qu'une condition *subjective*.

Mais si l'on rejette cette conception contradictoire d'une quantité donnée infinie, on s'aperçoit que l'indéfini n'est nullement subjectif : ce qui est subjectif est au contraire l'acte de détermination de la quantité : l'Indéfini est une condition purement objective. On comprend dès lors que l'Indéfini se présente à l'imagination sous la forme du *Continu*, dans lequel la pensée peut pénétrer aussi loin qu'elle veut par les principes de détermination purement subjectifs, sans jamais l'épuiser. Or, c'est là précisément le caractère de la pure objectivité rationnelle.

L'Infini mathématique n'est donc rien de donné et de réel : il n'est pas la quantité elle-même, ni une partie élémentaire, ni une somme universelle de la quantité : il est l'élément rationnel objectif de la quantité. Il s'obtient, non par la division ou par la multiplication, mais par l'analyse rationnelle de l'espace et du temps.

§ 3. L'Infini pur de causalité et de substantialité.

Le même raisonnement est aussi vrai de l'Infini de la causalité et de la substantialité : l'Infini n'est aucune représentation ; il est un élément rationnel de la synthèse qui constitue une représentation ; il s'obtient, non par la régression, mais par l'analyse des rapports synthétiques. C'est par une même inconséquence, qu'on croit obtenir un Infini mathématique qui est une quantité, et un Infini dynamique qui est une universalité de représentations : la régression, à y regarder de près, n'est autre chose qu'une division et une multiplication de représentations.

On cherche le Parfait rationnel, c'est-à-dire la Cause et la Substance pures, à la limite des séries empiriques : or, d'après la définition adoptée et les principes admis, ces séries sont réellement et idéalement indéfinies ; par conséquent, on se contredit en imaginant qu'on trouve — soit réellement, comme le pensent les Infinitistes métaphysiciens, soit idéalement, comme le pensent les Infinitistes dialecticiens — une limite, dont on fait une Idée nécessaire de la Raison.

Néanmoins, on pose une telle limite aux séries infinies des phénomènes : on croit obtenir de cette façon le Parfait rationnel : mais comme, pour l'atteindre, on a dû compter, soit réellement, soit idéalement un nombre infini de degrés, on obtient, en même temps que ce Parfait, l'Idée d'un Infini qui est une quantité.

Pour nous, nous partons du même principe que les Infinitistes, c'est à savoir que les séries empiriques sont indéfinies, ou que la régression des représentations de causalité et de substantialité, comme la division et la multiplication des représentations de durée et d'étendue, n'ont pas de terme, ni réel, ni idéal. Mais nous évitons de nous contredire en posant un tel terme, soit réellement, soit idéalement. Nous constatons qu'en descendant ou en remontant les degrés des chaînes empiriques, on voit les effets et les modes s'éloigner indéfiniment des causes et des substances ; mais que jamais la distance ne peut être assez grande pour que les causes et les substances n'aient plus rien de mobile, de divisible, de passif et d'objectif, et que les effets et les modes, d'autre part, n'aient plus aucune activité causale, ni rien de substantiel.

Nous renonçons donc à imaginer un terme à ces séries, ce qui nous donnerait en même temps un Parfait antinomique, et un Infini contradictoire. Ce que nous appelons l'Infini de la causalité et de la substantialité, ou l'Infini dynamique, c'est cette condition même des séries empiriques, à savoir qu'elles sont indéfinies. Si les Infinitistes distinguent l'Infini de l'Indéfini, c'est qu'ils croient avoir l'Idée d'un Infini donné : dès lors l'Indéfini ne leur paraît être qu'une condition subjective. Pour nous l'Infini est au contraire une condition purement objective et rationnelle, et n'est autre chose que le pur Indéterminé. Pour trouver l'Infini de la causalité et de la substantialité, il faut donc tout simplement séparer par l'analyse rationnelle les deux éléments de l'acte synthétique de la pensée dans ces séries, ou plutôt dans la représentation qui les contient.

Cet Infini, que les philosophes de ce siècle oublient, pour

ne s'occuper, soit comme métaphysiciens, soit comme dialecticiens, que de l'Infini actuel, est le seul que les anciens aient connu, et auquel ils aient donné le nom d'Infini. M. Vacherot, en le trouvant chez les Alexandrins, l'avait dans son premier ouvrage, sinon défini, du moins décrit d'une façon reconnaissable :

« L'Infini, dit-il, est caractérisé, dans la matière par l'indétermination, l'absence de forme et d'idée ; dans le corps par la divisibilité ; dans la catégorie de qualité par le plus ou le moins ; dans la connaissance par la diversité et la succession des pensées ; dans la cyclophorie céleste par la force infinie du moteur ; dans l'âme par son mouvement éternel ; dans le temps, qui mesure les révolutions de l'âme, par la puissance et le nombre illimité de ses périodes ; dans l'intelligence par son éternité, par sa haute puissance ; dans l'éternité même par sa compréhension, qui embrasse toute l'infinité intellectuelle. On remonte ainsi à *l'Infini en soi, c'est-à-dire à la simple puissance ou possibilité* [1]. »

Telle est à peu près la conception encore confuse de tous les anciens sur l'Infini ; c'est cette même conception que nous retrouverons, méthodiquement développée et définie, dans la métaphysique cartésienne. De nos jours il s'en trouve encore des vestiges dans une conception que l'on exprime parfois par le nom de *Substance*.

§ 4. Le Mode et l'Effet purs ou infinis.

Le mot de Substance a, de nos jours, deux significations, non seulement différentes, mais absolument opposées ; de là des confusions étranges, et un malentendu constant. La substance est d'abord le principe interne de la détermina-

---

[1] Vacherot, *Philosophie al.*, t. II, p. 383-284. « *Sur Proclus, Com. Parm.*, VI, 99, 104, 100, 101, 102. »

tion et de l'unité de l'être : c'est cette signification que nous avons adoptée ; et nous avons montré que la Substance est un des éléments du Parfait. Le mot de substance est encore pris dans le sens de puissance passive, d'Etre vide de toutes ses déterminations, d'Etre indéterminé : et c'est une pareille chose qui *soutiendrait* les êtres déterminés. Nous écartons rigoureusement ce sens du mot substance ; et pour plusieurs raisons.

D'abord, parce que l'être concret n'a nul besoin, pour subsister, d'une substance indéterminée, qui le soutiendrait. Nous aurons à revenir sur ce point, mais il est déjà évident, d'après l'analyse que nous avons faite jusqu'ici, que la réalité de l'être consiste dans ses déterminations, et que, ces déterminations enlevées, il ne reste rien de réel. On ne peut pas considérer l'être à part de ses déterminations : c'est là une étrange absurdité dans la philosophie du XIX° siècle. On trouve, par l'analyse de l'être ou de sa détermination, une Substance ; et on trouve, d'autre part, en même temps, un Indéterminé ; mais en aucune façon on ne trouve une *Substance indéterminée*. La Substance n'est pas le réel de l'être : l'être est réel par lui-même ; la Substance est le principe rationnel interne de l'unité des modifications de l'être. Quant à l'Indéterminé, il n'a rien de réel, ni rien de substantiel ; il s'oppose à la substance et à la cause ; il est la puissance passive de l'Être, le principe rationnel objectif de sa multiplicité et de sa diversité indéfinie.

Or qu'est-ce qui est indéterminé, indéfini et en puissance dans l'être ? est-ce le support et l'unité de ses modes et de ses effets ? est-ce la Substance ? Evidemment non. Ce qui dans l'être est infini ou indéterminé, ce sont ses modes et ses effets possibles, par lesquels il s'étend et se disperse indéfiniment. Ce ne sont pas des modes et des effets réels et déterminés, dans lesquels se trouve aussi bien le principe déterminant que le principe indéterminé ; ce sont des modes et des effets possibles, en tant seulement qu'ils sont possibles ; ou plutôt c'est cette possibilité indéfinie des modes et des effets : en d'autres termes, ce qui est indéterminé, indéfini, infini dans l'être, c'est l'Effet pur, qui n'aurait aucune activité causale, c'est le Mode pur, qui n'aurait rien de substantiel.

Ce Mode et cet Effet purs ne sont autre chose que les termes rationnels que l'analyse dégage en même temps que la Cause et la Substance pures. Ils forment ensemble l'Idée de l'Infini. L'Infini est donc une Idée de la Raison, qui n'a de signification et d'usage que par opposition avec l'Idée du Parfait, et qui doit nécessairement entrer en synthèse avec cette Idée. Et cette synthèse n'est autre chose que l'expérience déterminée.

§ 5. Le fondement mathématique de l'Idée de l'Infini.

Ce Mode et cet Effet purs ne peuvent pas se concevoir dans l'espace et dans le temps : dans l'espace et dans le temps, la causalité et la substantialité sont toujours des rapports à deux termes : les effets sont aussi des causes, causes d'autres effets, et causes aussi de la causation de leurs causes ; les modes, de même, servent à leur tour de liens substantiels : c'est pour cette raison que les modes et les substances, les effets et les causes ne font ensemble qu'une même chose avec l'être.

Aussi les métaphysiciens purs, qui déclarent que la Cause et la Substance absolues ne sont pas dans une étendue divisible et dans une durée successive, affirment-ils également que le Mode et l'Effet absolus ne peuvent pas se concevoir dans l'étendue et la durée.

Mais c'est pour une raison opposée : la Cause et la Substance pures ne peuvent pas être conçues dans l'espace et dans le temps, parce qu'il n'y a en elles aucun Indéterminé, et par conséquent aucun rapport synthétique : elles sont donc conçues dans l'élément rationnel de l'espace et du temps qui leur correspond, dans lequel il n'y a aucun Indéterminé, ni aucun rapport synthétique, c'est-à-dire dans le Point et dans l'Instant. Le Mode et l'Effet purs ne peuvent pas être conçus dans l'espace et dans le temps, parce qu'ils ne contiennent aucun principe de détermination, qui puisse correspondre aux points et aux instants de l'espace et du temps : l'espace et le temps n'étant que l'ordre déterminé des représentations, il n'y a pas d'espace et de temps, s'il n'y a pas de représentations déterminées.

Quelle base mathématique donnerons-nous donc à l'Infini ? Où placerons-nous l'Indéterminé de la causalité et de la substantialité? C'est ici qu'apparaît avec évidence l'inutilité de cette conception, d'ailleurs contradictoire, de la Quantité infinie ? Quand même l'espace et le temps pourraient être conçus comme infiniment petits ou infiniment grands, il n'y aurait pas place en eux pour cet Infini de la causalité et de la substantialité.

Le fondement mathématique rationnel de l'Infini dynamique, c'est le Continu. L'Effet et le Mode purs, l'Infini de la causalité et de la substantialité, ou l'Être indéterminé, se place nécessairement dans l'Infini qui s'étend au delà des derniers points et des derniers instants posés par la division et la multiplication de l'étendue et de la durée, c'est-à-dire dans le Continu. Là, et là seulement, dans les régions inoccupées par l'être réel, et inexplorées par la pensée, peut se concevoir la possibilité indéfinie des modes et des effets : les Idées rationnelles de l'Effet et du Mode purs s'unissent nécessairement avec les Idées rationnelles du Continu spatial et du Continu temporel, comme les Idées rationnelles de la Cause et de la Substance pures s'unissent avec les Idées rationnelles du Point et de l'Instant.

Deuxième Section. — L'ETRE INFINI

§ 6. Indication de l'existence d'un Etre infini, en face de l'Etre parfait.

L'Idée purement rationnelle de l'Infini est donc constituée par les éléments objectifs de l'analyse : elle n'est autre chose qu'une illustration générale de l'Indéterminé. Cette Idée devient un Etre métaphysique quand on la sépare de l'Idée corrélative, qui est l'Idée du Parfait, c'est-à-dire quand on la considère en dehors du *principe synthétique*.

Si l'Etre parfait est le Dieu de la théologie pure, que sera cet Indéterminé, cet Objet absolu, cet Etre infini, qui s'oppose à l'Etre parfait ? Ce sera évidemment le Monde de la cosmologie pure. Cette distinction se trouve implicitement, mais très évidemment dans l'école cartésienne.

Nous tenons beaucoup à trouver cet Etre infini, ce Monde de la cosmologie pure, dans la métaphysique des Cartésiens, fût-ce malgré leurs dénégations. Et voici pourquoi : on a vu combien leur Idée de l'Etre parfait, purifiée par des analyses successives, est claire et solidement établie, et combien exactement elle répond au terme Déterminant de notre *principe synthétique* : s'il arrive que la construction d'une théologie pure ne puisse pas s'élever, sans que s'élève en face d'elle une cosmologie pure, si cette Idée de l'Etre parfait ne peut pas être constituée, sans s'opposer à l'Idée d'un Etre infini, tout aussi pur de tout élément concret ou abstrait, on ne pourra trouver d'autre explication de ce fait, sinon que cet Etre parfait et cet Etre infini sortent ensemble de l'analyse rationnelle, qu'ils sont opposés comme le Déterminant et l'Indéterminé, qu'ils doivent s'unir comme eux dans une synthèse, qui ne sera autre chose qu'une représentation déterminée, dans laquelle ils joueront un rôle entièrement immanent.

Mais avant de s'unir, l'Etre parfait et l'Etre infini s'opposent l'un à l'autre dans un *dualisme* métaphysique.

Le dualisme avait été condamné par les conciles sous la forme du *Manichéisme*. Avec la fine ironie qui caractérise nos grands sceptiques du XVIIIᵉ siècle, Bayle défend le Manichéisme en feignant de le rejeter : le Manichéisme, dit-il, est faux, puisqu'il est contraire à la raison et à la doctrine des Pères ; mais il explique les faits d'une manière satisfaisante : les partisans d'un seul principe métaphysique sont dans le vrai ; et cependant les conclusions qu'on peut tirer de leurs systèmes sont toutes absurdes : ainsi les conclusions de l'erreur sont justes, et celles de la vérité sont fausses [1].

Contre la théologie des conciles, les arguments de Bayle sont concluants, et son scepticisme est fondé. Mais s'il avait voulu faire violence aux Cartésiens, et les contraindre de définir et de nommer toutes leurs pensées, il aurait découvert chez eux les deux principes métaphysiques ; il les aurait découverts par là même dans la Raison ; ainsi il aurait dû renoncer à son scepticisme, et aurait donné à son argumentation contre la métaphysique dogmatique un fondement rationnel, en abandonnant son procédé éristique pour une méthode rationnelle.

Jamais les Cartésiens n'ont franchement avoué le dualisme qui se trouve au fond de leur système ; mais ils ne pouvaient pas construire une métaphysique du Parfait, sans qu'une métaphysique de l'Infini se dressât d'elle-même à la limite opposée du champ de la Raison, parce qu'il est impossible de dégager et de réaliser l'un des

---

[1] V. Bouillier, *Hist. de la Philosophie cart.*, t. II, ch. XX.

termes de l'analyse, sans que l'autre se présente en même temps. Il y a, dans la métaphysique cartésienne, l'Idée d'une dispersion infinie de l'espace et d'une infinie fluxion du temps, qui correspond aux Idées d'Immensité et d'Eternité parfaites ; il y a une Idée de la dispersion et de la fluxion infinie des modes et des effets, qui correspond aux Idées de la Cause et de la Substance parfaites, immenses et éternelles : il y a un Etre infini qui s'oppose à l'Etre parfait.

Seulement, comme l'analyse rationnelle n'est chez les Cartésiens qu'un procédé, et non une méthode, comme tout l'effort de leur pensée porte sur l'Idée du Parfait, ils ne se rendent pas bien compte du rôle de l'Idée de l'Infini dans leurs propres systèmes. Les uns, comme Descartes, pensent que cet Infini a son siège dans le monde de l'expérience ; les autres, comme Fénelon, s'aperçoivent qu'il s'élève au delà du monde sensible, dans une position opposée à celle du Parfait. Mais ils prétendent qu'il n'est qu'un mirage de l'imagination, et, pour en cacher l'existence, ils lui refusent le nom d'Infini.

§ 7. La connaissance de l'Infini dans l'Etre parfait et infini.

Il y a, comme on l'a vu, chez les premiers Cartésiens, deux conceptions différentes de Dieu : Dieu est d'abord l'Etre parfait : alors il est l'Intelligible, lequel se confond avec l'Intelligence ; non pas avec la connaissance sensible, laquelle contient aussi l'Indéterminé, et dont les objets sont toujours des représentations et des rapports, mais avec l'Intelligence absolue, avec le principe déterminant de la synthèse, avec le Sujet absolu. Comme tel, il est saisi immédiatement par intuition, et son existence est prouvée par l'*argument ontologique*, qui est la seule preuve de la théologie pure.

Dieu est aussi l'Etre *parfait et infini*. Comme tel, il est un *objet* de connaissance : Descartes se sert d'une inférence pour prouver son existence. Nous avons dit déjà, que dans les *Méditations*, où s'obscurcit l'Idée du Parfait, Descartes perd complètement de vue la preuve ontologique, et qu'il enlève toute sa valeur à sa première preuve — celle qui consiste dans la simple remarque que nous avons en nous l'Idée de Dieu, et qui est au fond la même que la preuve ontologique — en la faisant dépendre de sa *seconde preuve*, laquelle n'est qu'une inférence. Il dit encore que l'Idée de Dieu est une *idée adventice*. Dieu est donc présenté tantôt comme le Sujet absolu de la pensée, tantôt comme un objet.

Il y a là une contradiction : et il est impossible de la résoudre en disant que Dieu peut être considéré, soit comme intérieur à l'intelligence, c'est-à-dire comme pensé, soit comme extérieur à elle, c'est-à-dire comme existant[1]. Cette distinction n'a de sens qu'appliquée aux objets de la connaissance sensible, aux représentations : si Dieu est le Sujet absolu, le principe déterminant de la pensée, le Parfait en un mot, il ne peut pas être considéré comme un objet.

Si ce n'est pas comme Etre parfait, que Dieu est connu comme un objet, c'est comme Etre parfait et infini. Mais il est évident dès lors que cette conception de l'Etre parfait et infini est confuse, et que, si on l'analyse, il doit s'en dégager un dualisme métaphysique. Car si ce n'est pas comme Etre parfait, que l'Etre parfait et infini est connu comme un objet, c'est comme Etre infini. Et s'il en est ainsi, l'Infini et le Parfait ne peuvent pas s'unir comme des Idées voisines ou semblables, pour constituer un même Etre métaphysique. Il y a un Etre parfait, qui est le Sujet

---

[1] Après avoir dit que le monde intelligible est un objet étranger à l'âme, M. Vacherot ajoute en note : Il s'agit du monde intelligible *considéré objectivement*. (*Philosophie al*, t. III, p. 387.)

absolu ; et il y a, d'autre part, un Etre infini, qui est un objet. Mais il ne suffit pas de dire qu'il est un objet : il est l'Objet absolu et indéterminé, comme l'Etre parfait est le Sujet absolu et déterminant.

§ 8. Agnosticisme de la métaphysique de l'Infini.

S'il est l'Objet absolu, l'Etre infini, comme l'Etre parfait, est inconnaissable. L'Etre parfait est inconnaissable parce qu'il se confond avec le Sujet absolu, parce qu'il est constitué par l'union des termes internes de l'analyse rationnelle, et que cette union ne produit pas une représentation, ni aucune conception qui puisse être soumise à l'unité de la pensée. L'agnosticisme qui caractérise la métaphysique de l'Infini a un sens diamétralement opposé : l'Etre infini est inconnaissable aussi, et n'est représenté par aucune conception qui puisse être soumise à l'unité synthétique de la pensée : mais c'est parce qu'il se confond avec l'Objet absolu, parce qu'il est l'Indéterminé, l'impossibilité que la pensée rencontre d'épuiser l'objet par ses déterminations internes, parce qu'il est constitué par l'union des éléments externes et indéterminés que l'analyse dégage de la connaissance, en opposition avec les termes internes ou déterminants.

Ces deux théories, qui évidemment sont inconciliables, et ne peuvent pas, sans contradiction, s'appliquer au même être, ne tardent pas à se distinguer l'une de l'autre, à mesure que se dégage l'Idée de l'Infini.

« L'Infini en tant qu'Infini, disait Descartes, n'est point à la vérité compris, mais... néanmoins il est entendu, car entendre clairement et distinctement qu'une chose est telle, qu'on ne peut de tout point y rencontrer de limites, c'est clairement entendre qu'elle est infinie.

« Je mets distinction », ajoutait-il, pour préciser sa pensée, « entre la raison formelle de l'Infini, ou l'infinité, et la chose qui est infinie. Car, quant à l'infinité, encore que nous la concevions être très positive, nous ne l'entendons néanmoins que d'une façon négative... Et quant à la chose qui est infinie, nous la concevons à la vérité positivement, mais non pas selon toute son étendue[1]. »

La *chose qui est infinie*, c'est l'Etre infini et parfait : nous le concevons positivement, *mais non pas comme infini*. S'il en est ainsi, la distinction de Descartes est inutile : ce n'est pas la *raison formelle de l'Infini*, mais l'Infini lui-même qui est conçu négativement.

Mais par quelle sorte de négation l'Infini est-il conçu ? C'est ce que Descartes ne voit pas bien : selon lui, cette négation consiste simplement en ce que « nous ne remarquons en la chose aucune limitation[2] » ; c'est donc une négation purement relative et empirique, une négation sur le terrain de la pensée discursive ; et Hobbes sera en droit de conclure « que le nom d'Infini ne nous fournit pas l'idée de l'infinité divine, mais bien celle de nos propres termes et limites[3] ».

Hamilton dégage entièrement l'agnosticisme de la métaphysique de l'Infini, et le définit clairement par sa théorie des *Jugements négatifs a priori :* ce n'est pas par une négation relative que l'Etre infini est donné, mais par une négation absolue.

« Kant, dit-il, a divisé les jugements *a priori* en jugements analytiques... et jugements synthétiques... Mais il a oublié une troisième sorte de jugements *a priori*. Ces jugements sont produits en vertu d'une pure loi de l'esprit, et cependant ils ne peuvent pas être rangés dans la classe des jugements analytiques — parce qu'ils ne dépendent pas uniquement du principe de contradiction — ni dans la

---

[1] Descartes. *Rép. aux* I^{es} *Obj*.
[2] *Ibid*.
[3] *Œuvres de Descartes*, Hobbes, IIIes Obj.

classe des jugements synthétiques — parce qu'il ne paraît pas qu'ils soient produits par une puissance réelle de l'esprit, mais qu'ils ont pour seul fondement l'impossibilité de concevoir leur contraire.

« Dans les jugements analytiques, nous concevons l'une des alternatives comme nécessaire, et l'autre comme impossible. Dans les jugements synthétiques, nous concevons l'affirmative comme nécessaire, mais nous ne concevons pas la négative comme contradictoire.

« Ne serait-il pas mieux de diviser les jugements synthétiques *a priori* en deux classes : celle des jugements positifs, et celle des jugements négatifs ? Si Kant s'était demandé si ses jugements synthétiques *a priori* étaient affirmatifs ou négatifs, il serait arrivé à la loi du *Conditionné*, et aurait ainsi donné à sa critique une tournure tout à fait nouvelle. Il aurait simplifié, aboli la distinction du *Verstand* et du *Vernunft*, des *Begriffe* et des *Ideen*. La Raison aurait été alors purement négative, au moins en tant qu'elle est une faculté qui saisit l'Inconditionné... Et toutes ses catégories auraient été réduites à la seule catégorie du Conditionné[1]. »

Quand il veut réduire toute la Raison à la connaissance de l'Inconditionné, Hamilton oublie ou néglige toute la métaphysique du Parfait. Cet Inconditionné n'est évidemment pas autre chose que l'Infini, quand on a réussi à le distinguer, d'une part, de la conception contradictoire de la quantité infinie, et, d'autre part, de l'Idée pure du Parfait.

Or cet agnosticisme de la métaphysique de l'Infini s'il faut un certain effort pour le dégager de la pensée des premiers Cartésiens, se trouve déjà d'une façon très évidente dans le système de Fénelon, chez qui nous découvri-

---

[1] Hamilton, *Lectures on mét.*, Edimbourg, 1882. « *Fragment from early papers, probably before* 1836. » Ed.

rons facilement une Idée cosmologique, un Etre infini obtenu par une négation absolue.

Mais tandis que les Agnostiques modernes ont perdu de vue l'Etre parfait, et ne connaissent que l'Etre infini — auquel ils ne manquent pas d'ailleurs d'accorder des attributs qui ne conviendraient qu'à l'Etre parfait, comme l'Unité et la Nécessité — les Cartésiens au contraire étaient uniquement occupés de l'Etre parfait. Cette Idée était chez eux tout à fait claire et précise. L'Idée de l'Infini existait aussi ; mais ils s'efforçaient d'en cacher le caractère spécial et de la réunir à l'Idée du Parfait.

§ 9. La révélation de l'Etre infini par le rapport de l'Etre parfait et du monde sensible.

Pour contraindre l'Etre infini à se dégager du monde sensible et à laisser voir ce qu'il est, il est un moyen fort simple et tout à fait infaillible. Nous possédons en effet une Idée du Dieu Parfait, qui est très claire et précise : il y règne une belle harmonie, et une si solide unité, que rien d'autre que la pure perfection métaphysique n'y saurait entrer, sans la dénaturer complètement.

Il suffira de mettre le monde sensible en présence de l'Idée du Dieu Parfait, pour qu'aussitôt il se fasse dans le monde sensible une séparation profonde entre des éléments qui iront se fondre dans cette Idée, et d'autres qui n'y pourront pas entrer, et s'opposeront à elle. S'il n'y avait qu'un seul principe métaphysique des choses, il rendrait compte de tous les éléments de l'expérience : mais s'il y a quelque chose dans l'expérience qui s'oppose inévitablement et absolument au Dieu Parfait, ce sera l'Etre infini que nous cherchons.

Or, ce rapprochement que nous voulons tenter, les Cartésiens l'ont fait eux-mêmes, et de deux façons différentes : d'abord en déduisant la théorie du monde sensible des perfections de Dieu ; ensuite en dégageant les perfections de Dieu des lois du monde sensible. Nous n'aurons donc qu'à saisir au bon moment les conclusions qui ressortent de leurs raisonnements.

L'école cartésienne se divise en deux branches, la branche déductive et la branche analyste, qui est la branche française ; nous ne faisons ici que mentionner la première : en déduisant la physique des attributs du Dieu parfait, on n'arrive pas à trouver l'Idée de l'Infini, puisqu'on la nie *a priori* ; on construit un monde qui n'est que la reproduction, sur le terrain de la métaphysique du *Tout absolu*, des vérités de la métaphysique pure du Parfait.

La branche des Cartésiens analystes est la seule qui doive nous occuper pour le moment. Il ne s'agit pas pour eux de construire une physique en se servant des attributs de Dieu, mais bien de chercher les attributs de Dieu dans la physique, ou de dégager l'Idée rationnelle du Dieu Parfait par une analyse complète du monde sensible. Ainsi, comme on l'a vu, ils purifient l'Idée de Dieu, et achèvent la construction de la théologie pure, dont Descartes avait posé le fondement et établi la méthode d'une façon définitive, mais dans laquelle, n'ayant pas poussé jusqu'au bout l'analyse du monde sensible, il avait laissé pénétrer des rapports abstraits, et même des représentations concrètes, qui ne conviennent qu'aux êtres singuliers.

Mais en même temps, par le seul fait qu'ils mettent le monde sensible en présence de cette Idée entièrement achevée et pure de l'Être parfait, ils font voir malgré eux l'Être infini se dressant en face du Dieu Parfait.

§ 10. L'Infini dans la théorie rationnelle de la vision en Dieu. La Sensation pure. Malebranche.

La théorie de la *Vision en Dieu* indique manifestement une analyse, faite selon la loi du *principe synthétique* tel que nous le concevons : tous les éléments de *perfection rationnelle* qui sont dans la représentation, nous les voyons en Dieu : or ce Dieu n'est plus l'Etre infini et parfait de Descartes, mais seulement l'Etre Parfait. Qu'est donc devenu l'Infini ? c'est-à-dire que sont devenus tous les éléments, autres que ces purs éléments de perfection, qui entraient dans la conception complexe et confuse du Dieu infini et parfait ? Ils ne se trouvent plus en Dieu, qui n'est que l'Etre parfait ; ils ne se trouvent plus dans le monde sensible, que l'analyse a entièrement dissous ; ils constituent cet autre élément de la connaissance, qui s'oppose à la Vision en Dieu, c'est-à-dire la *conscience* ou le *sentiment*.

Mais qu'est-ce que cette conscience ? Est-ce la conscience qui fournit des représentations déterminées, et dont l'unité est l'unité de toute pensée ? Non évidemment, car ces représentations seraient analysées à leur tour, et fourniraient d'une part des éléments parfaits, et d'autre part des éléments infinis. Ce ne peut être que le pur Indéterminé, une Idée tout aussi pure et rationnelle que l'Idée du Parfait. Il est vrai que cette Idée est insaisissable en elle-même ; mais il en est de même de l'Idée de Dieu : comme celle-ci, elle n'est saisissable qu'avec *certaines précisions*, c'est-à-dire avec un mélange de l'Idée opposée.

Telle est l'Idée pure de l'Infini. Malebranche pourra en détourner ses regards : il n'en est pas moins vrai qu'il a été contraint un moment de la voir, dressée en face de son Idée de Dieu.

Au moment où cette analyse est accomplie, la science de la Raison est achevée en principe ; elle est devenue une science exacte ; on en trouvera des applications diverses, mais on ne la poussera pas plus loin.

Seulement il fallait dès lors renoncer à la métaphysique ; puisque les deux Idées absolues étaient sans rapport avec le monde sensible, mais qu'elles étaient opposées l'une à l'autre en vertu d'une analyse portant sur la représentation du monde sensible, il fallait en conclure qu'une synthèse rationnelle, réunissant ces deux Idées, doit retrouver la représentation du monde sensible, sans rien d'absolu. Cette conclusion aurait été inévitable, si l'analyse rationnelle avait été employée comme une méthode universelle.

Mais les Cartésiens analystes ne s'en étant servis que comme d'un procédé pour découvrir l'Idée du Dieu Parfait, l'abandonnent et l'oublient, dès qu'ils ont constitué cette Idée. C'est ainsi que se forme la métaphysique de Fénelon, qui n'est que l'expression, en termes d'ontologie, de la théorie rationnelle de la Vision en Dieu de Malebranche.

§ 11. L'Infini dans la théorie métaphysique de l'Existence des choses en Dieu. Fénelon.

« Dieu, dit Fénelon, n'est formellement aucune chose singulière ; il est éminemment toutes choses en général... Dieu est donc véritablement en lui-même tout ce qu'il y a de réel et de positif dans les esprits, tout ce qu'il y a de réel et de positif dans les corps, tout ce qu'il y a de réel et de positif dans les essences, et dans toutes les autres créatures possibles, dont je n'ai point d'idée distincte. Il a tout l'être du corps sans être borné au corps ; tout l'être de l'esprit, sans être borné à l'esprit ; et de même des autres essences possibles. Il est tellement tout être, qu'il a tout l'être de chacune de ces créatures, mais en en retranchant la borne qui la restreint [1]. »

Il faut se garder de chercher dans ce passage la théorie de l'Infiniment grand : il n'y a rien de tel dans la pensée de Fénelon, et son Dieu est l'Etre Parfait dans toute sa pureté : la *borne* des choses, ici, c'est leur imperfection ou leur indétermination, et l'*Etre* des choses est la perfection rationnelle dont elles participent. Nous n'avons pas

---

[1] Fénelon, *Ex. de Dieu*, P. II, ch. IV.

d'ailleurs à revenir sur la théologie de Fénelon : si nous avons cité ce passage, c'est seulement pour chercher à dégager l'Idée de la cosmologie. Si Dieu est *tout ce qu'il y a de réel et de positif* dans les choses, qu'est-ce donc qui n'est pas Dieu dans ces choses ? Fénelon voit la difficulté.

« Comment est-ce que, Dieu étant parfait, nos idées sont néanmoins imparfaites ? Comment est-ce que nos idées, si elles sont Dieu, qui est simple, indivisible et infini, peuvent être distinctes les unes des autres, et fixées par certaines bornes ? Comment est-ce que nous pouvons connaître des natures bornées dans un Etre qui ne peut avoir aucune borne [1] ? »

C'est, répond Fénelon, en vertu de l'*Extension*. Mais qu'est-ce que cette *extension ?* Ce ne peut pas être une étendue et une durée infinies : nul philosophe ne combat avec plus d'acharnement que Fénelon la conception du Tout absolu sous toutes ses formes. Ce ne peut pas être non plus une étendue et une durée finies, car l'analyse dégage de l'étendue et de la durée finies un élément de perfection, qui est de l'essence de Dieu, et un autre élément rationnel et métaphysique, qui est opposé à celui-là, qui ne peut pas être en Dieu, et qui est précisément l'*extension*.

Que reste-t-il donc de l'étendue et de la durée dépouillées, par l'analyse, du principe de perfection métaphysique dont elles participent, c'est-à-dire de l'Eternité et l'Immensité divines ? C'est un pur Indéterminé. Et c'est bien là, en effet, ce que Fénelon entend par l'*extension*.

Il est vrai que, pour éviter le dualisme métaphysique, il s'efforce de l'attribuer à l'imagination. Mais n'est-il pas évident que toutes les créations de l'imagination peuvent être analysées ? Et Fénelon n'a-t-il pas lui-même analysé

[1] *Ibid.*

cette conception imaginaire et contradictoire de la quantité infinie ? Or la pure *extension* ne peut pas être analysée. On ne peut pas y découvrir les éléments divers que l'imagination aurait unis et mélangés : il faut donc bien convenir que cette *extension* est une Idée de la Raison, un principe métaphysique de confusion et de désordre, qui met empêchement à l'identification de la réalité avec l'Idée du Parfait, du monde sensible avec Dieu, et qui reste inévitablement dans le creuset de l'analyse, quand, de la représentation du monde sensible, on dégage l'Idée du Dieu Parfait.

Il y a, chez Fénelon, un théologien ecclésiastique qui, lorsqu'il ne peut pas empêcher les principes métaphysiques de se dégager, leur dénie, s'ils ne sont pas orthodoxes, la définition franche et brève à laquelle ils ont droit, et tâche de les cacher sous un faux nom. Mais c'est en vain. Il est évident que, sous le nom impropre d'Extension, il a posé cet Indéterminé absolu, cet Infini qui s'oppose à Dieu dans un inévitable dualisme.

§ 12. L'Eternité et l'Immensité du Continu. Le Mode et l'Effet immenses et éternels.

L'analyse de l'étendue déterminée fournit à la métaphysique pure du Parfait, ou à la pure théologie, l'Idée de l'Immensité indivisible, simple et parfaite ; elle fournit à la métaphysique pure de l'Infini, ou à la pure cosmologie, l'Idée du pur Continu, sans aucun point qui le détermine, principe de dispersion sans cohésion et sans unité, principe de néant et d'inintelligibilité, qui fait que les choses ne se réunissent pas dans le Point ou dans l'Immensité parfaite, mais se dispersent et s'étendent.

Cela constitue une autre sorte d'Immensité : ce n'est pas l'Immensité d'une étendue qui n'aurait pas de bornes extérieures — car cette conception contiendrait encore des éléments de perfection rationnelle, par ses déterminations internes; et d'ailleurs elle est contradictoire et chimérique — c'est l'Immensité du Non-Etre, l'Immensité du pur homogène, que les Matérialistes placent à l'origine des choses, pur Continu sans limites intérieures, comme sans bornes extérieures, sans aucune division, sans aucune mesure, sans aucun point de repère pour la pensée. Telle est l'*Immensité infinie*, telle est l'Immensité de la cosmologie pure.

De même l'Eternité infinie de la pure cosmologie n'est pas une durée qui n'aurait point de bornes extérieures, et qui cependant formerait un tout, et serait saisie dans une représentation ; c'est l'Eternité du néant et de l'homogène absolu ; c'est un pur Continu sans aucune détermination, sans durée réelle, pure fluxion, principe de néant et d'inintelligibilité, qui fait que, dans le monde sensible, les choses successives ne s'unissent pas dans l'unité de l'Eternité parfaite et divine, mais se dispersent dans le temps.

Peut-être paraîtra-t-il étrange qu'il puisse y avoir deux Idées opposées de l'Immensité, deux Idées opposées de l'Eternité, toutes deux d'ailleurs également pures et éloignées de la notion contradictoire et imaginaire de l'étendue et de la durée infinies. Mais si notre méthode nous a permis de les définir, de les opposer nettement l'une à l'autre, comme l'Etre au Non-Etre, le Parfait à l'Infini, le Déterminant à l'Indéterminé, nous ne les avons pas toutefois inventées. Nous avons trouvé les Idées de l'Immensité et de l'Eternité *parfaites* fort nettement décrites dans la métaphysique du Parfait ; les Idées de l'Immensité et de l'Eternité *infinies* existent, aussi nettement, dans la métaphysique de l'Infini.

Mais pour bien montrer que ces deux Idées de l'Immensité, que ces deux Idées de l'Eternité sont produites solidairement par la même opération, et s'opposent inévitablement l'une à l'autre, c'est dans l'ouvrage de Fénelon lui-même, c'est-à-dire dans un système théologique, que nous cherchons les Idées infinies.

« Les compositions, dit Fénelon, ne sont que des assemblages de bornes ; tout y porte le caractère du néant ; c'est un je ne sais quoi, qui n'a aucune consistance, qui échappe de plus en plus, à mesure que l'on s'y enfonce, et que l'on y veut regarder de plus près. Ce sont des nombres magnifiques, et qui semblent promettre les unités qui les composent ; mais ces unités ne se trouvent point. Plus on presse pour les saisir, plus elles s'évanouissent. La multitude augmente toujours, et les unités, seuls véritables fondements de la multitude, semblent fuir et se jouer de notre recherche. Les nombres successifs s'enfuient aussi toujours : celui dont nous parlons n'est déjà plus ; celui qui le touche, à peine est-il, et il finit ; trouvez-le si vous pouvez ; le chercher, c'est l'avoir déjà perdu. L'autre qui vient n'est pas encore ; il sera, mais il n'est rien : et il fera néanmoins un tout avec les autres, qui ne sont plus rien. Quel assemblage de ce qui n'est plus, de ce qui cesse actuellement d'être, et de ce qui n'est pas encore [1]. »

« Le temps, dit-il encore, est le changement de la créature... Le temps est la négation d'une chose très réelle et souverainement positive, qui est la permanence de l'être. Quand même les êtres créés ne changeraient point de modifications, il ne laisserait pas d'y avoir, quant au fond de la substance, une mutation continuelle... Les êtres ne sont jamais dehors du néant par eux-mêmes ; donc ils n'en sont dehors que par un don actuel de l'Etre... Ainsi ce n'est point une existence fixe et permanente, ce sont des existences bornées et divisibles, qui se renouvellent sans cesse par de nouvelles créations. Il est donc certain que tout est successif dans la nature, non seulement par la variété des modifications, mais encore par le renouvellement

---

[1] Fénelon, *Ex. de Dieu*, II, v, 2.

continuel d'une existence bornée. *Cette non-permanence de l'être créé est ce que j'appelle le temps... Tout véritable infini est indivisible... Il s'ensuit donc que cette existence infinie est toujours entière. Celle des créatures n'est jamais toute à la fois ; ses parties ne peuvent se réunir ; l'une exclut l'autre, et il faut que l'une finisse avant que l'autre commence* [1]. »

Cette *non-permanence* de l'être, qui fait que ses parties ne peuvent pas se réunir, il ne faut pas l'appeler le *temps*, car ce serait nier la réalité du monde sensible : et nul ne l'a défendue plus vivement que Fénelon. Il en avait le droit, comme nous le prouverons ; mais à condition d'opposer au Dieu de la Raison, non pas le monde sensible, mais un Monde rationnel et métaphysique comme ce Dieu. Ce principe de diffusion, qui s'oppose à l'Immensité comme à l'Eternité parfaites, ce n'est pas le temps ni l'espace, c'est l'Infini du temps et de l'espace : c'est l'*Eternité infinie* et l'*Immensité infinie* la cosmologie pure.

On voit encore, dans cette page de Fénelon, comment les Idées de l'Eternité et de l'Immensité infinies sont le fondement mathématique de toute la métaphysique de l'Infini. Dans l'espace et dans le temps, se trouve l'être déterminé, qui est une synthèse de l'Infini et du Parfait, mais qui n'a rien de métaphysique ; dans l'Eternité et dans l'Immensité parfaites, se placent la Cause et la Substance absolues ; dans l'Eternité et dans l'Immensité infinies, dans la pure indétermination, dans la pure dispersion de l'espace et du temps, se conçoivent les effets qui n'ont aucune activité causale, les modes sans lien substantiel, l'Effet et le Mode absolus, l'Etre dépouillé de tout principe interne d'unité et de détermination, c'est-à-dire en un mot le *Non-Etre*.

Le Non-Etre, l'Etre infini, le Monde de la cosmologie pure, c'est ce qui reste du monde sensible, quand on en a extrait par l'analyse l'Idée du Dieu Parfait.

[1] *Ibid.*, 3.

« Il est inutile, dit encore Fénelon, de demander si Dieu ne connaît pas les objets en eux-mêmes ; il les connaît tels qu'ils sont. Ils ne sont point par eux-mêmes ; ils ne sont que par lui, et par conséquent ce n'est que par lui qu'ils sont intelligibles ; il ne peut donc les connaître que par soi-même et par sa volonté. S'il considère leur essence, il n'y trouvera *nulle détermination à exister ;* il n'y trouvera même *aucune possibilité par eux-mêmes :* il trouvera seulement qu'ils ne sont pas impossibles à sa puissance. Ainsi c'est dans sa seule puissance qu'il trouve leur possibilité, qui n'est rien par elle-même. C'est aussi dans sa volonté positive qu'il trouve leur existence ; car pour leur essence, elle ne renferme en soi aucune raison ou cause d'exister : au contraire, *elle renferme par soi nécessairement la non-existence.* Il n'y voit donc *que néant ;* et il ne peut jamais trouver l'existence de sa créature que dans sa pure volonté, hors de laquelle l'objet lui-même n'est plus que néant [1]. »

§ 13. Conclusion. Le Dualisme métaphysique.

Ainsi les Idées de l'Infini et du Parfait s'élèvent en même temps et se répondent symétriquement l'une à l'autre : on ne saurait contempler une Idée dans la théologie ou dans la cosmologie pure, sans voir son image renversée dans la cosmologie ou dans la pure théologie ; et cela, non par une influence inévitable, mais en vertu d'un dualisme qui se trouve dans la Raison elle-même, et parce que ces deux Idées ont leur origine cachée dans une seule et même analyse, qui les a produites ensemble.

Amour et Discorde, Être et Non-Être, Lieu et Bien, Ἄπειρον et Νοῦς, Ὕλη et Μορφή, Source du bien et de la vérité, et Source de l'erreur et du mal, sous toutes ces

---

[1] *Ibid.*, II, v, 5.

images plus ou moins obscures, sous toutes ces conceptions confuses, où les deux termes de l'analyse rationnelle sont chargés d'éléments étrangers empruntés à l'expérience, à la poésie, à la religion, au fond de tous ces dualismes si divers d'apparence, se trouve le dualisme pur de l'Etre parfait et de l'Etre infini.

Dans le pur Empyrée, les deux Idées du Parfait et de l'Infini ne présentent aucune obscurité, aucune antinomie, aucune contradiction. Les antinomies et les contradictions naissent seulement quand on essaie de les relier directement au monde sensible, et d'imposer au relatif les lois de l'Absolu ; c'est-à-dire dans les systèmes de métaphysique du *Tout absolu.*

Les antinomies et les contradictions naissent encore dans les systèmes de critique éristique, quand on dirige contre les purs Absolus des arguments tirés de l'ordre des choses relatives, ce qui est aussi une façon de relier le monde sensible au monde intelligible. Les tentatives que l'on fait pour se servir séparément de l'Idée de l'Infini ou de l'Idée du Parfait dans l'expérience seront toujours vaines et stériles ; et les attaques que l'on dirige contre elles d'en bas prouvent seulement l'ignorance et la faiblesse de conceptions de ceux qui, ne pouvant gravir leurs sommets, s'efforcent de les renverser, en minant ce qu'ils croient être leur base, sans voir que les deux Etres métaphysiques se soutiennent d'eux-mêmes dans l'Empyrée, simplement par leur opposition.

Mais si les deux Idées du Parfait et de l'Infini sont opposées comme les deux termes de toute analyse rationnelle, comme le Déterminant et l'Indéterminé, c'est-à-dire si elles ne sont pas séparément des conceptions qui aient en elles-mêmes leur unité, ou qui soient soumises à l'unité synthétique de la pensée, si elles ne sont connues que par leur opposition dans la représentation de leur synthèse, alors, de même que les deux termes tirés d'une représentation s'unissent pour reconstituer par leur synthèse cette même représentation, de même que le Déterminant et l'Indéterminé s'unissent pour former par leur synthèse l'unité même de la pensée, de même aussi les Idées du Parfait et de l'Infini doivent s'unir dans une synthèse, dans laquelle elles épuiseront toute leur signification ; et cette synthèse n'est autre chose que la représentation du monde sensible, d'où elles ont été dégagées ensemble par l'analyse.

Mais il n'est pas temps encore de descendre de l'Empyrée dans le monde sensible ; il nous faut voir d'abord s'il n'y a pas un Absolu par delà même l'Empyrée, où semblaient flotter, absolus et solitaires, l'Etre parfait et l'Etre infini, et où l'on a reconnu enfin qu'ils sont relatifs l'un à l'autre, dans le dualisme de la métaphysique pure.

La synthèse des Idées du Parfait et de l'Infini dans le monde sensible, où elles jouent un rôle immanent, les métaphysiciens purs ne la méconnaissent pas. Mais, pensent-ils, si d'une part le Parfait et l'Infini perdent leur caractère d'Absolus, pour produire par leur relation les déterminations du monde sensible, ils perdent d'autre part ce caractère en vertu duquel, étant opposés, et partant relatifs l'un à l'autre, ils peuvent par leur synthèse, produire une représentation. Alors ils se confondent dans un Absolu, qui n'est relatif à rien, et qui ne contient en soi aucune relation. Cet Absolu, le seul Absolu, la conclusion dernière et le seul objet de la métaphysique pure, c'est l'*Un*, τὸ ἁπλῶς ἕν, qui est autant au-dessus de l'Empyrée où règnent l'Etre parfait et l'Etre infini, que l'Empyrée est au-dessus du monde sensible.

CHAPITRE IV

LE MONISME DE L'UN
CONCLUSION DE LA MÉTAPHYSIQUE PURE

§ 1. La métaphysique pure de l'Un. Union de l'Etre parfait et de l'Etre infini dans l'Empyrée.

Toute une philosophie, toute une grandiose civilisation s'est élevée sur la conception de l'Unité absolue ; civilisation plus ancienne que celle de l'Egypte, et dont les origines sont oubliées ; si bien qu'elle paraît immobile, comme l'Unité qu'elle incarne.

L'esprit grec était réfractaire à cette métaphysique profonde. Peuples d'artistes, habitués à la variété et à l'harmonie des lignes et des couleurs, les Grecs étaient naturellement portés à considérer les formes et les déterminations particulières comme l'essence métaphysique des choses. Seuls, chez eux, les Éléates représentent fidèlement la philosophie de l'Unité. Les Néoplatoniciens s'efforcent de relier l'Unité orientale avec les formes de la philosophie grecque : vaine tentative, qui aboutit aux *myriades de triades* de Proclus. Les Mystiques du Moyen Age — nous parlons de ceux qui furent des métaphysiciens, et non des moralistes — retrouvent l'Un absolu, et, renonçant à le relier au monde sensible, se confondent avec les Orientaux, dans la même adoration muette du Dieu qui est au-dessus de toutes les formes et de toutes les Idées, au-dessus de l'*Abîme* et du *Silence,* au-dessus de l'union des trois *Hypostases* dans la *Trinité.* La métaphysique de l'Un absolu se trouve enfin chez Fénelon dans la théorie de l'*Etre infiniment parfait.*

On considère généralement l'Un des métaphysiciens comme le produit d'une subtilité absurde ; il fait sourire l'ironie des profanes ; et les métaphysiciens eux-mêmes, se sentant irrésistiblement attirés vers lui, se cramponnent aux Idées, c'est-à-dire aux faux Absolus, pour ne pas aller se perdre par delà l'Etre et le Néant. Quant à ceux qui se laissent entraîner, ce sont le plus souvent des sceptiques, qui pensent trouver dans l'Un absolu le comble des absurdités de la Raison, ou des mystiques, qui pensent trouver le grand Mystère, dans une région où les représentations et les Idées elles-mêmes ne sont plus d'aucun usage.

La théorie de l'Un absolu n'est ni subtile, ni mystérieuse, ni absurde : tous les chemins de la métaphysique y conduisent, et se ferment derrière le penseur qui a fait un pas vers lui. Ce qui est absurde, c'est de considérer comme des Absolus des Idées précises, et qui sont plusieurs : l'Absolu doit être seul et indivisible ; il n'y a pas d'autre Absolu que l'Un : toute la métaphysique n'est que la théorie de l'Un.

Déjà nous nous sommes élevés jusqu'à un *cercle* de l'Empyrée, où il n'y a que deux Idées, celle du Parfait, et celle de l'Infini, dans une opposition absolue : nous avons encore un degré à franchir, pour trouver l'Absolu. Le Parfait et l'Infini ne sont pas l'Absolu, puisqu'ils sont deux, puisqu'ils sont opposés ; mais ils sont opposés de telle sorte, que, de leur union, l'Absolu doit sortir.

L'union du Parfait et de l'Infini, tel est donc le problème suprême de la pensée. Avant d'aborder la solution qu'on trouve de ce problème dans la métaphysique pure, indiquons ici deux solutions différentes, que nous examinerons dans la suite. L'une est celle de la métaphysique du Tout absolu : l'union du Parfait et de l'Infini produit une expérience, dans laquelle les Idées, demeurées absolues, jouent un rôle dominateur ; l'autre est celle du véritable empirisme, c'est-à-dire de l'Idéalisme physique ou naturel : l'union du Parfait et de l'Infini produit une expérience indépendante et spontanée, dans laquelle les Idées, relatives les unes aux autres, jouent un rôle entièrement immanent.

La solution de la métaphysique du Tout absolu est en contradiction à la fois avec celle de la métaphysique pure, et avec celle de l'expérience : ces deux dernières s'accordent parfaitement, et l'une est la conséquence nécessaire de l'autre. En effet la métaphysique pure abandonne successivement aux synthèses empiriques toutes les Idées qui lui ont servi de degrés pour s'élever à l'Un : elle abandonne, en dernier lieu, les Idées du Parfait et de l'Infini, ayant reconnu qu'elles ne sont pas l'Absolu. Ces deux Idées, n'étant plus considérées comme absolues, mais étant reconnues relatives l'une à l'autre, s'unissent selon la loi du principe synthétique ; et cette synthèse n'est autre chose que l'expérience elle-même. Toutes ces conclusions sont fort clairement contenues dans les quelques pages de la métaphysique de Fénelon.

Il faut seulement, ici encore, se défier de l'amphibologie des mots. Nous avons vu que Fénelon a été contraint de reconnaître, sous le nom d'*extension*, l'existence d'un principe métaphysique, qui n'est autre chose que l'Infini : il employait alors le mot d'Infini dans le même sens que le mot de Parfait. Maintenant le mot d'Infini aura le sens d'Absolu : l'Un absolu, Fénelon l'appelle fréquemment l'*Infiniment un*. Dans les citations qui vont suivre, il ne faut donc pas se laisser tromper par la ressemblance ou la différence des mots, mais s'attacher au sens profond des propositions.

§ 2. L'Etre et le Non-Etre.

Fénelon ne fait que reproduire, avec de riches développements, le fameux argument des Éléates : l'Etre est ; le Non-Etre n'est pas : donc tout est un.

L'Etre, avons nous dit, est le Parfait, le Non-Etre est l'Infini ; l'Etre est le Déterminant, le Non-Etre est l'Indéterminé : toutefois, comme il n'y a pas de synonymes dans une langue bien faite, il faut expliquer la différence de ces trois couples de mots. Ils expriment également les deux seuls éléments de l'analyse, mais avec une valeur différente : les mots de Déterminant et d'Indéterminé conviennent proprement à la logique rationnelle, ou à la pure science des Idées de la Raison : ils expriment les deux principes opposés, considérés simplement comme les éléments de l'unité synthétique de la pensée ; les mots de Parfait et d'Infini expriment ces deux mêmes principes, réalisés à part l'un de l'autre, dans les deux systèmes de métaphysique opposés[1] ; les mots d'Etre et de Non-Etre enfin conviennent exclusivement au Système de l'Un, ou plutôt à ce dernier argument de la métaphysique, par lequel on fait sortir l'Un absolu de l'union des deux grandes Idées dernières : l'Etre et le Non-Etre sont le Parfait et l'Infini, quand, après avoir été réalisés séparément dans l'Empyrée, ils viennent à se rencontrer, pour se perdre ensemble dans l'Un absolu.

[1] Ils expriment aussi les deux termes du dualisme physique ou naturel V. P. IV, ch. III.

§ 3. L'Etre est.

L'Etre est. Il ne s'agit pas ici d'une existence concrète, mais de l'existence absolue et parfaite. Cette proposition qui paraît tellement simple, que le vulgaire la croit vide de sens et inutile, est très difficile à comprendre, non qu'elle soit obscure, mais parce qu'elle est très élevée. Il faut se rappeler ce qui a été dit de la preuve ontologique : nous avons démontré qu'elle renferme toute la métaphysique pure du Parfait. Or, cette proposition, l'Etre est, n'a pas d'autre sens que cette preuve ontologique ; si l'expression est différente, c'est que nous pénétrons maintenant dans une région supérieure à la distinction du Parfait et de l'Infini. Cette proposition, l'Etre est, c'est toute la métaphysique pure du Parfait, venant à se rapprocher de la métaphysique de l'Infini, dans le système de l'Un, ou plutôt dans l'argument d'où l'Un absolu doit sortir. Cette proposition, l'Etre est, est l'expression de la métaphysique pure du Parfait, quand elle est mise en présence de la métaphysique de l'Infini, laquelle alors s'exprime dans cette autre proposition opposée, le Non-Etre n'est pas.

« Je conçois en Dieu, dit Fénelon, une première chose, qui est lui-même tout entier, si je l'ose dire, et dont toutes les autres résultent. Posez ce premier point, tout le reste s'ensuit clairement et immédiatement. Mais quel est-il, ce premier point ? C'est celui-là même par lequel nous avons commencé, et qui nous a découvert la nécessité d'un premier être.

« Etre par soi-même, c'est la source de tout ce que je trouve en Dieu : c'est par là que j'ai reconnu qu'il est infiniment parfait. Ce qui a l'être par soi existe au suprême degré, et, par conséquent, possède la plénitude de l'être.

« Car l'être, la bonté et la perfection sont la même chose.

D'ailleurs on ne peut rien concevoir de plus parfait que d'être par soi ; et toute perfection d'un être qui n'est point par soi, quelque haute qu'on se la représente, est infiniment au-dessous de celle d'un être qui est par lui-même : donc l'être qui est par lui-même, et par qui tout ce qui n'est point lui existe, est infiniment parfait.

« De cette idée de l'être nécessaire, je tire la simplicité et l'unité de Dieu [1].

« Quand je dis de l'être infini qu'il est l'être simplement, sans rien ajouter, j'ai tout dit... Le mot d'infini que j'ai ajouté, ne lui donne rien d'effectif... L'être est son nom essentiel, glorieux, incommunicable, inouï à la multitude [2]. »

§ 4. L'Être relatif est ; le Non-Être relatif est : la représentation déterminée.

L'introduction du Non-Être dans l'Être est ce qui produit les choses et les représentations déterminées.

« La perfection est quelque chose de positif : et l'imperfection n'est que l'absence de ce positif. Or, il n'y a rien de réel et de positif que l'être. Tout ce qui n'est point l'être est le néant. Diminuez la perfection, et vous diminuez l'être ; ôtez-la entièrement, et vous anéantissez l'être ; augmentez la perfection, vous augmentez l'être : il est donc vrai que ce qui est peu, a peu de perfection ; ce qui est davantage est plus parfait, ce qui est infiniment, est infiniment parfait [3]. »

« Toutes les diversités d'être ne peuvent consister que dans les divers degrés ou bornes d'être, suivant lesquelles l'être est distribué... Il n'y a en toutes choses que l'être, et les différences ne sont que de pures bornes ou négations.

---

[1] Fénelon, *Ex. de Dieu*, II, v, 3.
[2] *Ibid.*, II, v.
[3] *Ibid.*, II, III.

Il n'y a de réel et de positif que l'être, car tout ce qui n'est pas l'être n'est rien : les natures ne sont point différentes les unes des autres par l'être, car c'est au contraire par être qu'elles sont communes, elles ne sont donc différentes que par leur degré d'être ou leur borne, qui est une négation. Suivant que les natures sont plus ou moins bornées, suivant qu'elles ont plus ou moins d'être, elles sont plus ou moins parfaites; comme les divers degrés du thermomètre marquent le plus ou le moins de chaleur dans l'air, les divers degrés de l'être font le plus ou le moins de perfection des natures. C'est ce qui constitue tous les genres et toutes les espèces[1]. »

Ce serait très mal interpréter la pensée de Fénelon, et ce serait ne rien comprendre à la nature des Idées de la Raison, que de donner, dans ce passage, au mot d'*être* le sens d'existence concrète, et au mot de *négation* le sens de néant de cette même existence ; par quoi l'on ferait consister l'essence et la perfection des choses ou des représentations déterminées, non dans leurs déterminations mêmes, mais dans des degrés d'une existence commune et indéterminée.

L'*être* n'est pas une existence commune ni une matière indéterminée ; l'*être* est Dieu, le Dieu Parfait, c'est-à-dire le principe déterminant de toute détermination ; la *négation* qui est dans les choses ne consiste pas dans leurs déterminations, mais, au contraire, dans le défaut de détermination : le principe métaphysique de cette négation et de ce défaut est l'Infini ou l'Indéterminé, que Fénelon appelle l'*extension*. Ainsi la nature qui a le plus d'*être* et le moins de *bornes* est celle qui a le plus de déterminations.

Si l'on attribue une signification et une valeur métaphysique à cette synthèse de l'Etre et du Non-Etre, telle

---

[1] *Ibid.*, II, v, 1, 2°.

que nous venons de l'indiquer d'après Fénelon, on trouve les Idées de Platon. Platon prétend occuper une position intermédiaire entre les Eléates et les Ioniens, entre le Parfait et l'Infini : il veut unir l'Etre et le Non-Etre dans les Idées. L'Etre n'est donc plus l'Etre absolu, mais l'Etre relatif au Non-Etre ; le Non-Etre n'est plus le Non-Etre absolu mais le Non-Etre relatif à l'Etre, l'*Autre* relatif au *Même ;* la définition des Idées n'est pas autre chose que la définition des représentations sensibles, par la synthèse du Parfait et de l'Infini.

Pour faire de ces synthèses déterminées des essences métaphysiques, Platon ajoute les mots *en soi* aux noms des représentations abstraites ou des choses concrètes : il doit donc y avoir autant d'Idées qu'il y a de rapports possibles, de représentations et d'individus, et son monde intelligible n'est que l'image chimérique et inutile du monde sensible. Et, en effet, en faisant l'Etre relatif au Non-Etre, et en disant le Non-Etre est, relativement à l'Etre, il est évident qu'on ne peut pas demeurer dans l'Empyrée, mais qu'on descend dans le monde sensible.

C'est bien ainsi que l'entend Fénelon. Le rapport de l'Etre et du Non-Etre qu'il décrit dans les passages que nous venons de citer n'est pas autre chose que la synthèse, telle que nous l'avons définie, et qui produit une représentation déterminée, dans laquelle les Idées corrélatives jouent un rôle entièrement immanent.

Nous nous contentons pour le moment d'indiquer cette union de l'Etre et du Non-Etre : nous ne cherchons pas encore à redescendre du monde intelligible dans le monde sensible, mais au contraire à nous élever au-dessus du monde intelligible, où règne l'opposition des Idées de la Raison, jusqu'à un Absolu unique.

§ 5. L'Etre absolu est ; le Non-Etre absolu est. Le Tout absolu.

L'union de l'Etre et du Non-Etre dans l'Absolu produit, selon la plupart des métaphysiciens, la conception du Tout absolu. Il semble par moment que telle soit la doctrine de Fénelon, et qu'au sommet de sa métaphysique, par delà la distinction de l'Etre parfait et de l'Etre infini, de Dieu et de l'*extension*, de l'Etre et du Non-Etre, il place la conception d'un *nombre infini de degrés de perfection intensive*, qui ne serait autre chose que la conception du Tout absolu.

« J'ai dit que Dieu est l'Etre infini, mais infini par intension, comme dit l'Ecole, et non par collection... Il est infiniment plus que toutes choses : n'étant néanmoins qu'une seule chose, il faut qu'il ait en vertu et en degré de perfection, ce qu'il ne peut avoir en multiplication et en étendue. En un mot, il faut que l'Unité ait elle seule, sans se multiplier, des degrés infinis de perfection, qui surpassent infiniment toute multitude, si grande et si parfaite qu'on puisse la concevoir. C'est donc, s'il est permis de parler ainsi, par les degrés de perfection intensive, et non par la multiplication des parties et des perfections, qu'il faut élever le premier être jusqu'à l'infini[1]. »

Si l'on s'en tient à cette citation, il est évident que la métaphysique cartésienne semblera aboutir, chez Fénelon, à la conception du Nombre infini, de la Quantité infinie, c'est-à-dire du Tout absolu ; car ces degrés de perfection intensive semblent s'additionner comme des quantités homogènes. Mais personne ne s'est élevé avec plus de force que Fénelon lui-même contre cette conception :

« Il n'y a rien de plus faux qu'un infini qui n'est pas

---

[1] *Ibid.*, II, IV.

infiniment un, rien de plus faux qu'un infini divisible en plusieurs parties finies ou infinies : ces chimériques infinis peuvent être grossièrement imaginés, mais jamais conçus.

« S'il y avait donc un composé infini, il faudrait qu'il eût une perfection infinie. Puisqu'il aurait un être infini, il aurait une substance infinie, il aurait une variété infinie de modifications qui seraient toutes de véritables degrés de perfection ; et par conséquent il y aurait dans cet infini infiniment varié, un infini actuel de véritables perfections. On n'oserait pourtant pas dire qu'il fût infiniment parfait, par la raison que j'ai si souvent retouchée ; c'est que ce tout n'est point un ; il ne fait point une unité simple, réelle, à laquelle on puisse donner l'être de toutes les parties, pour y accumuler une infinie perfection [1]. »

Pour comprendre l'argumentation de Fénelon, il faut savoir par quel raisonnement s'est formée cette conception du Tout absolu qu'il combat. Ce raisonnement, dans lequel l'Etre et le Non-Etre s'unissent dans le Tout absolu, le voici : l'Etre est — non pas relativement au Non-Etre, mais absolument ; le Non-Etre est : donc le Non-Etre divise actuellement l'Etre, et l'Absolu consiste dans un nombre in.... i de divisions.

La source des contradictions et des antinomies qui se trouvent dans la conclusion, c'est-à-dire dans la conception du Tout absolu, est tout entière dans cette prémice : le Non-Etre est. Pour découvrir l'union véritable de l'Etre et du Non-Etre dans l'Absolu, la véritable conception de *l'Infiniment Parfait*, l'Un, le seul Absolu, qui n'est pas relatif à autre chose, et ne contient en lui-même aucune relation, il faut dire : l'Etre absolu est ; le Non-Etre absolu n'est pas ; donc le Non-Etre ne divise pas l'Etre, et tout est un.

[1] *Ibid.*, III.

§ 6. Le Non-Être n'est pas.

Dans l'expérience, le Non-Être *est*, mais ce n'est pas le Non-Être absolu, c'est le Non-Être relatif à l'Être : cela veut dire que rien n'est actuel ni simple, et que les choses ne sont déterminées et données que si elles sont divisées et indéfiniment divisibles, et continuellement en voie de formation. Mais en métaphysique pure, le Non-Être n'est pas.

Si le Non-Être était, cela voudrait dire qu'il y a, dans les représentations et dans les choses, des divisions antérieures aux déterminations de l'expérience. Tous ceux qui pensent que l'espace et le temps sont contradictoires dans leur concept, pour cette raison, qu'ou bien ils devraient être divisés actuellement à l'infini, ou bien ils ne seraient pas indéfiniment divisibles, tous ceux qui sont troublés par les *séries infinies*, tous les défenseurs des dogmes théologiques de l'omniprésence, de l'omniscience et de l'omnipotence de Dieu, disent : le Non-Être est, antérieurement à l'expérience, le Non-Être absolu est.

Il n'y a donc pas lieu de se moquer des philosophes qui parlent de l'Être et du Non-Être, et essayent de comprendre ces Idées ; pas plus qu'il n'y a lieu de se moquer des logiciens qui cherchent à découvrir les règles les plus abstraites du raisonnement ; car ils découvrent la source des erreurs les plus communes. Si le Non-Être n'est pas, il n'y a aucune antinomie dans la Raison, le problème de la divisibilité indéfinie des représentations est résolu d'une façon qui satisfait la Raison et l'expérience ; et la conception contradictoire du nombre infini est percée à jour et définitivement rejetée.

Or, cette proposition, *le Non-Être n'est pas*, est l'expression dernière de toute la métaphysique pure de l'Infini, quand elle vient à s'unir avec la métaphysique pure du Parfait, formulée en ces mots : *l'Etre est.*

Tant que l'Etre parfait et l'Etre infini étaient opposés l'un à l'autre dans l'Empyrée, ils traînaient encore après eux les tronçons des chaînes qui les avaient attachés au monde sensible, c'est-à-dire qu'obtenus par l'analyse de la représentation d'un monde sensible, ils renfermaient les éléments rationnels corrélatifs des déterminations du monde sensible. C'est pour cela que si les deux Idées du Parfait et de l'Infini venaient à s'unir dans une synthèse, elles ne pouvaient que jouer un rôle immanent dans une représentation déterminée.

Mais définis en ces mots : l'Etre est, le Non-Etre n'est pas, le Parfait et l'Infini ont perdu tous ces éléments rationnels des déterminations sensibles : ils ne peuvent donc plus s'unir dans une synthèse déterminée et sensible; ils ne sont plus relatifs l'un à l'autre : ils s'identifient dans l'Un absolu. L'Etre est ; le Non-Etre n'est pas : donc l'union de l'Etre et du Non-Etre ne peut pas produire une détermination : le Non-Etre ne divise pas l'Etre ; et Tout est un.

§ 7. Tout est un.

C'est mal comprendre la conclusion dernière de la métaphysique cartésienne et de toute métaphysique pure, que de prétendre que le Parfait est sacrifié à l'Infini, ou que le Parfait et l'Infini sont enfin unis contradictoirement dans la conception de l'Infini en grandeur actuelle ; car le *Non-Etre n'est pas;* et, au-dessus de l'Idée du Parfait et de l'Idée de l'Infini, s'élève seulement l'Un absolu, le seul Absolu.

« L'Infini — lisez l'*Absolu* — ne peut admettre ni nombre ni augmentation. Cent mille êtres infiniment parfaits ne pourraient faire tous ensemble, dans leur collection, qu'une perfection infinie, et rien au delà. Un seul être infiniment parfait fournit également cette infinie perfection, avec cette différence qu'un seul être infiniment parfait est infiniment un et simple, au lieu que cette collection infinie d'êtres infiniment parfaits aurait le défaut de la composition ou de la collection, et par conséquent serait moins parfaite qu'un seul être, qui aurait dans son unité l'infinie et souveraine perfection : ce qui détruit la supposition et renferme une contradiction manifeste[1]. »

Le nombre infini n'est pas seulement impossible dans l'extension, il est tout aussi impossible, et pour la même raison, dans l'intension. La conception de l'Etre infiniment parfait constitué par un nombre infini de degrés de perfection n'était donc qu'une conception transitoire ; ou plutôt il n'y avait là que l'expression impropre, et accommodée à la faiblesse de la pensée discursive, de l'Unité absolue.

« L'être infini, n'ayant aucune borne en aucun sens, ne peut avoir en aucun sens ni degré, ni différence, soit essentielle, soit accidentelle, ni manière précise d'être, ni modification[2]. »

« Cette distinction de perfections divines que j'admets en considérant Dieu, n'est donc rien de vrai en lui[3]. » Ces degrés « n'ont rien de réellement distingué entre eux ; mais nous les appelons degrés, parce qu'il faut bien parler comme on peut, et que l'homme, fini et grossier, bégaie toujours quand il parle de l'Etre infini et infiniment simple[4]. »

« J'ai l'idée d'un être infiniment parfait : cette idée exclut toute composition et toute divisibilité : elle renferme donc essentiellement une parfaite unité[5]... Ce qui n'est pas souverainement un n'existe point souverainement ; tout ce qui

---

[1] *Ibid.*, II, v, 1.
[2] Fénelon, *Lettres, Réfutation de Spinoza.*
[3] Fénelon, *Ex. de Dieu*, II, v, 2.
[4] *Ibid.*, II, iv.
[5] *Ibid.*

est divisible n'est point le vrai et réel être; ce n'est qu'une composition et un rapport de divers êtres[1]. »

« Donc il est essentiel, pour remplir mon idée d'une infinie perfection, de revenir à l'unité; et toutes les perfections que je cherche dans les composés, loin d'augmenter par la multitude, ne font que s'affaiblir en se multipliant... Un être qui est parfaitement un et simple peut être infini — lisez absolu — parce que l'unité ne le borne point, et qu'au contraire, plus il est un, plus il est parfait, de sorte que s'il est souverainement un, il est souverainement et infiniment parfait[2]. »

« Cette unité n'est pas, comme les unités bornées, un commencement de nombre auquel on peut ajouter : c'est une unité pleine et infinie, à laquelle vous ne pouvez ajouter qu'en la détruisant par une contradiction grossière... L'un infini épuise tous les nombres et n'en admet aucun, comme l'immensité renferme toutes les étendues sans en admettre aucune, et comme l'éternité renferme toutes les successions sans en admettre jamais l'ombre[3]. »

§ 8. L'Un Inconnaissable. L'Agnosticisme absolu.

Tant que l'on considère encore plusieurs notions, ou une notion déterminée, où la division puisse s'introduire, on sait qu'on n'a qu'une image corrompue de l'Absolu : partout où il y a division et pluralité, il y a rapport et relativité; l'Absolu que l'on croit tenir n'est que relativement absolu, c'est-à-dire qu'il n'est pas l'Absolu. Seul l'Un est absolu; mais la pensée qui s'élève vers l'Un, n'y peut atteindre qu'en renonçant à elle-même : « Elle contemple l'être, elle le divise pour le contempler : et en le divisant

---

[1] *Ibid.*, III.
[2] *Ibid.*
[3] *Ibid.*, V, 1.

elle confesse que la multitude ne peut contempler l'unité indivisible[1]. »

Déjà le Parfait est inconnaissable, parce que, étant le principe interne de toute détermination, il ne contient en lui-même aucun objet, aucune matière de connaissance ; déjà l'Infini est inconnaissable, parce qu'il ne renferme aucun principe interne de détermination. La connaissance étant toujours la relation de deux termes, le Sujet absolu et l'Objet absolu, le Parfait et l'Infini, sont inconnaissables en eux-mêmes, parce qu'ils sont l'un de ces deux termes à l'exclusion de l'autre ; mais encore sont-ils connaissables — comme ils sont relatifs — par opposition l'un à l'autre.

En arrivant à l'Un absolu, nous arrivons à un Inconnaissable d'un degré plus élevé : c'est l'Inconnaissable absolu. Il faut se rappeler toute la théorie que nous avons exposée sur l'opposition symétrique du Parfait et de l'Infini, et leur union dans l'Un absolu, pour comprendre les théories des anciens sur l'Inconnaissable, théories bien plus profondes, plus complètes, et plus logiques que celles des modernes. Le Dieu d'Aristote est inconnaissable, parce qu'il est l'Etre parfait, identique au Sujet absolu ; la Matière pure ou première est inconnaissable, parce qu'elle est l'Objet absolu, opposé au Sujet ; l'Un des Néoplatoniciens est inconnaissable, parce qu'il est la négation à la fois de toute opposition et de toute identité dans l'Absolu, parce qu'il n'y a plus en lui ni Sujet ni Objet.

Cependant, si cet Un absolu est inconnaissable en soi, comment peut-on en parler ? Cela est bien simple. On en parle, non comme d'une chose connue, mais comme du terme inconnaissable de toute métaphysique ; on en parle, non quand on l'a atteint — alors on se tait, et on ne pense plus, et on se livre à cette *méditation inconnue de l'âme*

---

[1] *Ibid.*, 2.

même qui s'y abandonne ; — on en parle pendant qu'on s'élève vers lui ; on en parle dans ce dernier argument de la métaphysique : l'Etre est ; le Non-Etre n'est pas : tout est un.

§ 9. L'Un, terme de la métaphysique.

Dans cet argument se trouve l'effort suprême de la métaphysique, brisant les derniers liens qui la rattachaient encore au monde sensible, et, libre, prenant son vol pour aller chercher l'Absolu dans une région inconnue, par delà le brillant et impondérable Empyrée.

L'Un est le seul Absolu, le seul objet de la métaphysique. Toutes les routes de la métaphysique y conduisent, et aucune ne permet de s'en éloigner ; car, à mesure qu'on s'éloignerait de l'Un, on trouverait des Absolus inférieurs, c'est-à-dire qu'on perdrait complètement de vue l'Absolu. Ainsi la métaphysique a dit son dernier mot ; et ce mot est le même qu'elle a prononcé à sa naissance ; et ce mot est l'Un.

Certes nous convenons sans peine qu'il nous a fallu faire violence à ces grands métaphysiciens dont nous avons invoqué le témoignage, traduire chacune de leurs pensées, éclairer leurs systèmes d'un autre côté, ou plutôt jeter sur leurs systèmes de tous côtés la lumière de l'analyse rationnelle, pour leur faire dire ce que nous leur avons fait dire. Mais nous ne prétendons pas à autre chose. Ce qui nous intéressait dans ces systèmes que nous avons rapidement passés en revue, ce ne sont pas les doctrines particulières de quelques écrivains, ce sont les lois profondes de la pensée auxquelles ils ont obéi, c'est la méthode que, sans la connaître entièrement, ils ont appliquée.

§ 10. L'Un absolu, et l'unité synthétique de la pensée.

Si l'on considère la façon dont l'Un absolu s'est formé,

on reconnaîtra qu'il n'est autre chose que *l'unité synthétique de la pensée, vidée de toute détermination*. Toutes les Idées corrélatives, et, à leur sommet les deux Idées corrélatives du Parfait et de l'Infini, contiennent les éléments rationnels des déterminations sensibles, analysées en même temps que les rapports qui les soutiennent, et que l'unité de la pensée, qui soutient ces rapports ; leur synthèse produit des représentations déterminées, soumises à cette loi fondamentale de l'unité de la pensée ; la synthèse de deux termes rationnels corrélatifs, dépouillés de tous ces éléments de déterminations, doit produire l'unité vide de la pensée, unité qui par elle-même est impensable.

La métaphysique de l'Un est donc la seule *psychologie rationnelle*, ou plutôt la seule psychologie métaphysique pure : si l'on adopte cette conclusion, on dominera de haut l'argumentation de Kant contre le *Je pense, donc je suis* de Descartes, et sa théorie du *Sujet logique* et de l'*Unité de l'Aperception*, comme celle du *Caractère intelligible*.

§ 11. L'Abdication de la métaphysique.

Pour aboutir à la théorie de l'immanence de la Raison, ou à l'Idéalisme empirique, il n'y avait donc qu'un mot à ajouter au système de la métaphysique pure : c'est que l'Un n'est autre chose que l'unité vide de la pensée. Pour éviter cette conclusion, les Monistes purs n'ont d'autre alternative que de se jeter dans le Mysticisme. Laissons-les donc plongés dans l'adoration silencieuse et inconsciente de l'Absolu qui est au-dessus de toute connaissance, aussi bien rationnelle qu'abstraite ou concrète : il nous suffit que la métaphysique se soit elle-même retranchée dans l'Un absolu, pour dire qu'elle a abdiqué.

On a vu que les deux éléments rationnels des rapports synthétiques ont été érigés en Absolus par la séparation qu'on en a faite : c'était là le premier degré de la métaphysique, l'opération fondamentale qui lui donnait naissance ; on a vu que cette opération était contraire à la Raison, car l'analyse n'est évidemment rien sans la synthèse. Toutefois nous avons accordé, par hypothèse, à la métaphysique, son principe, pour voir où elle aboutirait : par des degrés successifs, elle s'est élevée à une Unité absolument vide, en perdant complètement de vue le monde intelligible, aussi bien que le monde sensible : non seulement elle renonce à relier l'Absolu avec la connaissance sensible, mais même elle abandonne les Absolus qu'elle avait d'abord établis dans l'Empyrée, et renonce à se servir des Idées pour penser son objet.

La conséquence inévitable de cette abdication de la métaphysique dans le système de l'*Un* est l'affranchissement complet de l'expérience. C'est un fait qui n'a pas été assez remarqué, que presque toujours l'empirisme et le sens pratique le plus libre vont avec les plus hautes spéculations et le mysticisme le plus vide. Quand on rencontre dans l'histoire l'Un absolu, on est assuré de découvrir au-dessous de lui une philosophie seconde, qui est purement empirique : on connait la morale utilitaire de l'Orient, l'esprit terre à terre du moyen âge : les Néoplatoniciens reprochaient aux Gnostiques de mépriser les vertus humaines et les pensées concrètes; Fénelon reproche à Spinoza de mêler l'Absolu au monde sensible, ce qui, dit-il, revient à le détruire.

Fénelon s'efforce en effet de prouver la réalité du monde sensible, et son indépendance à l'égard de la métaphysique. Ce n'est pas en Dieu que je vois le monde sensible : je vois en lui seulement les Idées parfaites; Dieu crée les esprits intelligents et les choses sensibles avec toutes leurs modifications de temps et de lieu : il crée mon esprit et son objet, dans un même instant, en rapport l'un avec l'autre. Ainsi les objets, ayant un être propre, ont une intelligibilité propre, qui n'est pas celle de Dieu [1].

En dehors de l'Absolu, il y a toutes les représentations empiriques, toutes les réalités concrètes ; il y a le monde, sa vie, son mouvement, sa pensée ; il y a aussi le Dieu *vivant*, Créateur et Providence, qui évidemment ne peut pas être la même chose que l'*Un*, Dieu sensible et réel, de cette même et universelle réalité des choses, Dieu pensant, voulant, imaginant, voyant et entendant le monde, et soutenant avec les esprits de l'Univers des rapports semblables à ceux qu'ils soutiennent entre eux.

Ainsi les extrêmes se touchent ; entre deux se tiennent les métaphysiciens qui n'ont pas achevé l'ascension métaphysique, et ceux qui, arrivés à l'Absolu, ont prétendu rebrousser chemin. Cette position intermédiaire est fausse et intenable, et ceux qui l'occupent ne s'entendent ni avec le métaphysicien véritable, ni avec l'empirique ; mais ceux-ci s'accordent tout à fait l'un avec l'autre, pour repousser toute union de la métaphysique avec l'expérience : l'empirique n'admet pas que le monde sensible subisse les lois du monde intelligible ; et le métaphysicien refuse de descendre de l'Un suprême, seul Absolu, auquel il s'est élevé.

Cependant la recherche méthodique de l'Absolu n'a pas été inutile à la connaissance sensible : les représentations et les relations fondamentales ont été analysées ; les conceptions bâtardes, faites d'un mélange d'Idées, d'abstractions et de déterminations concrètes, ont été définitivement

---

[1] « Cet Un infini et infiniment un peut faire des êtres distingués de lui et bornés ; mais ces êtres ne sont point une addition à son infini ; car le fini, joint à l'infini, ne fait rien ; il ne peut y avoir entre eux aucune mesure : c'est un être d'un autre ordre, qui ne fait faire avec lui ni composition, ni addition, ni nombre. » (Fénelon, *Ex. de Dieu*, II, v, 1.)

« Il n'y a aucun rapport d'existence entre l'existence fluide, divisible et successive, et la permanence absolue de l'existence infinie et indivisible de Dieu. » (*Ibid.*, II, v, 5. *Cf.* II, iv.)

rejetées; et quant aux pures Idées de la Raison, comme on a reconnu que leur division n'est rien de réel dans l'Un, et tient uniquement à la diversité du monde sensible[1], qu'en d'autres termes elles ne sont pas l'Absolu lui-même, ou qu'elles ne sont pas absolues, elles retournent à l'expérience, dépouillées du caractère métaphysique.

Tout le magnifique échafaudage d'Absolus s'écroule d'un seul coup : le mirage de l'Empyrée s'évanouit; toutes les Idées, et à leur sommet les deux Idées du Parfait et de l'Infini, redeviennent corrélatives les unes aux autres, et jouent un rôle entièrement immanent dans les représentations sensibles qui sont formées de leur synthèse.

§ 12. Transition à la métaphysique du Tout absolu.

Avant de montrer la reconstitution, par la synthèse rationnelle, des représentations sensibles dont l'analyse a produit les Idées, il nous faut consacrer une troisième Partie de cet Essai à la réfutation de la métaphysique du *Tout absolu*. Son principe et son fondement, qui est l'union de l'Absolu et du relatif, est réfuté d'avance par les conclusions de la métaphysique pure, de même que le principe de la métaphysique pure était d'avance réfuté par les conclusions de l'analyse rationnelle. Mais nous ferons pour la métaphysique du Tout absolu comme pour la métaphysique pure : après avoir reconnu le vice de méthode qui est à sa base, nous lui permettrons néanmoins de s'édifier. Alors nous la contraindrons de développer tout ce qu'elle contient, et d'obéir aux nécessités qui sont en elle. Nous verrons ainsi qu'elle aboutit à des antinomies insolubles, dans lesquelles se révèle, à son sommet et dans ses conclusions, le vice qui est à sa base et dans ses principes.

[1] V. Fén., *Ex. de Dieu*, II, v, 2, et passim.

TROISIÈME PARTIE

LE TOUT ABSOLU

LA MÉTAPHYSIQUE DU TOUT ABSOLU

CHAPITRE PREMIER

LE TOUT ABSOLU

§ 1. La métaphysique du Tout absolu.

Prendre acte des conclusions dernières de la métaphysique pure, puis réduire l'Un absolu auquel elle aboutit à n'être que l'unité vide de la pensée, reconnaître à tous ses degrés des éléments de l'analyse rationnelle, poursuivre dans le détail cette analyse, retrouver, par la synthèse des Idées, les rapports empiriques, débarrassés de tout faux Absolu, libres par conséquent de toute antinomie et de toute contradiction, établir enfin, par l'immanence de la Raison, l'autonomie et la spontanéité de la connaissance, telle était l'œuvre que la philosophie française semblait devoir accomplir.

Ses progrès ont été arrêtés pendant une partie de ce siècle par l'influence étrangère ; c'est pourquoi elle a perdu toute communication avec l'âme de la nation : si la nation française a paru se dégoûter de la philosophie, ce n'est pas qu'elle fût fatiguée de penser, après avoir répandu la lumière dans le monde entier, c'est parce que les systèmes qu'on lui présentait répugnaient à son génie clair et analytique.

Construire déductivement la réalité empirique en partant des Idées absolues de la métaphysique, imposer au monde sensible les lois du monde intelligible, c'est en effet à cela qu'était réduite la métaphysique, jusqu'à ces dernières années. Ce mélange monstrueux du relatif avec l'Absolu, de la métaphysique avec la science, c'est la métaphysique du *Tout absolu*.

L'union de l'expérience *avec la Raison* se fait d'une façon fort logique et naturelle, par la synthèse des Idées, si l'on adopte notre méthode ; mais la métaphysique du Tout absolu unit l'expérience *avec la métaphysique*, ce qui est une tout autre affaire. Pour opérer cette union, elle fait violence à la métaphysique pure aussi bien qu'à l'expérience.

Fatiguée des antinomies et des contradictions auxquelles cette métaphysique aboutit inévitablement, la philosophie cherche à se retrancher dans le Positivisme ; mais, comme elle ne peut pas se confondre entièrement avec les sciences expérimentales et ignorer les problèmes de la Raison, elle tombe du Positivisme dans l'Agnosticisme.

Tout cela choque étrangement l'esprit français. La métaphysique française est une métaphysique pure : elle évite toute antinomie et toute contradiction, et échappe à toute critique, en s'élevant au-dessus du monde sensible ; elle peut se servir de l'expérience pour y puiser ses éléments, ou pour susciter les Idées endormies dans la Raison ; mais elle ne s'inquiète pas des conditions ni des résultats de la connaissance sensible ; elle laisse sur la terre la science et la réalité contingente, pour contempler les pures Idées d'abord, et enfin l'Un, le seul Absolu.

Cette métaphysique pure vit en bonne harmonie avec un pur empirisme, parce qu'elle laisse à l'expérience son caractère de détermination, de relativité, et de contingence, et ne lui impose la contrainte d'aucun Absolu. Le monde sensible ignore le monde intelligible : il en reçoit, il est vrai, toute sa lumière, mais indirectement; il ne le connaît que selon ses propres besoins, ne suit aucune de ses lois, et n'en reflète pas la pure image.

Au fond, toute la philosophie française, métaphysique, logique, psychologie et morale, consiste uniquement dans l'analyse des représentations sensibles : sur ce terrain, tous nos grands philosophes nationaux se rencontrent et s'entendent : ceux d'aujourd'hui communiquent avec les analystes du XVIIIe siècle ; ceux-ci poursuivent la tradition des Cartésiens de la branche sensualiste, et sont très rapprochés des Cartésiens rationalistes et métaphysiciens.

Il est vrai que toute cette métaphysique moderne, qui aboutit au Positivisme sans pouvoir s'y maintenir, a ses origines en France même : en déduisant toute la physique *de l'Idée de Dieu et de quelques semences de vérité qui sont en nous*, Descartes ébauche la construction qui fut ensuite achevée par Spinoza, et fonde la métaphysique du Tout absolu. Mais ses plus grands disciples en France ne le suivent pas dans cette voie.

On se trompe du tout au tout, quand on prétend découvrir une tendance spinoziste dans les écrits de Malebranche et dans ceux de Fénelon. Quand on lit d'une façon superficielle la brève et puissante réfutation que Fénelon fait du système de Spinoza, il est vrai qu'on est tenté à chaque instant de retourner contre lui ses arguments ; on pourrait mettre en présence de chacun des théorèmes de l'*Éthique* une proposition correspondante, empruntée au *Traité de l'existence de Dieu*, et qui a l'air de signifier la même chose ; il y a, dans le système de Spinoza, et dans celui de Fénelon, les mêmes Idées, les mêmes degrés, le même principe suprême.

La différence est dans l'orientation de deux systèmes : Spinoza prétend partir de l'Un, relier l'Absolu aux Idées, et les Idées à l'expérience, faire descendre dans le monde sensible les lois du monde intelligible, et sa forme dernière qui est l'Unité absolue. Fénelon, par les mêmes degrés, mais en sens inverse, s'élève du monde sensible aux Idées et à l'Absolu ; puis il déclare la descente impossible.

La métaphysique allemande, à l'influence de laquelle nous commençons à nous arracher, est fille de l'Ethique ; et le Positivisme en est le bâtard.

§ 2. Le fondement mathématique de la métaphysique du Tout absolu.

Entre le monde intelligible et le monde sensible, il y a un abîme sans fond, et, pour passer d'un bord à l'autre, il faut, pendant un instant, se lancer dans le vide : c'est le *saltus mortalis* de la métaphysique du Tout absolu. De nos jours l'abîme est bien connu, et, après tant de vaines tentatives pour passer de pied ferme d'un bord à l'autre, il est facile de dire, en marquant le moment : c'est maintenant que notre métaphysicien fait le *saltum mortalem* ; mais chacun espère échapper pour son propre compte à cette nécessité.

Je ne dirai rien de ceux qui ignorent la difficulté ; ni de ceux qui, devant une inévitable contradiction, s'abstiennent un moment de penser, et sautent en fermant les yeux ; ni de ceux qui trouvent ce saut très naturel et très facile : il ne faut prendre au sérieux que les métaphysiciens qui ont essayé de passer du monde intelligible au monde sensible en jetant un *pont* sur l'abîme.

Or, quelles que soient les divergences des faiseurs de systèmes, il n'y a pas, au-dessus de l'abîme qui sépare le monde intelligible du monde sensible, plusieurs ponts : il y en a un seul, auquel chaque métaphysicien a apporté quelques pierres, et que quelques-uns ont démoli pour le reconstruire.

Mais ce pont n'est pas achevé, et ne peut pas l'être : les deux culées inébranlables garnissent les deux bords de l'abime, mais la grande arche n'a jamais pu être construite; ces deux tronçons de pont, qui ne peuvent pas être reliés, constituent ensemble la conception de l'Infini actuel, ou du *Tout absolu*. Cette conception une fois établie, les Idées accourraient de l'Empyrée, et s'établiraient dans l'expérience : elle est le fondement mathématique de la métaphysique qui nous occupe, comme l'Idée de l'Eternité et de l'Immensité parfaites et simples est le fondement mathématique de la métaphysique pure du Parfait, et comme l'Idée de la diffusion et de la fluxion absolues, ou de l'Eternité et de l'Immensité continues, est le fondement mathématique de la métaphysique pure de l'Infini. Or, cette conception renferme bien l'Absolu et le relatif, l'objet de la métaphysique et l'objet de l'expérience, mais elle ne les unit pas; elle est incohérente et contradictoire.

§ 3. La Quantité infinie. Origine, exposition, réfutation éristique.

Descartes lui-même introduit l'Infini actuel dans la philosophie moderne. Il tient, il est vrai, à ne pas se prononcer sur la réalité de cet Infini, qu'il appelle Indéfini ; il admet qu'on ne peut pas le comprendre, et qu'il n'y en a aucune idée ; mais, dit-il, la pensée, qui ne peut pas atteindre le nombre indéfini, ne peut pas non plus s'arrêter à un nombre fini ; il déclare donc que le monde peut également bien être fini ou infini dans sa grandeur et dans le nombre de ses éléments. En réalité, l'Infini actuel est nécessaire à la théorie des tourbillons.

C'est sur la conception de l'Infini actuel que l'école de Descartes se divise immédiatement. Les métaphysiciens purs s'entendent — fait remarquable et qui confirme notre théorie — avec les purs empiriques, pour la rejeter ; elle est, selon eux, purement négative, confuse et contradictoire. Ceux qui adoptent la conception de l'Infini actuel, dans l'école de Descartes, ce sont les précurseurs de Spinoza, et avec eux quelques théologiens : ce n'est évidemment que pour soutenir les dogmes théologiques de l'ubiquité et de la prédestination, que Malebranche défend la théorie de l'Infini actuel, car elle jure affreusement avec toute sa théologie pure. Voici ce qu'il en dit : c'est l'*Esprit* qui parle au philosophe :

« Tu dois savoir qu'il y a les mêmes rapports entre les infinis qu'entre les finis, et que tous les infinis ne sont pas égaux. Il y a des infinis doubles, triples, centuples les uns des autres... Lorsque Dieu conçoit une infinité de dizaines et une infinité d'unités, il conçoit un infini dix fois plus grand qu'un autre. Dieu conçoit sans doute que deux corps se peuvent mouvoir durant toute l'éternité ; il sait à présent toutes les lignes que décriront les corps qu'il a créés, et que tu peux penser devoir être en mouvement des siècles infinis : si tu supposes donc qu'un de ces corps se meuve une, deux, ou trois fois plus vite que quelque autre, la ligne de son mouvement sera une, deux, ou trois fois plus grande que celle que cet autre corps décrira. Ainsi tu vois clairement que les infinis peuvent avoir entre eux des rapports finis. Ils peuvent même avoir entre eux des rapports infinis, car l'esprit se représente des infinis infiniment plus grands les uns que les autres, comme si un corps se remuait en augmentant son mouvement selon quelque progression durant toute l'éternité, et que l'on comparât ce mouvement avec un autre qui serait uniforme [1]. »

Voilà une page bien faite pour décourager ceux des

---

[1] Malebranche, *Méd.* IV, art. 2.

adversaires de la conception de l'Infini actuel qui n'ont à leur disposition qu'une réfutation par l'absurde : absurdité pour les uns, merveille pour les autres.

Fénelon avait trouvé, contre la conception de l'Infini actuel, un argument — dont il ne s'est pas contenté, comme on le verra — mais qui, tout en étant purement éristique, avait au moins cette vertu, de pousser les infinitistes dans leurs derniers retranchements. Les arguments dont on se contente de nos jours portent sur la multiplication et la division de l'Infini par des nombres finis ; on a vu que les infinitistes peuvent répondre en acceptant purement et simplement cette multiplication et cette division : la logique est pour eux jusqu'à un certain point, puisque le multiplicande et le dividende ne sont jamais de même nature que le multiplicateur et le diviseur. Les mathématiciens peuvent donc admettre la possibilité de la multiplication et de la division d'un nombre infini par un nombre fini ; mais ils n'admettront certainement pas la possibilité de l'addition ou de la soustraction de ces deux nombres de nature différente : or, si le nombre infini existe, il entre en rapport avec le nombre fini, non seulement par la division et la multiplication, mais aussi par l'addition et la soustraction.

« Donnez-moi, dit Fénelon, un infini divisible : il faut qu'il ait une infinité de parties actuellement distinguées les unes des autres : ôtez-en une partie, si petite qu'il vous plaira ; dès qu'elle est ôtée, je vous demande si ce qui en reste est encore infini, ou non.

« S'il n'est pas infini, je soutiens que le total, avant le retranchement de cette petite partie, n'était point un infini véritable. En voici la démonstration : tout composé fini auquel vous rejoindrez une très petite partie qui en aurait été détachée, ne pourrait point devenir infini par cette réunion ; donc il demeurerait fini après la réunion ; donc avant la désunion il est véritablement fini. En effet, qu'y aurait-il de plus ridicule que d'oser dire que le même tout est tantôt fini et tantôt infini, suivant qu'on lui ôte ou qu'on lui rend une espèce d'atome ? Quoi donc ! l'infini et le fini ne sont-ils différents que par cet atome de plus ou de moins ?

« Si, au contraire, ce tout demeure infini après que vous en aurez retranché une petite partie, il faut avouer qu'il y a des infinis inégaux entre eux, car il est évident que ce tout était plus grand avant que cette partie fût retranchée, qu'il ne l'est depuis son retranchement [1]. »

Il faut remarquer que ces infinis inégaux ne seraient pas seulement inégaux parce qu'ils seraient multiples ou sous-multiples les uns des autres, hypothèse admissible, mais parce que les uns auraient quelques unités de plus ou de moins que les autres, absurdité dont l'infinitiste le plus résolu aura de la peine à faire une merveille. Il sera donc contraint, par l'argumentation de Fénelon, de dire qu'il n'y a aucun rapport entre les nombres finis et les nombres infinis, ce qui est convenir que l'Infini actuel est une conception incohérente, puisqu'elle renferme deux conceptions, nombre fini et nombre infini, qui n'ont entre elles aucun rapport possible.

« Ma conclusion, dit Fénelon, est que tout composé ne peut jamais être infini. Tout ce qui a des parties réelles qui sont bornées et mesurables, ne peut composer que quelque chose de fini : tout nombre collectif ou successif ne peut jamais être infini [2]. »

Il semble que cette argumentation soit bien décisive : il n'en est rien. Elle obtient tout le succès que peut avoir une argumentation éristique : mais ce succès est sans valeur ; la preuve par l'absurde fait reculer la conception de l'Infini actuel, et lui fait abandonner le champ de l'expérience, mais elle la laisse subsister.

---

[1] Fénelon, *Lettre IV, sur l'idée de l'infini*, etc., 1re question.
[2] Fénelon, *Ex. de Dieu*, II, III.

Or, voici quelque chose d'inattendu : la conception du nombre infini, battue en brèche par la conception du nombre fini, reprend l'offensive, grâce à ce même procédé éristique, qui a assuré sa défaite et qui lui donne sa revanche. En se servant de la conception du nombre fini, on prouve par l'absurde que le nombre du monde ne peut pas être infini ; en se servant de la conception du nombre fini, on prouve par l'absurde que le nombre du monde ne peut pas être fini. La méthode éristique aboutit nécessairement à des antinomies, ce qui n'est pas une solution. Il faut savoir laquelle des deux conceptions est bonne ; et pour cela il faut considérer leurs éléments et observer leur formation.

§ 4. Le Tout absolu : ses éléments.

Bien que toute étendue et toute durée concrètes ou abstraites, c'est-à-dire perçues ou imaginées, soient toujours une figure ou un nombre déterminés et limités, ou plutôt à cause de cela même, toute étendue et toute durée données, si grandes ou si petites qu'elles soient, peuvent indéfiniment être divisées et amplifiées. Ainsi toute durée déterminée et limitée contient en puissance l'éternité, et toute étendue l'immensité.

Cette éternité et cette immensité en puissance ne présentent aucune antinomie, si l'on admet la complète spontanéité et l'absolue indépendance de la pensée. Si l'étendue et la durée sont l'acte mouvant et continuel de la pensée, elles sont données et mesurées en grandeur et en petitesse, aussi loin que se portent le souvenir et la prévision, et que s'étendent les déterminations de l'imagination et de la perception ; mais on ne peut pas mesurer tout le temps futur et tout le temps passé, compter tous les points et tous les instants par lesquels passe un mouvement, ni imaginer les bornes dernières du développement de l'Univers, parce que tout cela n'est rien en dehors de l'acte synthétique de la pensée, et ne devient quelque chose qu'à mesure que la pensée crée l'étendue et la durée, ou plutôt à mesure qu'elle se crée elle-même, avec ses déterminations présentes de durée et d'étendue.

Mais aussitôt que l'on met une restriction quelconque à la spontanéité et à l'indépendance de la pensée, aussitôt que l'on place en dehors d'elle quelque chose qui lui est antérieur, que ce soit un espace ou un temps en soi, un esprit, une matière, une chose en soi, un noumène ou un Inconnaissable quelconque, on est contraint de concevoir, en dehors de la représentation, un fondement actuel de cette indétermination, de cet indéfini qui se trouve en elle : on est contraint de dire : le *Non-Etre est*.

Ce Non-Etre ne peut pas être une Idée, c'est-à-dire un élément de l'analyse rationnelle de la pensée : comme il se trouve en dehors de la pensée, la conception qui le représente doit être soumise à l'unité de la pensée : elle doit donc la représenter comme une unité synthétique.

Cette conception est antinomique et contradictoire ; en effet, elle est déterminée et limitée, puisqu'elle est soumise à l'unité de la pensée, et l'objet qu'elle représente est indéterminé et illimité. Néanmoins, elle est inévitable ; et si elle est inévitable on sera en droit de conclure qu'elle est vraie, et que la vérité est antinomique et contradictoire.

En effet, il est impossible de concevoir comment elle pourrait ne pas être vraie, si l'on admet qu'il existe en dehors de la représentation un fondement actuel de l'indéfini qui est en elle, c'est-à-dire si l'on admet que le Non-Etre est ; car ce mot *est* n'indique ni une définition d'ordre purement rationnel, comme dans cette autre proposition que nous avons examinée, l'*Etre est*, ni une simple relation avec un principe corrélatif : il indique une existence actuelle, dont nous sommes assurés, bien que nous ne puissions pas la connaître d'une façon précise.

Dès lors, l'immensité et l'éternité ne sont plus des puissances indéfinies contenues dans l'étendue et dans la durée déterminées, mais l'étendue et la durée sont elles-mêmes contenues dans une immensité et dans une éternité antérieures à elles ; l'Infini contient les rapports déterminés de l'étendue et de la durée, et c'est dans son sein que se fait la division et l'amplification indéfinie de l'espace et du temps.

Mais si les représentations déterminées d'étendue et de durée sont perdues dans un Infini sans bornes extérieures et sans limites intérieures, si l'Infini qui les contient n'a eu lui-même aucune détermination antérieure aux déterminations de la pensée, s'il est purement indéterminé, il n'est pas représenté par une conception qui soit soumise à l'unité de la pensée : il n'est plus qu'une Idée obtenue par la dissociation de cette unité ; il doit donc de nouveau se confondre avec l'indéfini, et rentrer, comme une pure puissance, dans l'acte déterminé et limité de la pensée, créant l'étendue et la durée.

Pour qu'il soit *actuel*, c'est-à-dire antérieur et extérieur à la représentation, il ne suffit pas que l'Infini reçoive dans son sein les déterminations de la pensée, il ne suffit pas que le Parfait s'unisse à lui par les synthèses qui développent les rapports déterminés qu'il contient : il faut qu'il renferme toutes les déterminations que peut produire le développement indéfini de la pensée ; il faut qu'il soit déterminé absolument, et qu'il revête tous les caractères du Parfait métaphysique : à cette proposition, le *Non-Etre est*, pour former le Tout absolu, il faut joindre celui-ci : l'*Etre est*, en donnant au mot *est* la même signification ontologique qu'il a dans la première proposition.

Le Tout absolu n'est donc pas exclusivement l'éternité et l'immensité qui sont en puissance dans la durée et dans l'étendue, dans leur devenir indéfini ; il n'est pas exclusivement l'Eternité et l'Immensité de la pure cosmologie, Eternité et Immensité sans aucun élément de perfection métaphysique, sans aucun centre et sans aucune unité, pur Continu, principe de fluxion et de diffusion absolue ; il n'est pas exclusivement l'Eternité et l'Immensité de la pure théologie, Eternité et Immensité sans aucun élément d'indétermination, sans divisions réelles ou possibles, sans Continu, principes d'unité et de simplicité absolues : il est un mélange incohérent de ces trois éléments inconciliables.

Le Tout absolu a tous les caractères de l'étendue et de la durée déterminées et mobiles, tous ceux de l'Instant et du Point, tous ceux du Continu ; il est l'éternité et l'immensité en puissance, l'Eternité et l'Immensité parfaites, l'Eternité et l'Immensité indéterminées. Il est parfaitement simple, bien qu'infiniment composé ; il forme un système parfaitement un, bien qu'il soit indéterminé ; il est fini quoiqu'infini. Il forme un tout qui n'est pas la somme de ses parties ; il contient autant de siècles que de journées ; il est rempli d'un mouvement tel, que tout se trouve en lui partout à la fois.

Aussi y a-t-il place en lui pour un monde déterminé, et pour un Dieu doué de qualités sensibles et morales, aussi bien que pour une Matière indéterminée, infiniment diffuse et fluante, et pour un Dieu Parfait, dont la pensée simple et indivisible le remplit actuellement tout entier.

Ces trois éléments du Tout absolu, Idée du Parfait, Idée de l'Infini, et représentation de la durée et de l'étendue sensibles et indéfinies, se découvrent très nettement dans les dogmes théologiques de l'omniscience, de la prescience absolue, et de l'ubiquité de Dieu. Nous disons, dans les dogmes de la théologie ecclésiastique, et non dans les croyances religieuses : car celles-ci sont naturellement très éloignées des contradictions et des antinomies du Tout absolu, et s'accordent fort bien avec les conclusions de l'analyse : la science d'un Être suprême peut embrasser la science de tous les esprits de l'Univers, pénétrer dans la vie inconsciente de la matière, sonder les cœurs, et prévoir les grands développements et la fin des mondes qui évoluent et se suivent dans le progrès de l'Univers, percer de sa vue puissante l'avenir aussi loin qu'il veut [1], et lui imposer des lois déterminées. Mais ce n'est que dans le Tout absolu qu'on peut tenter de concevoir un Dieu qui connait actuellement tous les événements passés, présents et futurs qui remplissent des siècles à l'infini [2], qui voit de l'étendue et de la durée un terme qui n'existe pas, pour qui ce qui est infini, absolument fluant et diffus, libre et indéterminé, est non seulement déterminé, mais encore simple et indivisible.

§ 5. Critique du Tout absolu. Fénelon.

En attaquant Spinoza sur la conception du Tout absolu, Fénelon est peut-être le seul de tous les adversaires de l'auteur de l'Ethique, qui ait compris où se trouve le vice de son système. Sa réfutation s'adresse, par delà l'Ethique, victorieusement, aux ouvrages de Fichte, de Schelling, de Hegel, et réduit à néant toute la métaphysique du Tout absolu.

Son argument contre le Tout absolu se réduit à peu près à ces deux points : s'il y a un Tout absolu, les parties relatives de ce Tout ne peuvent pas soutenir avec lui le rapport des parties au Tout ; s'il y a un Tout absolu, ses parties doivent être absolues, elles doivent être identiques les unes aux autres, identiques chacune au tout. Cette

---

[1] V. Renouvier, *Les Labyrinthes, Critique philosophique.*
[2] Fénelon.

argumentation n'est pas éristique, car elle s'attaque au fond même de la conception du Tout absolu, sans l'opposer à d'autres conceptions, et en montre les contradictions intimes.

Au lieu de renvoyer simplement le lecteur à l'ouvrage de Fénelon, nous lui emprunterons ici une citation, qui peut-être paraîtra trop longue, mais dont l'utilité se fera voir par la suite : on y verra en effet que, si le principe de la métaphysique du Tout absolu est en contradiction avec les conditions de l'expérience, il est en contradiction aussi avec les principes de la métaphysique pure :

« J'ai cru, dit Fénelon, trouver un premier être par cette preuve — *par l'idée de l'Infiniment Parfait :* mais ne pourrais-je point me tromper ? Ce raisonnement prouve bien qu'il y a dans la nature quelque chose qui est infiniment parfait — *c'est-à-dire absolu ;* mais il ne prouve point que cette perfection infinie soit distinguée de tous les êtres qui paraissent m'environner. Peut-être que cette multitude d'êtres, dont l'assemblage porte le nom d'univers, est une masse infinie, qui dans son tout renferme des perfections infinies par sa variété. Peut-être même que toutes ses parties, qui paraissent se diviser les unes des autres, sont indivisibles du tout ; et que ce tout, infini et indivisible en lui-même, contient cette infinie perfection, dont j'ai l'idée, et dont je cherche la réalité.

« Pour mieux développer cette indivisibilité du tout, je me représente que la séparation des parties entre elles ne doit pas me faire conclure qu'aucune de ces parties puisse jamais être séparée du tout. La séparation des parties entre elles n'est qu'un changement de situation, et point une division réelle : afin que les parties fussent réellement divisées, il faudrait qu'elles ne fissent plus un même tout ensemble ; pendant qu'une partie, qui est dans une extrême distance d'une autre, tient à elle par toutes celles qui occupent le milieu, on ne peut pas dire qu'il y ait une réelle division. Pour séparer réellement une partie de toutes les autres, il faudrait mettre quelque espace réel entre toutes les autres et elle ; or cela est impossible, supposé que ce tout soit infini, car où trouvera-t-on, au delà de l'infini, qui n'a point de bornes, un espace vide, qu'on puisse mettre entre une partie de cet infini, et tout le reste dont il est composé ? Il est donc vrai que cet infini sera indivisible dans son tout, quoiqu'il soit divisible par le rapport que chacune de ses parties a avec les autres parties voisines... Une masse infinie... n'a aucune borne ni superficie ; elle ne correspond à aucun corps étranger : donc il est certain qu'elle est, dans son tout, parfaitement immobile, quoique ses parties bornées, si on les considère par rapport les unes aux autres, se meuvent perpétuellement.

« Par là je rassemble dans ce tout infini toutes les perfections d'une nature simple et indivisible, et toutes les merveilles d'une nature divisible et variable : ce tout est un et immuable par son infini ; ses parties se multiplient à l'infini, et forment, par des combinaisons infinies, une variété que rien n'épuise. Une même chose prend successivement toutes les formes les plus contraires ; c'est une fécondité de natures diverses, où tout est nouveau, tout est éternel, tout est changeant, tout est immuable.

« Voilà, ce me semble, la difficulté aussi grande qu'elle peut l'être, et, de bonne foi, je n'oublie rien de tout ce qui peut la fortifier [1]. »

On voit très clairement dans ce passage comment, grâce à la conception du Tout absolu, se mêlent à l'expérience relative et déterminée toutes les Idées de la métaphysique de l'Infini, diffusion et fluxion indéterminées des modes et des effets, et celles de la métaphysique du Parfait, immobilité de la Cause et de la Substance dans l'espace et dans le Temps intelligibles.

[1] Fénelon, *Ex. de Dieu*, II, III, Réfutation de Spinoza.

Mais pour que le Tout soit absolu, à la fois parfait et infini, il faut que ses parties soient absolues et identiques au Tout : s'il en était autrement, le Tout serait relatif.

« Quand je suppose l'univers infini, je ne puis éviter de croire que le tout est changeant, si toutes les parties prises séparément sont changeantes. Il est vrai qu'il n'y aura point dans cet univers une superficie ou circonférence qui tourne, comme la circonférence d'un corps circulaire dont le centre est immobile, mais, comme toutes les parties de ce tout seront en mouvement et changeantes, il s'ensuivra aussi nécessairement que le tout sera aussi en mouvement et dans un changement perpétuel. Car le Tout n'est point un fantôme ni une idée abstraite, il n'est précisément que l'assemblage des parties.

« S'il y a identité réelle entre les parties et le tout, il faut dire que le tout est chaque partie, ou que chaque partie est le tout. Si le tout est chaque partie, il a toutes les modifications changeantes et tous les défauts qui sont dans les parties : donc ce tout n'est pas l'être infiniment parfait, et il renferme en soi d'infinies contradictions, par l'opposition de toutes les modifications ou qualités des parties. Si au contraire chaque partie est le tout, chaque partie est donc infinie, immuable, incapable de bornes et de modifications : donc elle n'est plus partie, ni rien de tout ce qu'elle paraît.

« Il faudrait encore admettre une autre absurdité et contradiction manifeste : c'est qu'y ayant une identité réelle entre toutes les parties qui feraient un tout réellement un et indivisible, il s'ensuivrait que les parties ne seraient plus parties, et que l'une serait réellement l'autre ; d'où il faudrait conclure que l'air serait l'eau, que le ciel serait la terre... que la glace serait chaude, et le feu froid... En un mot, tous les corps et toutes les pensées de l'univers ne faisant tous ensemble qu'un seul être simple, réellement un et indivisible, il faudrait brouiller toutes les Idées, confondre toutes les natures et propriétés, renoncer à toutes les distinctions, attribuer à la pensée toutes les qualités sensibles des corps, et au corps toutes les pensées des êtres humains ; il faudrait attribuer à chaque corps toutes les modifications de tous les corps et de tous les esprits : il faudrait conclure que chaque partie est le tout et que chaque partie est aussi chacune des autres parties : ce qui ferait un monstre dont la raison a honte et horreur [1]. »

§ 6. Indication de la construction de la métaphysique du Tout absolu.

Si l'on veut bien se rappeler ce que nous avons dit de la terminologie de Fénelon, on comprendra qu'il attaque le Tout absolu non seulement comme infini, mais surtout comme parfait. On ne se rend pas bien compte de toutes les contradictions que renferme cette conception, tant qu'on n'a pas vu qu'elle se rattache également bien, ou également mal, à la métaphysique pure de l'Infini et à la métaphysique pure du Parfait. Ce Tout est empirique et relatif dans ses parties : il est absolu de deux façons : parce qu'il est infini, et parce qu'il est parfait, immuable, indivisible et un.

Bien qu'elle soit réfutée d'avance par la critique du fondement sur laquelle elle repose, nous allons faire, pour la métaphysique du Tout absolu, ce que nous avons fait pour la métaphysique pure : nous allons lui accorder son point de départ, et lui laisser poser son instable fondement; nous le supposerons solide : nous verrons se construire tout l'édifice; et à son sommet nous trouverons des conclusions qui feront voir sa vanité.

Cet édifice se compose d'abord de deux colonnes énormes et égales, et que le Tout absolu, étant, comme on l'a vu, aussi bien parfait qu'infini, peut également supporter : ces deux colonnes sont une *métaphysique du Parfait*, et une

---

[1] *Ibid.*

métaphysique de l'Infini : en effet, chacune des deux grandes Idées s'empare du Tout absolu pour lui imposer sa propre loi. Les deux systèmes ainsi constitués ne peuvent pas rester séparés : ils se rapprochent, et viennent à s'unir dans un troisième système, qui est le *dualisme de la métaphysique du Tout absolu.* Mais dans le dualisme, le Parfait et l'Infini sont rapprochés sans être unis : le couronnement de l'édifice ne peut être qu'un *monisme*, lequel est la conclusion inévitable, le résumé, et l'unité de tout le système de la métaphysique du Tout absolu.

Mais ce monisme se réduit enfin à une antinomie suprême, dans laquelle la métaphysique du Tout absolu abdique, comme la métaphysique pure a abdiqué dans l'Un absolu. La connaissance sensible est ainsi définitivement débarrassée des conceptions infinitistes, et la synthèse des pures Idées produit l'expérience déterminée et limitée, libre et spontanée dans son développement indéfini.

CHAPITRE II

IDÉALISME OU THÉOLOGIE, MATÉRIALISME OU COSMOLOGIE, DUALISME DU TOUT ABSOLU

Première Section. — L'IDÉALISME, OU LA THÉOLOGIE DANS LE TOUT ABSOLU

§ 1. Indication de la métaphysique du Parfait dans le Tout absolu. Spinoza.

Si l'on a suivi notre analyse, on n'aura aucune peine à trouver toutes les propositions essentielles qui constituent le système type de la métaphysique du Parfait dans le Tout absolu, et à développer les conséquences de ces propositions. La finalité, qui met la relativité dans les causes, la liberté, qui enlève tout caractère d'Absolus aux substances, le hasard, le désordre, la confusion des effets et des modes, la fluxion du temps, la diffusion de l'espace, la contingence en un mot est niée; le principe d'indétermination qui rend la réalité inépuisable, l'Infini est écarté de l'explication métaphysique des choses ; le Tout absolu n'est occupé que par le Dieu de la métaphysique pure, devenu *actuel*, par la Cause et la Substance absolues, non plus, il est vrai, dans l'Immensité et dans l'Eternité de la théologie pure, mais dans une Immensité et dans une Eternité qui doivent avoir les mêmes caractères de perfection métaphysique, tout en embrassant la durée et l'étendue déterminées, et toute étendue et toute durée possibles à l'infini. Ce système est l'*Idéalisme métaphysique*, et Spinoza l'a construit de telle façon qu'il n'y a rien à retrancher, ni rien à ajouter à ses développements et ses preuves.

Que Spinoza ait nié et méconnu l'Idée de l'Infini, et que son système soit simplement une métaphysique du Parfait réalisé dans le Tout absolu, c'est ce que tout le monde n'accordera pas facilement, parce qu'il appelle tous les principes dont il fait usage des *Infinis;* parce que nombre de critiques ont dit que ce qui manque à sa morale et à sa psychologie, c'est la notion de perfection ; parce qu'enfin il semble qu'il ait abandonné la tendance *théologique* des Cartésiens purs, pour fonder une *cosmologie* sans Dieu. Tout cela est très superficiel.

§ 2. La Substance de Spinoza, ou le Parfait.

Si, écartant toute représentation psychologique et morale, et évitant de se laisser tromper par l'amphibologie des mots, on considère cette perfection qui consiste dans la pureté rationnelle de la Substance et de la Cause, la seule perfection dont puisse s'occuper la métaphysique, on verra que nul ne s'y est tenu plus fidèlement que Spinoza. Il ne se distingue en rien de Fénelon dans sa métaphysique pure. Car il faut savoir qu'il y a deux métaphysiques dans l'Ethique, et même trois : la métaphysique de l'Un absolu, la métaphysique pure du Parfait, et la métaphysique du Parfait dans le Tout absolu.

La métaphysique de l'Un n'occupe que quelques lignes : ce premier *Infini*, cet *Infiniment Parfait*, cette unité absolue, dans laquelle Fénelon voit avec raison le terme dernier de la métaphysique, et dont Spinoza, au contraire, fait le premier anneau de sa chaîne déductive, est la

Substance ; mais la Substance, avant qu'elle ait reçu de la déduction ses attributs et ses modes éternels ; car, à ce second degré, la Substance n'est plus l'Un absolu : elle est déjà déterminée, ou plutôt elle est un principe de détermination ; elle n'est autre chose que le Dieu de la théologie pure, l'Etre parfait dans l'Empyrée.

Quelle est, en effet, la Substance de Spinoza ? Est-ce l'être universel, le substratum cosmique, le Non-Etre, l'Infini, l'Indéterminé ? Allons-nous voir sortir une à une du chaos initial les déterminations de l'être ? Allons-nous assister à la formation du monde, à la naissance de la pensée, et nous élever par degrés jusqu'à l'Etre suprême ou Dieu ? Tel serait le point de départ, et tel serait le procès d'une métaphysique de la *Substance indéterminée* ou, pour parler proprement, de l'Infini.

Spinoza, bien au contraire, ignore ou nie le Non-Etre, et prétend donner une explication du monde, dans laquelle n'entre pas l'Idée de l'Infini. Ce qu'il appelle la Substance, le principe fondamental de son système, n'est autre chose que l'Etre Parfait : en effet, elle est obtenue par intuition rationnelle ; elle est un principe de détermination, bien qu'encore isolée dans l'Empyrée ; enfin elle a tous les attributs du Dieu de la théologie pure : Spinoza ne lui en compte que deux, l'Etendue et la Pensée ; mais on ne voit pas pourquoi il ne met pas au rang des attributs l'Eternité, qu'il *attribue* cependant à Dieu[1]. Il est vrai que l'Eternité qui est en Dieu n'est pas une durée infinie[2], mais l'Immensité qui est en lui n'est pas non plus une étendue infinie, puisque la Substance est indivisible et simple. Et quant à la Pensée, ce n'est pas la pensée d'un entendement ; et au fond cet attribut n'est autre chose que la Cause et la Substance absolues. Le Dieu de Spinoza est une Cause

---

[1] *Lettre à Louis Meyer* ; *Ethique*, I, prop. 19.
[2] *Ethique*, I. déf. 8, explic.

et une Substance absolues dans l'Eternité et dans l'Immensité indivisibles, simples et parfaites[1] : dans cette brève définition se trouve toute la métaphysique pure du Parfait.

§ 3. Le Paralogisme de Spinoza : Le Tout absolu.

La Substance de Spinoza, avec ses attributs parfaits, est encore entièrement dans le monde intelligible. Cette Substance, obtenue par l'intuition rationnelle, je vois bien comment son essence contient son existence, ou plutôt comment elle lui est identique ; je vois comment elle est Cause et Substance absolue, immobile, indivisible ; comment elle n'a que l'intelligible, ou la perfection rationnelle de l'espace et du temps ; je vois comment elle a tous les attributs qui constituent l'Idée du Parfait : mais je ne comprends pas qu'elle puisse avoir aucun rapport avec le monde sensible.

C'est ici qu'intervient un troisième *Infini*, qui comprend une infinité de modes finis, et qui n'est autre chose que le Tout absolu : il permet le passage du monde intelligible au monde sensible, de la métaphysique pure du Parfait à la métaphysique du Parfait dans le Tout absolu. D'un côté il y avait des Idées pures, de l'autre il y aura des réalités sensibles, auxquelles sera attribuée la même perfection métaphysique.

Là est le point faible, la solution de continuité dans le système de Spinoza. Ses adversaires attaquent généralement sa Substance immobile et indivisible dans l'Immensité et dans l'Eternité intelligibles, c'est-à-dire sa métaphysique pure ; mais sur ce point il est invulnérable, ou du moins il ne peut être atteint par les coups de ceux qui admettent la possibilité d'une métaphysique quelconque.

Le paralogisme de Spinoza n'est rien de nouveau ni de

---

[1] *Ibid.*, prop. 11 ; 16 ; 34.

profondément caché, c'est l'évident et inévitable *saltus mortalis* de toute métaphysique du Tout absolu. La Substance, dit-il, est infinie dans l'espace et dans le temps — Non. La Substance n'est ni dans le temps ni dans l'espace : elle ne renferme que l'*Intelligible* de l'espace et du temps; et le troisième Infini, ou le Tout absolu, qui devrait relier le deuxième Infini, ou le Parfait, à l'expérience, outre qu'il est contradictoire, est sans rapport avec ce deuxième Infini.

§ 4. Le système de Spinoza est une théologie, non une cosmologie.

Mais nous nous contentons de signaler le vice originel du spinozisme. Nous laissons debout l'Idéalisme métaphysique, afin de voir ce qui résultera de son rapprochement avec le Matérialisme.

Avec la conception du Tout absolu, la pure Idée métaphysique de l'Infini, telle qu'elle se définit par opposition à l'Idée du Parfait, est entrée un moment dans le système de Spinoza ; car on a vu que cette conception du Tout absolu se compose de trois éléments : quantité abstraite, Idée du Parfait, et Idée de l'Infini. Mais cet Infini — qui, s'il y demeurait, introduirait dans le système la contingence, c'est-à-dire la liberté, la finalité, la variété et la vie — passe inaperçu, et n'entre dans aucun des développements : les seules Idées dont Spinoza fasse usage, pour les imposer à l'univers, sont celles qui constituent le pur Parfait métaphysique.

Nous n'avons plus à revenir sur l'abus que fait Spinoza — et que Fénelon fait après lui — du mot d'Infini. La seconde objection que peut soulever notre interprétation du spinozisme est plus spécieuse : Spinoza renonce au Dieu Parfait, distinct du monde, des Cartésiens purs, et pose une *cosmologie* qui se suffit à elle-même; mais en conclure qu'il abandonne l'Idée théologique du Parfait pour l'Idée cosmologique de l'Infini, serait faire preuve de peu d'intelligence des développements de la pensée cartésienne.

On se souvient, en effet, que les Cartésiens de la seconde période, c'est-à-dire ceux-là même qui achevèrent la construction de la théologie pure, cherchaient dans les représentations du monde sensible les éléments de l'Idée du Dieu Parfait : Spinoza ne fait que reconstruire le monde sensible avec les seules Idées théologiques qui en ont été tirées par l'analyse, c'est-à-dire avec la seule Idée du Parfait : c'est seulement la négation de l'Idée cosmologique de l'Infini ou de l'Indéterminé, qui permet de considérer les choses *sub specie æternitatis*. Ainsi sa cosmologie est une cosmologie entièrement théologique, c'est-à-dire qu'elle n'est pas une cosmologie, mais un *Acosmisme*, comme on la nomme souvent, c'est-à-dire une théologie ; son monde est un monde Parfait, c'est-à-dire qu'il n'est pas un monde, mais un Dieu : et, en effet, Spinoza appelle lui-même son Monde Parfait Dieu.

Il est vrai qu'il rejette la représentation d'un Dieu personnel, mais en cela il ne se distingue pas des purs Cartésiens ; et cette représentation ne devrait rien avoir à faire avec la métaphysique, pas plus avec la métaphysique du Tout absolu, qu'avec la métaphysique pure. Il en est de même de la représentation de la perfection sensible : Spinoza ne nie pas plus la perfection psychologique et morale que ne le fait Fénelon ; et si l'on rapproche les passages des deux métaphysiciens où il en est question, on verra qu'ils arrivent aux mêmes conclusions, ce qui est la conséquence nécessaire de ce fait, qu'ils ont la même théorie du Parfait métaphysique. La conséquence de la doctrine spinoziste est la négation de la liberté et de la moralité, et la confusion de l'idéal avec le réel : mais pourquoi ? C'est une conséquence nécessaire de sa théologie pure.

Immobile Éternité, Immensité indivisible et simple de la Cause et de la Substance absolues, voilà l'Idée du Parfait. Unité, fixité, fatalisme, voilà, dans le monde sensible, les conséquences de cette Idée, supposé qu'elle puisse y trouver son application au moyen du Tout absolu. Veut-on en connaître les conséquences morales et religieuses ? Obéissance passive, abnégation complète, amour immobile de Dieu, unité absolue de la loi.

Quelles sont maintenant les Idées qui manquent à ce système ? Diffusion et fluxion infinies, indétermination du Mode et de l'Effet : ce sont les Idées qui constituent l'Infini métaphysique. Désordre, dispersion et hasard : telles en seraient les conséquences dans le monde sensible. Veut-on en connaître les conséquences morales et religieuses ? Liberté absolue, évolution aveugle.

D'un côté liberté, hasard, variété infinie ; de l'autre unité parfaite, immobilité rigoureuse et absolue de la loi : ce sont là les éléments rationnels de la représentation de perfection psychologique et morale, laquelle, n'étant pas une Idée de la Raison, mais une représentation, doit contenir, comme toutes les représentations, les deux éléments de l'analyse, c'est-à-dire deux Idées opposées, une Idée parfaite, et une Idée infinie. Spinoza est tout à fait conséquent avec lui-même : il nie l'Infini aussi bien dans sa psychologie et sa morale que dans sa cosmologie théologique, et ne garde que le Parfait.

§ 5. L'Idéalisme métaphysique.

Le système de Spinoza est le système complet et achevé — et aussi solide qu'il peut l'être — de la métaphysique du Parfait dans le Tout absolu. En le nommant ainsi, nous en donnons la définition : pour abréger, nous pouvons, maintenant que toute confusion est impossible, nous servir, pour désigner ce système, du nom d'*Idéalisme :* il sera bien entendu que cet Idéalisme est un Idéalisme métaphysiqué, tout différent par conséquent de l'Idéalisme physique ou naturel que nous adoptons, et qu'il n'est autre chose que la métaphysique du Parfait, ou la théologie, dans le Tout absolu. Il est très facile de reconnaître cette doctrine partout où elle se trouve, et d'en déduire tous les développements : elle est tellement simple, qu'elle arrive du premier coup, avec Spinoza, à sa perfection.

Donc, sans décrire plus longuement l'Idéalisme métaphysique, nous lui adresserons les deux critiques suivantes : d'abord la conception du Tout absolu, sur laquelle il est fondé — et que nous avons admise par hypothèse — ne peut pas le soutenir en réalité. Nous le laisserons debout. Mais alors, en face de l'Idéalisme, s'élèvera une métaphysique de l'Infini, qui s'arroge le même droit que l'Idéalisme, de poser ses fondations sur la conception du Tout absolu.

§ 6. Critique mathématique de l'Idéalisme : le Tout absolu ne peut pas le soutenir.

Dans un système qui prétend être déduit mathématiquement, tous les développements doivent s'élever sur une théorie de l'espace et du temps : d'ailleurs, comme on l'a vu, cette nécessité s'impose à tout système qui prétend être scientifique. Quel peut donc être le fondement mathématique de l'Idéalisme métaphysique. — Oublions un moment le Tout absolu, pour y revenir quand nous aurons montré en quelques mots l'insuffisance, pour cet usage, des autres conceptions mathématiques.

Il est évident que la représentation empirique d'étendue et de durée déterminées, ne peut pas servir de base à l'Idéalisme métaphysique, parce que l'étendue et la durée de l'expérience contiennent de l'Infini, de l'Indéterminé, comme continu et comme indéfini, et parce qu'elles forment toujours, à quelque moment de la division ou de la multiplication qu'on se transporte, un tout empirique, qui n'a rien de métaphysique. Il faut mettre à la base de l'Idéalisme métaphysique, une théorie de l'espace et du temps *parfaits*, c'est-à-dire, où il n'y ait aucun Infini, ou aucun Indéterminé.

Dans le Point et dans l'Instant, où plutôt, puisque nous parlons métaphysique, dans l'Immensité et dans l'Eternité *parfaites*, la Cause et la Substance seront bien absolues, mais par contre elles ne pourront pas atteindre l'expérience.

Essayons d'imaginer une figure toute parfaite ; concevons l'espace et le temps réels sous la forme d'une sphère parfaite. Là, n'y aura-t-il place pour aucun Indéterminé ? Et la Cause et la Substance pourrront-elles être absolues ? L'hypothèse de la réduction de l'Univers à une sphère parfaite satisfait Aristote; mais aussi Aristote n'est-il pas un pur Idéaliste. La sphère est bien la figure la plus régulière et la plus proche de la perfection absolue ; mais elle n'est pas absolument et rationnellement parfaite : elle contient des arcs et des cordes incommensurables, et *des lignes de bas en haut et de haut en bas*, par lesquelles l'Indéterminé rentre dans le système, parce qu'elles sont infiniment diverses.

Il faut donc recourir au Tout absolu, *à la sphère dont le centre est partout et la circonférence nulle part*, là l'Infini, l'Indéterminé lui-même devient parfait. Mais d'autre part, le Parfait devient infini et indéterminé ; c'est-à-dire que les deux Idées opposées se confondent ; elles ne s'unissent pas dans une synthèse qui produirait une relation à deux termes, une relation sensible qui pût être analysée : elles se confondent, de telle façon qu'on peut les prendre l'une pour l'autre, dans une conception bâtarde, qui comprend encore la quantité abstraite.

Le Tout absolu a à la fois les caractères du Point et de l'Instant, et ceux du Continu, les caractères de l'Eternité et de l'Immensité sans Continu, immobiles, indivisibles et unes, de la métaphysique pure du Parfait, et ceux de l'Eternité et de l'Immensité continues et sans unité, de la métaphysique pure de l'Infini : à quoi il joint encore les caractères de la durée et de l'étendue abstraites et déterminées.

Or il est évident que si l'Idéalisme peut trouver sa base mathématique dans ce Tout, considéré comme parfait, il est en contradiction avec ce Tout, considéré comme infini ou indéterminé. Il y a place dans ce Tout absolu, non seulement pour le contingent, pour la finalité et pour la liberté, dans l'étendue et la durée déterminées qu'il renferme, mais aussi pour un Hasard absolu, pour une absolue Indétermination, dans le Continu qui sépare les points et les instants de la division actuelle du Tout, et dans le Continu qui s'étend au delà de toute limite.

§ 7. Une métaphysique de l'Infini, en face de la métaphysique du Parfait dans le Tout absolu.

Néanmoins, puisque le Tout absolu est parfait par définition, tout en étant infini, et puisque l'Infini même y devient parfait, admettons qu'il puisse servir de fondement à une métaphysique du Parfait. Mais alors, comme il est aussi, par définition, infini, et puisque le Parfait même y devient infini, ou indéterminé, il peut aussi servir de fondement à une métaphysique de l'Infini, qui a les mêmes titres. Aussi bien que l'unité et l'ordre immuable, peut se placer, dans le Tout absolu, l'Inconnaissable, l'Indéterminé, le Chaos infini.

Deuxième Section. — LE MATÉRIALISME, OU LA COSMOLOGIE DANS LE TOUT ABSOLU

§ 8. Le Matérialisme métaphysique, et l'Évolutionnisme scientifique.

La véritable métaphysique de l'Infini dans le Tout absolu n'est autre chose que le *Matérialisme*. Toutefois il faut restreindre le sens de ce mot, comme nous avons restreint le sens du mot Idéalisme. Il y a un Matérialisme qui n'est que la négation de l'esprit et de l'idéal : ce Matérialisme grossier n'est que la corruption d'une doctrine qui, à y regarder de près, s'accorde avec l'Idéalisme le plus élevé : en effet, si tout est matière, il faut, puisqu'en fait il y a des représentations de l'ordre spirituel, que la matière soit d'essence spirituelle. Ce Matérialisme appartient d'ailleurs à l'ordre des sciences naturelles : nous n'avons à nous occuper ici que du *Matérialisme métaphysique*, c'est-à-dire d'une théorie métaphysique, qui explique le supérieur par l'inférieur, la moralité par la pensée, la pensée par la vie, la vie par la matière, l'ordre par le désordre, le Parfait par l'Infini.

Le Matérialisme fleurit en Angleterre, comme l'Idéalisme en Allemagne, comme la métaphysique pure et le pur empirisme en France; c'est en faisant triompher le Matérialisme, que l'Angleterre s'est élevée, dans la seconde moitié de ce siècle, au premier rang des nations philosophiques.

Ce triomphe du Matérialisme anglais est dû à son alliance avec l'Evolutionnisme qui est sorti de lui, et dont il a pris le nom; mais l'Evolutionnisme commence à s'émanciper, à se dégager de toute contrainte métaphysique, et à devenir une théorie purement scientifique.

L'Evolutionnisme scientifique n'est qu'une théorie historique : il n'est que la constatation du changement continu par lequel un état sort en fait d'un état antérieur. Si ce changement est indifférent, s'il n'est pas un progrès, il est évident qu'il n'appelle pas plus une métaphysique matérialiste qu'une métaphysique idéaliste ; mais si le supérieur sort de l'inférieur, l'ordre du désordre, la vie de la matière, la pensée de la vie, la moralité de la pensée, il semble que l'Evolutionnisme implique le Matérialisme, et doive se confondre avec lui.

Mais il n'y a là qu'une illusion assez grossière : de ce que l'évolution du monde est un progrès de l'Indéterminé vers le Parfait, il ne s'ensuit pas qu'elle doive avoir son explication et sa loi dans l'Indéterminé, et qu'il n'y ait aucun principe de perfection qui la soutienne, la dirige et l'éclaire. Et en effet, pour peu qu'on fasse usage de l'analyse philosophique, on est contraint de convenir que, bien qu'issus chronologiquement l'un de l'autre, deux états successifs d'un progrès sont spécifiquement différents, et que dans le second apparaît quelque chose qui n'existait pas dans le premier, ou qui s'y trouvait, mais qui alors avait échappé à l'observation.

Quand même il serait prouvé qu'avec une matière inorganique on peut faire une matière organique — et cela est prouvé — et qu'avec une matière organique on peut faire de la vie — et cela sera prouvé un jour — il n'en serait pas moins certain que le chimisme et que la vie, apparaissant pour la première fois, révèlent des éléments nouveaux de l'explication universelle des choses. De même la conscience morale peut naître de la pensée, et la pensée de la vie : néanmoins, la pensée est quelque chose de plus, et non quelque chose de moins, que la vie ; et la conscience est quelque chose de plus que la pensée, et ne peut pas s'expliquer philosophiquement ou analytiquement par elle.

Dans un déterminisme supposé universel, le premier acte de liberté produirait une révolution profonde et un changement radical. La liberté se forme et se réalise dans le monde par des degrés insensibles : oui, mais cela n'est possible que s'il y a, au nombre des principes suprêmes des choses, un principe de liberté ; la conduite des hommes s'épure, et leur pensée s'élève de la bestialité à la sainteté : oui, et, comme le dit M. Guyau, les maximes de La Rochefoucauld finiront peut-être par perdre toute leur vérité; mais en admettant que les premiers instincts de l'humanité aient été dépourvus de tout désintéressement, s'il n'y avait alors en elle aucun germe, aucune puissance active de développement, le premier acte moral, la première pensée où a apparu une lueur de moralité, n'a pas seulement marqué un degré de l'évolution historique : son apparition a produit dans le monde une telle révolution, que la même explication, la même définition qui convenait au monde ancien, ne convient plus au monde nouveau.

Mais qu'est-ce qui peut apparaître dans l'évolution, dans le temps, qui soit nouveau ? Des manifestations, des représentations, des faits? Oui. Des Idées, des principes d'analyse ? Non. L'Idée qui se manifeste à son heure doit être placée, dans l'explication rationnelle, ou métaphysique, au même rang que les autres, qui s'étaient manifestées avant elle dans le temps : cela seul devient, qui est; et si le désordre du monde se débrouille incessamment, c'est qu'il y a en lui un principe d'ordre et d'harmonie.

Les évolutionnistes matérialistes confondent la méthode des sciences naturelles avec celle des sciences philosophiques. Les synthèses et les analyses de la connaissance ne sont pas la même chose que les synthèses et les analyses de la matière : la représentation de l'eau ne s'analyse pas en représentation d'hydrogène et représentation d'oxygène. Au fond il n'y a, dans les sciences naturelles, ni analyses ni synthèses : il n'y a que division et multiplication : les faits chimiques ne sont que des faits physiques dont les éléments sont encore insaisissables; le perfectionnement des instruments et de la méthode réduit de plus en plus tous les faits à n'être que des variétés du mouvement ; tout ce qui n'est pas réduit aux lois simples du mouvement n'est pour la science que matière à recherches, et mystère à éclaircir; et elle a dit son dernier mot quand cette réduction est faite.

Les sciences naturelles, si elles arrivent à leur perfection dernière, découvriront et relieront entre elles toutes les transformations diverses du mouvement, depuis l'attraction moléculaire, jusqu'aux modifications de la conscience morale ; elles connaîtront, dans ses détails et dans son ensemble, le mouvement et la vie universelle : mais le problème philosophique demeure tout entier. C'est alors qu'interviennent les analyses philosophiques ; elles seules peuvent fournir les principes logiques et les Idées rationnelles.

§ 9. La méthode du Matérialisme. L'Inconnaissable.

L'évolutionnisme matérialiste prétend relier directement les représentations sensibles à l'Idée métaphysique de l'Infini : n'est-il pas évident qu'il est contraint, pour y parvenir, d'établir, comme l'Idéalisme, mais en sens inverse, des *séries infinies :* c'est toujours la même méthode métaphysique, fausse et contradictoire, des régressions et des divisions. La forme élémentaire, indéterminée, n'existe pas : le *choc nerveux* est encore tout un monde de déterminations. Il est aussi impossible de relier les séries à l'Infini, que de les relier au Parfait : il est aussi impossible de trouver l'une de leurs limites que de trouver l'autre. Dans l'expérience, ces séries sont toujours finies ; finies du côté du Parfait, et limitées par des causes et des substances déterminées ; finies du côté de l'Indéterminé, et limitées par des modes et des effets déterminés. Mais, finies à chaque instant, elles peuvent toujours être prolongées par l'action et le mouvement autonome et spontané de la pensée : aussi l'Infini et le Parfait, qui ne peuvent pas se trouver au terme des séries interminables de la division, se trouvent-ils directement, par l'analyse, dans chaque représentation.

Ils s'y trouvent, mais en opposition et en harmonie l'un avec l'autre : et c'est ce que ne veulent pas les Matérialistes, pas plus que les Idéalistes. Ils supposeront donc que les séries indéfinies ont un terme, qui sera l'Indéterminé absolu, l'Infini. Or, ils tirent cette conclusion du fait même — sur lequel tout le monde est d'accord — que ces séries n'ont pas de terme, et ne peuvent pas en avoir : sous cette forme où elle paraît naïve, la contradiction inhérente au système n'est pas grossie. Qu'est-ce, en effet, que l'inconnaissable ? Pour le comprendre, il faut considérer les séries empiriques : ces séries sont, en fait, terminées dans toute expérience ; mais ce terme empirique est mobile, et peut être reculé indéfiniment : par conséquent, quelque grandeur que l'expérience acquière, elle se trouvera toujours en présence de l'inconnu.

Nous avons essayé de donner l'explication rationnelle de ce fait : cet inconnu n'est rien hors de l'expérience : en dehors et au delà de l'expérience, il n'y a rien ; mais dans l'expérience, il y a des principes qui peuvent l'étendre indéfiniment par le développement de la représentation présente. De cette possibilité indéfinie, dont les principes sont dans l'expérience, et s'y découvrent par l'analyse, les matérialistes font une réalité qu'ils placent en dehors et au delà de l'expérience. Ils lui donnent ainsi les caractères de ce qui est actuel, en lui laissant ceux de ce qui est en puissance et ne peut pas arriver à l'actualité, les caractères de ce qui est fini, et de ce qui est infini, de ce qui est quelque chose, et de ce qui n'est rien. Ayant reconnu qu'il est impossible que les séries empiriques soient limitées, ils posent à la limite de ces séries une Idée, qui n'est autre chose que cette impossibilité même, dont ils font un être métaphysique.

§ 10. L'Idée du Matérialisme. L'Inconnaissable, l'Indéterminé, l'Infini.

Selon les conclusions de l'analyse rationnelle, l'évolution, finie à chaque instant, n'est pas enfermée en autre chose ;

elle se borne elle-même, et s'étend d'elle-même indéfiniment. Selon les conclusions du Matérialisme, l'évolution déterminée et empirique est enfermée dans le Chaos métaphysique, qu'on appelle *Indéterminé* ou *Inconnaissable*, et qui n'est autre chose que l'Etre Infini.

Ce Chaos est divin : on l'adore. Après avoir renversé et raillé le Dieu Parfait, on érige un Dieu Infini, qui n'a pas plus de titres à l'existence, et qui en a moins à l'adoration : en effet, pour qui jette un coup d'œil d'ensemble sur le développement de la métaphysique, il est évident que cet Infini n'est pas une Idée théologique, qu'il n'est autre chose que l'Idée de la cosmologie pure.

§ 11. Le Tout absolu, fondement mathématique du Matérialisme.

Mais comment cet Inconnaissable, cet Indéterminé absolu, qui enveloppe l'évolution, peut-il donc pénétrer en elle, s'imposer à elle, et lui donner des lois ? C'est encore la conception du Tout absolu qui va servir de pont, pour passer du monde intelligible au monde sensible.

Si l'on cherche quel est le fondement de toute la construction métaphysique de M. Spencer, on verra évidemment que c'est le dogme de la *Permanence de la Force*. Or, à première vue, ce dogme paraît étrangement placé, à la base d'un tel système. Car, si la nature est entourée d'un Inconnaissable, pourquoi n'en recevrait-elle pas sans cesse des forces nouvelles? Quant à cet Inconnaissable, cet Indéterminé lui-même, si la Force qui est en lui est permanente, il est donc absolument déterminé dans son tout. Sans qu'il soit besoin d'insister, on reconnaît facilement, dans cette Permanence de la Force, l'élément parfait du Tout absolu.

Mais aussi on se rappelle que le Tout absolu renferme cette merveille, qu'il est à la fois parfait et infini. Les métaphysiciens idéalistes se sont servis de l'élément infini du Tout absolu pour s'emparer de l'expérience; et, une fois établis sur ce domaine, ils n'ont plus fait usage que de l'Idée du Parfait. Inversement, les matérialistes se servent de l'élément parfait du Tout absolu pour absorber l'évolution empirique dans leur Chaos métaphysique; après quoi ils ne font plus usage que de l'Idée de l'Infini. Quand nous saurons que la nature est enveloppée dans l'Inconnaissable, qu'elle en dépend entièrement, et qu'elle doit toujours retourner à lui, alors il nous faut oublier que cet Inconnaissable forme un Tout parfait, et raisonner comme s'il était seulement infini ou indéterminé, comme s'il n'y avait en lui aucune forme, aucune ligne précise, aucun nombre, aucun élément de détermination, aucun principe de perfection rationnelle ou métaphysique, comme si c'était le Chaos absolu, le pur Infini.

§ 12. Le Déterminisme infini, loi de l'évolution dans le Matérialisme.

La loi de cette évolution est un certain *déterminisme*, qui, si on y regarde de près, n'est autre chose que l'Indéterminé lui-même. Pour comprendre cela, il faut d'abord définir ce mot de déterminisme : il n'en est pas de plus général. Le déterminisme est, dans chaque système, non pas quelque chose que l'on en puisse détacher pour l'examiner à part, mais l'ordre et l'enchaînement de toutes les parties. Or, nous avons essayé de prouver que cet ordre et cet enchaînement ne peuvent s'obtenir que par la méthode mathématique : le déterminisme n'est pas autre chose que l'application des diverses formes ou des divers degrés de la méthode mathématique.

La logique rationnelle, telle que nous la concevons, tient compte de toutes les formes du déterminisme; elle met chacune d'elles à sa place, et les combine toutes. En effet, comme il y a plusieurs sortes de méthodes mathématiques, il y a plusieurs formes de déterminisme. Aucun système n'est rigoureux s'il n'y règne un certain déterminisme ; et il y a autant de déterminismes différents qu'il y a de différentes théories, scientifiques ou philosophiques.

Ecartons d'abord le déterminisme physique ou naturel, qui convient aux sciences positives ; ces sciences n'ont qu'un seul objet, qui est le mouvement : elles ne reconnaissent d'autres lois que celles du mouvement. Fondé tout entier sur les lois de l'espace et du temps, le *déterminisme scientifique* — physique ou psychologique — consiste dans la régularité des *rapports* mathématiques que les représentations soutiennent entre elles : pourvu que les conditions des nombres et des figures soient observées, ce déterminisme laisse le champ libre aux manifestations sensibles les plus diverses, aux causes et aux effets, qu'il ignore comme tels.

Reste le déterminisme métaphysique : il est, dans chaque système, l'ensemble des conditions qui sont imposées à ce système par la nature du fondement mathématique sur lequel il repose. Il est donc évident qu'il y aura deux espèces de déterminisme métaphysique, l'une dans la métaphysique du Parfait, l'autre dans la métaphysique de l'Infini. On les confond presque toujours, de même que l'on mêle, dans les conceptions d'Etre, d'Infini, de Substance, deux principes métaphysiques non seulement différents, mais opposés. Avec la méthode d'analyse rationnelle, la distinction devient très facile.

Fondé sur l'élément parfait de l'espace et du temps, sur l'Eternité et l'Immensité parfaites, le déterminisme des Idéalistes est un déterminisme *parfait.* Il est vrai qu'il y a dans ce déterminisme une contradiction, qui vient de ce fait que, dans le Tout absolu, se trouve aussi de l'Infini ; mais dès qu'on a consenti à fermer les yeux sur cette inconséquence, tout le reste devient solide et logique. Le monde est nécessaire et inconditionné, parce qu'il est Cause absolue et Substance absolue, Cause et Substance qui conservent — telle est la prétention de l'Idéalisme — dans le Tout absolu, tous les caractères qu'elles avaient dans l'Immensité et dans l'Eternité indivisibles, immobiles et parfaites.

Mais tel ne peut pas être le déterminisme des matérialistes. Il est vrai qu'il se trouve à sa base une conception qui appartient en propre à l'Idéalisme, celle de la Permanence de la Force : mais c'est là une inconséquence nécessaire à l'édification du système, inconséquence qui correspond à celle que nous avons trouvée dans l'Idéalisme, et sur laquelle on doit fermer les yeux. Les effets et les modes doivent conserver, dans le Tout absolu, tous les caractères qu'ils ont dans le pur Continu, dans la diffusion et la fluxion absolues, dans l'Infini mathématique de la métaphysique pure : tel est le déterminisme des matérialistes. On voit que, loin de se confondre avec le déterminisme des idéalistes, il est précisément le contraire.

Le monde ne peut être inconditionné et absolu, que parce qu'il est indéterminé, infini ; il est absolu par l'absence de la Cause, et non parce qu'il est Cause absolue ; par l'absence de la Substance, et non parce qu'il est Substance absolue ; parce qu'il est Matière et non Entéléchie, infini et non parfait ; parce que son Immensité et son Eternité sont continues et indéterminées, et non parce qu'elles sont indivisibles et parfaites.

Le déterminisme idéaliste et le déterminisme matérialiste suppriment également la finalité de la causalité, et la liberté de la substantialité : mais l'un enchaîne les faits selon un ordre parfait, l'autre les enchaîne nécessairement, mais sans aucun ordre ; parce que l'un est la négation du possible, et que l'autre est fondé sur le pur Possible indéterminé : dans l'infinité des possibles, il n'y a pas de raison pour que le déterminisme matérialiste choisisse l'un plutôt que l'autre. Aussi M. Spencer a-t-il fort bien vu que son déterminisme n'est pas autre chose que le Hasard, le Désordre et l'Indéterminé.

§ 13. La conciliation de l'ordre de la nature avec le désordre de l'Univers. Les Retours.

Le déterminisme matérialiste est donc l'Inconnaissable lui-même. L'Inconnaissable, l'Indéterminé est à la fois l'Univers dans lequel se meut l'évolution, et la loi même de cette évolution : l'évolution progressive n'est qu'un moment d'une Évolution universelle, dont la loi est le Chaos infini.

Mais comment le matérialisme va-t-il concilier l'ordre de la nature, l'harmonie et l'unité que révèlent de plus en plus les sciences naturelles, avec le Désordre infini de l'Univers ? La conciliation se fait d'une manière ingénieuse, au moyen de la théorie des Retours, ou de l'éternel Balancement.

L'évolution déterminée, dont la loi éphémère est l'organisation et le progrès, doit retourner au Chaos, par l'influence des forces désordonnées du Tout absolu ; puis un ordre partiel s'établira de nouveau dans le Désordre universel, pour être encore vaincu et dispersé par les forces ambiantes ; et ainsi éternellement. Ainsi le Désordre est doublement vainqueur : il l'est parce qu'il apparaît à la fin de tous les progrès partiels ; il l'est encore par l'incohérence de cette succession infinie.

Mais pourquoi ce vain effort sans cesse renouvelé ? Ne décèle-t-il pas l'action d'un principe caché d'ordre et d'harmonie ? Le Balancement serait possible, si l'on pouvait concevoir et fixer un état moyen et indifférent, que l'évolution dépasserait dans un sens, et puis dans l'autre sens, montant et descendant alternativement, en vertu de quelque force d'inertie qui tendrait à la rapprocher de cet état intermédiaire ; mais dans la théorie de M. Spencer, le Balancement et les Retours sont impossibles : l'Inconnaissable est un Désordre absolu, et non un état moyen ; il est un pur Infini. Si l'évolution se perd une fois dans cet Infini, comment l'ordre sortirait-il du désordre ? Et dans l'état actuel, comment le monde évoluerait-il et s'organiserait-il sans cesse, dans un milieu absolument hostile ? Cela est impossible ; et il faut qu'il y ait, au nombre des principes des choses, un principe de progrès, d'ordre, et de perfection, une Idée parfaite opposée à l'Idée infinie.

§ 14. Dualisme dans le Tout absolu.

Mais n'insistons pas sur ce point, puisque nous avons résolu de laisser debout, par hypothèse, le Matérialisme, aussi bien que l'Idéalisme. La force de notre argumentation ne consiste pas dans les preuves que nous apportons contre chacun des systèmes que nous énumérons, mais dans l'ordre dans lequel nous les plaçons : ils doivent, en effet, se faire échec les uns aux autres, et tomber tous ensemble, dès qu'ils viennent à être rapprochés.

Ce qui nous permet d'entreprendre ce genre d'argumentation, c'est la symétrie que nous avons découverte entre les deux séries d'Idées de la Raison, et l'opposition que nous avons montrée dans l'Empyrée entre l'Etre parfait et l'Etre infini. Nous allons maintenant montrer cette même opposition sur le terrain de la métaphysique du Tout absolu : et d'abord dans le dualisme.

Le Matérialisme et l'Idéalisme métaphysique se correspondent aussi exactement que la métaphysique pure du Parfait, et la métaphysique pure de l'Infini. S'ils peuvent ou non s'accorder vraiment ensemble, c'est la question que nous aurons à examiner dans le chapitre que nous consacrerons au monisme : ce que nous affirmons ici, sans qu'il soit besoin d'en donner plus longuement la preuve, c'est qu'ils ont absolument la même force et les mêmes droits.

Fondés également sur la conception du Tout absolu, ces deux systèmes renferment un nombre égal d'Idées ; l'un emprunte ses Idées à la métaphysique pure du Parfait, l'autre, à la métaphysique pure de l'Infini ; l'un réalise le Mode et l'Effet absolus, l'autre, l'absolue Substance et la Cause absolue ; l'un donne au Tout la forme du Parfait, l'autre lui donne la forme de l'Infini.

Si l'on ne veut pas se tenir arbitrairement à un système exclusif, qui ne renferme que la moitié des principes rationnels, il faut donc faire place, dans le Tout absolu, au Parfait et à l'Infini : comme il s'est imposé dans l'Empyrée, le dualisme s'impose dans le Tout absolu.

Nous verrons qu'il se résout aussi dans un monisme.

Troisième Section. — DUALISME DE LA MÉTAPHYSIQUE DU TOUT ABSOLU

§ 15. La symétrie métaphysique.

Il ne s'agit ici que du dualisme de la métaphysique du Tout absolu : et c'est seulement dans le chapitre qui suivra, que nous montrerons comment il se réduit inévitablement dans un monisme. Ce dualisme consiste dans la coexistence de deux êtres métaphysiques, l'un infini, l'autre parfait, dans le Tout absolu ; il est produit par le pur et simple rapprochement de l'Idéalisme et du Matérialisme.

Nous avons dit que ce rapprochement est inévitable : il l'est du moins si l'on adopte notre analyse, et la distinction du Parfait et de l'Infini, telle que nous l'avons établie. Cette analyse permet de faire une classification rigoureusement exacte de toutes les Idées rationnelles, et de tous les systèmes métaphysiques : elle les place sur deux rangs, et oppose à tout système exclusif quelconque — après en avoir, s'il est nécessaire, débrouillé l'incohérence — un système opposé et absolument symétrique, qui lui fait échec, et avec lequel il est contraint de s'unir. Et cela n'est pas vrai seulement des systèmes simples, comme l'Idéalisme et le Matérialisme, dont chacun renferme exactement la moitié des Idées métaphysiques, mais même des systèmes les plus compliqués, et des combinaisons les plus diverses. On en jugera par un exemple : nous allons examiner rapidement deux dualismes mixtes — c'est-à-dire dont l'un des termes se trouve dans l'Empyrée, et l'autre dans le Tout absolu — dans lesquels nous montrerons un effet remarquable de la symétrie des Idées.

§ 16. Dualisme théologique.
(Théologie dans le Tout absolu). — Cosmologie dans l'Empyrée.

Voici d'abord un dualisme mixte, dont nous aurons à chercher l'image renversée dans un autre dualisme, mixte également : c'est le *dualisme théologique :* on pose l'Idéalisme tout entier ; mais on reconnaît en même temps qu'il y a des principes, des Idées absolues, qu'il ne renferme pas, et dont il ne rend pas compte : toutefois on ne leur fait aucune place *dans le Tout absolu :* on les relègue dans une expérience limitée et déterminée, *dans un Tout empirique.* La théologie traditionnelle est une union de l'Idéalisme avec l'Empirisme.

Le premier terme de ce dualisme — la doctrine proprement théologique — n'est autre chose que la théorie du Parfait, occupant le Tout absolu : nous donnerons plus loin sur ce point quelques développements ; mais il nous semble que notre remarque ne soulèvera ici aucune objection : Dieu est la Cause et la Substance parfaites ; sa toute présence et sa toute science remplissent l'Immensité et l'Eternité du Tout absolu.

Mais la violence que cet Idéalisme fait à l'expérience

n'est plus intérieure, comme chez Spinoza ; elle vient du dehors, et laisse place — c'est une inconséquence, mais peu importe pour le moment — aux Idées appartenant à la métaphysique de l'Infini. En effet, le monde de l'expérience forme un Tout déterminé, limité de tous côtés par la Cause et la Substance divines, mais ayant en lui-même des principes de perfection rationnelle, et des principes d'indétermination. Et tel est le second terme — la doctrine cosmologique — de ce dualisme dont nous nous occupons.

Avant de lui chercher un pendant, il faut corriger une inconséquence qui s'y trouve. Un monde déterminé peut s'accorder, comme on l'a vu chez Fénelon, avec un Dieu *pur ;* mais il ne peut pas s'accorder avec un Dieu qui occupe le Tout absolu ; le Tout empirique fait partie du Tout absolu, et si l'Infini est exclu du Tout absolu, il est exclu du Tout empirique : il ne saurait donc y avoir dans le monde ni mal ni indétermination.

Si l'on veut maintenir un monde infini en face du Dieu qui occupe le Tout absolu, il faut que ce monde soit un pur Infini, sans aucun principe rationnel de perfection, et partant sans aucune détermination. Cette assertion ne paraîtra pas étrange, si l'on se rappelle le sens véritable du mot Infini, et si l'on considère qu'en effet la théologie traditionnelle tend à grandir sans cesse Dieu au détriment du monde, à attribuer à Dieu tous les éléments parfaits qu'il y a dans l'expérience, et à réduire par conséquent le monde à un Néant métaphysique, à la pure diffusion, à la pure fluxion des effets et des modes, en un mot à l'Infini.

La véritable forme du dualisme de la théologie ecclésiastique est donc celle-ci :

Théologie : une métaphysique du Parfait dans le Tout absolu, un Idéalisme.

Cosmologie : une métaphysique pure de l'Infini.

§ 17. Dualisme de quelques moralistes français.
(Cosmologie dans le Tout absolu — Théologie dans l'Empyrée).

Maintenant nous trouverons facilement le système qui fera échec à celui-là, le système corrélatif avec lequel il doit s'unir, pour s'évanouir avec lui : ce sera évidemment un dualisme composé de cette façon :

Théologie : une métaphysique pure du Parfait, une Théologie pure ou idéale.

Cosmologie : une métaphysique de l'Infini dans le Tout absolu, un Matérialisme :

L'Infini s'établit dans le Tout absolu, et relègue le Parfait dans l'Empyrée.

Ce dualisme, il est facile de le trouver en France, dans la philosophie de ces dernières années : M. Renan, M. Fouillée, et M. Guyau en sont les principaux représentants. Il a quelque chose d'intéressant, d'attrayant et de poétique.

Ce mot de Matérialisme, dont abusent les métaphysiciens de cabarets, peut paraître choquant, appliqué à des doctrines aussi séduisantes : mais nous avons tâché de le réduire à son sens véritable. Le Matérialisme est la doctrine qui exclut de l'explication universelle des choses, du Tout absolu, tout principe rationnel de perfection, et explique le supérieur par l'inférieur : si à une telle doctrine se joint la théorie de l'évolution, elle devient un Matérialisme évolutionniste.

Tel est, en effet, le système de M. Renan, d'après lequel le vrai, le beau et le bien ne sont pas, mais *se font;* tel est le système de morale *négative et restrictive* de M. Fouillée; tel est le système de morale *sans obligation ni sanction* de M. Guyau. Ces écrivains font une étude approfondie de la morale et de la métaphysique anglaises, et se rendent compte du lien étroit qui rattache leur doctrine à l'Evolutionnisme de M. Spencer.

Mais ce qui fait l'originalité et le charme de leur doctrine, c'est qu'au-dessus de l'évolution, hors du Tout absolu et de l'expérience, dans l'Empyrée, ils placent un Idéal, un Dieu pur, qu'ils adorent, un Πρῶτον κινοῦν οὐ κινούμενον, insensible, irréel, irréalisable, mais que la nature contemple ; et tandis qu'elle le contemple, elle s'éloigne de l'infini, et évolue vers le Parfait.

§ 18. Les divers dualismes de la métaphysique du Tout absolu réduits à un seul.
(Théologie dans le Tout absolu — Cosmologie dans le Tout absolu).

Voilà donc deux dualismes opposés l'un à l'autre : l'un établit le Parfait dans le Tout absolu, et relègue l'Infini dans une métaphysique pure ; l'autre établit l'Infini dans le Tout absolu, et relègue le Parfait dans l'Empyrée. La conclusion est facile à tirer : ces deux dualismes ne peuvent pas soutenir leurs prétentions l'un contre l'autre : il faut de toute nécessité qu'ils s'accordent : ce qui ne peut se faire qu'en donnant place, dans le Tout absolu, aussi bien à l'Infini qu'au Parfait. Nous voici donc ramenés à notre conclusion de la *Section* précédente : l'Idéalisme et le Matérialisme doivent se rapprocher. Ils se rapprochent d'abord, sans se combiner, dans un dualisme, qui se compose ainsi :

Théologie : une métaphysique du Parfait dans le Tout absolu, un Idéalisme.

Cosmologie : une métaphysique de l'Infini dans le Tout absolu, un Matérialisme.

§ 19. Le Dualisme de la métaphysique du Tout absolu. L'École Spiritualiste.

C'est l'école Spiritualiste qui occupe, dans l'enchaînement des systèmes métaphysiques, cette position précaire.

Elle a fait une œuvre qui devait être faite : il fallait que les éléments épars de la métaphysique du Tout absolu fussent réunis, et qu'un premier triage fût fait : Les Spiritualistes ne *combinent* pas encore les résultats de la recherche, mais ils les réunissent : ils réunissent toutes les inconséquences et toutes les contradictions de leurs devanciers : mais cela est déjà une œuvre utile et nécessaire, car les absurdités de la métaphysique tombent les unes par les autres.

Les philosophes de l'Ecole de M. Cousin se sont acquittés de leur tâche d'ecclectiques avec une habileté à laquelle il faut rendre justice : ils jettent des ponts de lianes fleuries par-dessus les abîmes, et se promènent avec une aisance admirable dans les labyrinthes ; ils sortent des impasses, et évitent les chutes, en s'élevant sur les ailes de la foi ; et il suffit de les suivre, pour voir apparaître nettement — bien que sans aucune solution — tous les problèmes. Enfin, grâce à eux, apparaît sous une nouvelle forme, et sur un nouveau terrain, celui de la métaphysique du Tout absolu, le problème du rapport de l'Infini et du Parfait, qui est le problème suprême de la métaphysique et de la pensée.

On ne peut faire à l'école spiritualiste qu'un seul reproche grave, c'est d'être venue trop tard. Le problème du rapport du Parfait et de l'Infini dans le Tout absolu avait déjà trouvé sa solution dans le Monisme de Hegel, quand M. Cousin et ses disciples parurent, et le posèrent. Mais le même fait se produit souvent ; et la solution, eût-elle été trouvée d'avance, devient plus claire, quand le problème est nettement posé ; il nous semble qu'on ne comprend bien le Monisme de Hegel, qu'après avoir jeté les yeux sur le dualisme cousinien.

§ 20. **L'Etre parfait et l'Etre infini dans le Tout empirique.**

Tant que l'Idéaliste et le Matérialiste ne s'étaient pas

aperçus l'un l'autre, ou que chacun d'eux ne reconnaissait pas les droits de son adversaire, ils pouvaient construire l'un une théologie, l'autre une cosmologie, sans rencontrer de résistance dans l'expérience, à laquelle ils imposaient librement leurs Absolus respectifs. Mais dès que cette théologie et cette cosmologie viennent à s'unir dans un dualisme, nulle loi ne peut délimiter leurs frontières dans l'expérience ; et même, à vrai dire, tous les faits que l'une revendique appartiennent à l'autre au même titre. De là ce que M. Fouillée appelle des *tautologies*[1]. Et l'on n'évite les tautologies que pour tomber dans des *contradictions :* ou bien l'explication des faits est la même dans la théologie et dans la cosmologie : et alors Dieu et le monde ne sont pas distincts l'un de l'autre ; ou bien elle est différente : et alors Dieu et le monde sont inconciliables sur le terrain de l'expérience.

Dans la théologie traditionnelle la difficulté est reconnue, et laissée sans solution : car l'affirmation de la foi n'en est pas une. L'école spiritualiste, au contraire, prétend résoudre la contradiction qui se trouve dans les dogmes. Faire accorder la toute puissance absolue de Dieu avec le péché, sa toute science avec la liberté des hommes, c'étaient les *præambula fidei* réservés à M. Cousin et à ses disciples. Comme nous l'avons dit, leur effort montre bien où est la difficulté, mais ne la résout pas, car elle est insoluble dans le dualisme : les Spiritualistes ne peuvent que retrouver, dans le détail de tous les dogmes, la contradiction essentielle qui se trouve, dans le dualisme de la métaphysique du Tout absolu, entre la théologie et la cosmologie.

§ 21. L'Etre parfait et l'Etre infini dans le Tout absolu.

Si l'on se demande pourquoi les Spiritualistes sont contraints de chercher la solution de cette contradiction,

---

[1] Fouillée, *Mor. cont.*, p. 333-334, et passim.

tandis que les théologiens sont en droit de s'en affranchir par un acte de foi, on en trouvera facilement la raison dans la différence des deux dualismes.

Les théologiens établissent Dieu seul dans le Tout absolu : si notre vue, disent-ils, était assez étendue pour embrasser le Tout absolu, nous verrions que Dieu le remplit tout entier ; et le monde sensible nous apparaîtrait comme un pur Néant : alors toutes les antinomies qui sont dans les dogmes disparaîtraient ; nous comprendrions que la Vérité éternelle est tout autre chose que l'apparence qui nous est révélée ; que l'amour de Dieu n'est pas notre amour, ni sa justice, notre justice ; nous admettrions en Dieu ce qui nous semble impensable, et nous louerions en lui ce que notre conscience réprouve comme immoral et impie.

Mais dans le dualisme spiritualiste — qui est, comme on l'a vu, la forme à laquelle doivent être réduits tous les divers dualismes qui intéressent la métaphysique du Tout absolu — cette échappatoire n'est plus permise ; car Dieu et le monde occupent l'un et l'autre le Tout absolu.

Le monde, remplissant l'Immensité et l'Eternité de l'étendue et de la durée, ne laisse place dans le Tout absolu pour aucun autre Etre actuel : cependant Dieu est un second Etre actuel, qui vient occuper le Tout absolu ; on va voir comment les Spiritualistes le font descendre de l'Empyrée : d'abord il est purement idéal, comme le Dieu des métaphysiciens purs :

« Il faut considérer, dit M. Caro, que Dieu est objet d'intuition rationnelle, non d'expérience sensible ; que dès lors, tout en affirmant sa réalité vivante, sans laquelle il n'y pas de Dieu pour nous, notre définition ne doit s'adresser qu'à l'entendement pur, et ne rien donner aux facultés représentatives, comme l'imagination et la sensibilité, qui ne peuvent apporter que le trouble dans la métaphysique[1]. »

---

[1] Caro, *L'Idée de Dieu*, p. 497-498.

Cette réalité vivante est absolument chimérique : si l'on exclut de l'Idée de Dieu tout élément représentatif, il est clair qu'on le considère comme la Cause absolue, comme la Substance absolue ; c'est le Dieu purement idéal de la théologie pure, ou de la métaphysique pure du Parfait. Pour obtenir la conception d'un Dieu actuel, tel que l'imagine le théisme, il faut ajouter à cette Idée pure du Parfait des attributs sensibles : le plus important est l'intelligence.

« Revenons à ces simples expressions de la vieille métaphysique, pour désigner Dieu : la Première Cause, l'Etre des êtres, en y ajoutant l'attribut qui détermine le mieux son rapport avec le monde, l'intelligence. Ici il n'y a plus d'équivoque possible. C'est bien d'une réalité qu'il s'agit. L'acte pur, l'acte éternel de la pensée, première cause et réalité suprême, je crois renfermer dans cette définition ce qu'il y a de plus intelligible en Dieu pour la raison humaine[1]. »

Ce Dieu est bien réel, mais il n'a pu devenir réel qu'en devenant sensible : l'intelligence, comme la causalité réelle, ne se conçoit que dans l'espace et dans le temps. Il faut que Dieu soit dans le pur Empyrée, ou qu'il soit sensible ; il n'y a pas de milieu. Du reste, M. Caro convient lui-même que son Dieu est sensible, quand il permet à l'induction de compléter le nombre de ses attributs : la recommandation qu'il fait, d'être prudent en entrant dans cette voie, peut paraître naïve:

« Dieu nous est donné par la raison... et cette origine, sur laquelle s'accordent tous les Spiritualistes, permet parfaitement à notre Dieu d'être la Substance nécessaire. L'induction ne vient qu'ensuite : elle travaille alors sur l'Idée de l'Etre nécessaire, que lui livre la raison. Elle essaie d'éclaircir le grand mystère ; par voie de lointaines

---

[1] *Ibid.*, p. 495.

analogies, elle tente de faire sortir l'Etre nécessaire des silencieuses profondeurs de son essence; elle transporte en lui, *avec des précautions infinies et de sages réserves*, quelques-uns des éléments de perfection dont elle a recueilli l'image dans le monde des existences spirituelles[1]. »

Il est impossible d'être plus explicite; et on n'accusera pas les Spiritualistes d'être arrêtés par les abîmes de la métaphysique. L'Etre parfait est donc introduit dans le Tout empirique: il ne peut moins faire que d'occuper le Tout absolu. Et voici ses attributs dans leur ordre : attributs déterminant son existence : Nécessité, Infinitude, Immutabilité, Eternité, Ubiquité ou Omniprésence, Unité; attributs déterminant son essence : Cause absolue ou Puissance, Perfection ou Amour, Principe de la Raison ou Sagesse[2].

Si l'on réunit ces deux classes d'attributs, dont l'une est purement métaphysique, et l'autre psychologique, c'està-dire sensible, on obtient la conception d'un Etre parfait qui occupe le Tout absolu. Sa Science, sa Puissance, et son Amour ne s'étendent pas seulement, en effet, jusqu'aux dernières limites d'une expérience déterminée, mais sont aussi larges et aussi pénétrants que son Omniprésence, que son Eternité et son Immensité : il n'y a aucun intervalle d'espace ou de temps, qu'il n'occupe antérieurement à toute division empirique ; il n'y a aucun Infini, au delà de l'étendue et de la durée réelles du monde, qu'il ne remplisse actuellement ; il n'y a aucun événement, aucune représentation possible qu'il ne détermine de toute éternité.

§ 22. Solution du conflit dans le Monisme du Tout absolu.

Ainsi Dieu et le monde remplissent également le Tout

---

[1] *Ibid.*, p. 284.
[2] Franck, *Dict. Dieu.*

absolu : le problème n'admet pas d'échappatoires, car les deux termes sont sur le même terrain. Si le Monde remplit le Tout absolu, il ne saurait y avoir, dans ce Tout absolu, rien de différent du Monde, ni rien de semblable à lui. Où placerait-on une cause et une substance actuelles, si le Tout n'est composé que d'effets et de modes sans finalité et sans liberté ? Où placerait-on un Etre parfait, si l'Etre indéterminé occupe à l'infini les séries de l'espace et du temps ? Il faut que Dieu soit relégué dans l'Empyrée, ou bien, s'il descend dans l'espace et dans le temps, il faut qu'il se confonde avec le Monde.

D'autre part, si Dieu remplit le Tout absolu, s'il est, comme l'entendent les théologiens et les Spiritualistes, tout présent et tout puissant, il ne saurait y avoir, dans le Tout absolu, rien de différent de lui, ni rien de semblable à lui. S'il est tout ce qu'il y a de réel et de possible dans les séries infinies de l'espace et du temps, de la substantialité et de la causalité, où placera-t-on un monde qui ne soit pas lui ? Il faut que le monde soit un pur Néant, le pur Infini de l'Empyrée, ou bien, si le monde est réel dans l'espace et dans le temps, il faut qu'il se confonde avec Dieu. Il n'y a qu'un seul Tout absolu, dans lequel tout partage est impossible : si le monde et Dieu l'occupent, ils ne peuvent pas être deux Etres.

L'espace et le temps sont le fondement de l'existence réelle ; l'abstraction, opérant sur des êtres réels, dégage une étendue et une durée abstraites : il est impossible qu'opérant sur deux êtres distincts, elle arrive à une seule et même représentation abstraite de durée et d'étendue ; en d'autres termes il est impossible qu'une seule et même étendue, et une seule et même durée, servent de fondement à deux êtres distincts, à deux êtres réels.

Or ce qui est vrai d'une étendue et d'une durée déterminées est vrai, à plus forte raison, de l'étendue et de la durée infinies et parfaites du Tout absolu : si ce qui fait la réalité du Monde des Spiritualistes, et ce qui le distingue du Monde pur Néant des théologiens, c'est qu'il occupe le Tout absolu ; si ce qui fait la réalité de Dieu, et ce qui le distingue du Dieu pur Idéal de la métaphysique pure, c'est qu'il occupe le Tout absolu, alors la réalité de Dieu et la réalité du Monde ne sont qu'une seule et même réalité, le Parfait et l'Infini ne forment qu'un seul être métaphysique dans le Tout absolu. Le dualisme de la métaphysique du Tout absolu se réduit donc inévitablement dans le Monisme.

CHAPITRE III

LE MONISME DANS LE TOUT ABSOLU

§ 1. Indication du Monisme de la métaphysique du Tout absolu.

Dans la métaphysique du Tout absolu, comme dans la métaphysique pure, le dualisme renferme un problème qui est résolu dans un monisme correspondant : ce problème, qui admet des solutions différentes, selon qu'il est posé dans l'Empyrée ou dans le Tout absolu, est celui du rapport du Parfait et de l'Infini.

Nous ne donnerons donc pas, comme on le fait trop souvent, le nom de monisme à l'Idéalisme ou au Matérialisme; pas plus que nous n'avons donné ce nom à la métaphysique pure du Parfait ou à celle de l'Infini. Dans le monisme se fait la μίξις, le mélange des Idées.

Le monisme de la métaphysique pure unit le Parfait et l'Infini, et, par là, toutes les Idées, dans l'Un absolu; le monisme dont nous allons nous occuper les unit dans le Tout absolu, qui renferme l'expérience.

Les Idées, ne se contentant pas de la liberté absolue qui leur est laissée dans l'Empyrée, descendent au milieu de l'expérience, sans se soumettre aux conditions de l'expérience ; elles imposent leurs propres lois aux faits, et jouent dans la réalité un rôle transcendant. Cette descente, que l'Infini opérait dans le Matérialisme, et le Parfait de son côté dans l'Idéalisme, se fait, dans le monisme, par l'*hymen métaphysique* du Parfait et de l'Infini.

Tandis que l'Idéalisme et que le Matérialisme, rejetant dans l'Empyrée, ou niant tout simplement, l'une des deux Idées suprêmes, faisaient sans cesse violence à l'expérience, et dénaturaient les faits, on retrouve, dans le Monisme de Hegel, l'unité de la Raison et l'intégrité de l'expérience. Purement déductive et synthétique, cette métaphysique a toute la solidité du spinozisme ; d'autre part, comme elle se tient toujours près de la réalité, et se nourrit de physique, elle a une apparence de vérité et une amplitude remarquables. Dans sa majestueuse et universelle unité entrent toutes les Idées de la Raison et tous les éléments des faits de l'expérience. La violence que la métaphysique fait subir à l'expérience ne se révèle jamais, dans le détail du système, par des négations ou des interprétations éloignées du sens commun : la société, l'art, la religion, toutes les manifestations du mouvement et de la vie y trouvent leur place naturellement et sans effort.

**Les deux prémices du raisonnement du Monisme.
L'Etre et le Non-Etre dans le Tout absolu. Dualisme.**

Toute la violence métaphysique est dans le principe fondamental du système, dans la théorie du rapport du Parfait et de l'Infini.

Il faut remarquer que les deux termes opposés, qui vont se fondre dans le monisme du Tout absolu, ne peuvent pas être l'Etre parfait pur d'une part, et l'Etre Infini pur d'autre part ; car l'union de ces deux Etres produit l'Un absolu, qui n'est pas l'Un du monisme de la métaphysique du Tout absolu. Ces éléments peuvent encore moins être les deux pures Idées du Parfait et de l'Infini ; car l'union de ces deux Idées produit une relation synthétique qui n'a rien de métaphysique, une représentation déterminée, dans laquelle elles jouent un rôle purement immanent.

Le *Néant* initial, l'*Abstrait*, tel que Hegel l'entend, c'est-à-dire la *Confusion* absolue, l'*Indéterminé*, le *Non-Etre*, c'est l'Infini, réalisé dans le Tout absolu. L'*Etre*, l'*Idée*, c'est le Parfait, réalisé dans le Tout absolu.

C'est ce que l'on va bien comprendre, si l'on considère attentivement les deux prémices du raisonnement qui se trouve à la base du monisme du Tout absolu, et qui correspond au raisonnement éléate, à la base du monisme pur[1]. Hegel formule ainsi ces deux prémices : *L'Etre est*; l'*Etre n'est pas*.

L'*Etre est :* cette proposition, malgré l'identité des mots, n'est pas du tout la même que celle que nous avons trouvée dans l'argument du monisme pur : le sujet est le même, c'est l'Etre parfait ; mais le verbe a un sens tout différent. Dans l'argument du monisme pur, le verbe n'a aucune signification ontologique; il n'est que la définition du sujet : le sujet, c'est-à-dire l'*Etre*, contient en lui-même l'affirmation de son existence; mais c'est une existence purement idéale. Le verbe ne relie pas cet Etre à autre chose, il exprime seulement son essence, tout de même que le verbe *n'est pas* exprime l'essence du Non-Etre.

Or il est évident que d'une telle proposition le monisme du Tout absolu ne peut pas sortir. Dans l'argument du monisme du Tout absolu, le verbe *est* sert à relier l'Idée de l'*Etre* à autre chose, qui n'est pas exprimé, et qui est l'existence actuelle dans le Tout absolu.

---

[1] Dans la métaphysique du Tout absolu, comme dans la métaphysique pure, le rapprochement des deux prémices du raisonnement suprême (le problème) constitue le Dualisme, et la conclusion constitue le Monisme.

Passons à la seconde proposition de Hegel, l'*Etre n'est pas* : ici la distinction entre la métaphysique du Tout absolu et la métaphysique pure est encore plus évidente. Dans l'argument du monisme pur, le verbe *n'est pas* exprime l'essence du sujet : l'essence du Non-Etre est de n'être pas. Il est évident que dans cette proposition de la métaphysique du Tout absolu, l'*Etre n'est pas*, le verbe n'exprime pas l'essence du sujet.

Mais cette proposition, l'Etre n'est pas — qui doit résumer le Matérialisme, tandis que la première, l'*Etre est*, doit résumer l'Idéalisme — est mal formulée ainsi ; et de là une certaine obscurité que nous allons facilement dissiper.

Ainsi formulée, cette proposition l'*Etre n'est pas*, semble être en contradiction absolue avec la première, l'*Etre est :* Hegel prétend trouver l'identité dans la contradiction ; mais il est évident qu'il ne se rend pas compte de la véritable nature de la contradiction ; ou plutôt qu'il abuse de ce mot, pour exprimer une sorte d'*opposition rationnelle*. En effet, cette proposition : l'*Etre n'est pas*, n'est pas la pure et simple négation de la première : l'Etre est ; mais elle a le même sens que : le *Non-Etre est*. Ainsi, de même que, dans la première prémice du raisonnement, se trouve résumé tout l'Idéalisme, dans la seconde se trouve résumé tout le Matérialisme.

Le *Non-Etre est*. Dans cette proposition, le verbe joue le même rôle, et a le même sens que dans la première : l'*Etre est*. Dans la métaphysique pure, le *Non-Etre n'est pas*, telle est son essence ; dans la métaphysique du Tout absolu, le *Non-Etre est*, c'est-à-dire qu'il existe actuellement, ainsi que l'Etre, dans le Tout absolu [1].

---

[1] Il est inutile de donner ici sur ce point de plus longs développements. Les développements se trouvent dans la *IIe section* du chapitre précédent, laquelle est consacrée au Matérialisme, dont cette proposition, le *Non-Etre est*, n'est que le résumé.

§ 3. La Synthèse. Le Tout absolu.

L'opposition de la *thèse* et de l'*antithèse*, l'*opposition de l'Absolu à lui-même*, la prétendue *contradiction de l'entendement*, n'est donc pas autre chose que le dualisme de la métaphysique du Tout absolu. Quelle est maintenant la *Synthèse*, l'*identité de la raison*, le *retour de l'Absolu à soi?* C'est, dit Hegel, le *Devenir*. Mais il faut s'entendre : ce ne peut pas être le devenir qui est connu dans une expérience limitée : ce doit être un Devenir infini. Ce ne peut pas être cependant le Devenir infini du Matérialisme évolutionniste, car il faut que le Parfait y ait aussi sa place. La *Synthèse* ne peut être qu'un troisième Absolu, à la fois infini et parfait, et réel et actuel, dans le Tout absolu.

Ce Devenir absolu n'est donc autre chose que ce que les Néoplatoniciens appelaient le *Ternaire:* le troisième terme de la grande *Triade* se développe en un nombre infini de triades: la première triade ne suffit pas ; il faut un nombre infini de triades pour produire, par l'hymen métaphysique, les séries infinies de la causalité et de la substantialité, l'expérience infinie et parfaite, et réelle et actuelle, dans le Tout absolu.

Pour exprimer cela en termes plus modernes, montrons en quelques mots la différence qu'il y a entre la synthèse, telle que la fournit la théorie de l'analyse rationnelle, et la synthèse, telle que la fournit le monisme de la métaphysique du Tout absolu.

Si la connaissance déterminée et limitée est indépendante, autonome et spontanée, si elle contient en elle-même tous les principes de son existence et de son développement indéfini, la synthèse des Idées que l'analyse découvre en elle se fait sans impliquer aucune totalité absolue, c'est-à-dire sans qu'il soit nécessaire que toutes les déterminations possibles, qui sont en puissance dans la représentation, soient actuellement réalisées.

Mais si la connaissance est conditionnée par des principes métaphysiques, par un Etre parfait et par un Etre infini antérieurs à elle, il ne suffit pas, pour expliquer son développement indéfini, que toutes ses déterminations possibles soient contenues virtuellement dans la synthèse de cet Etre parfait et de cet Etre infini, synthèse qui produit la représentation sensible : autrement ces déterminations ne seraient rien d'extérieur et d'antérieur à la représentation, et les deux principes opposés ne seraient que des Idées immanentes. Il faut que la synthèse de l'Etre parfait et de l'Etre infini contienne actuellement toutes les déterminations possibles, c'est-à-dire que toutes les synthèses possibles à l'infini soient actuellement réalisées dans le Tout absolu.

Ainsi, toute synthèse, ou toute triade, contient un nombre infini de synthèses ou de triades. Ce nombre infini des synthèses ou des triades est à la fois parfait et infini, et réel et actuel ; il épuise toute l'expérience déterminée et toute l'expérience possible à l'infini : il remplit le Tout absolu. C'est ce nombre infini de synthèses ou de triades qui constitue le troisième terme de la grande Triade, la synthèse de l'Etre et du Non-Etre, de l'Etre parfait et de l'Etre infini, dans le monisme de la métaphysique du Tout absolu.

Unité absolue, ou Ternaire, tel est le dilemme dont aucun métaphysicien ne saurait s'affranchir : on n'évite le Ternaire du Tout absolu qu'en se retranchant dans l'Un absolu de la métaphysique pure ; et l'on ne sort de l'Un absolu que pour se perdre dans le Ternaire. Telle était déjà la conclusion de la philosophie alexandrine : elle ressort de nouveau, après tant de siècles de recherches, de la philosophie allemande.

§ 4. Le Monisme, solution du Dualisme.
Le problème des antinomies n'est pas à l'intérieur de la métaphysique du Tout absolu.

Ce monisme contient la solution de tous les problèmes qui sont posés dans le dualisme de la métaphysique du Tout absolu : non pas de ceux qui tiennent à la nature du Tout absolu — lequel est admis par hypothèse — mais de ceux qui tiennent, dans ce Tout absolu, au dualisme. Cette remarque est très importante pour l'intelligence de ce qui va suivre.

Le Tout absolu ne peut pas être occupé uniquement par un Etre parfait, ni par un Etre infini. Si ces deux êtres métaphysiques coexistent dans le Tout absolu, il en résulte des contradictions : *l'Etre est, l'Etre n'est pas; l'espace est, l'espace n'est pas,* etc., etc. Ces contradictions, qui tenaient à la nature du dualisme, ne consistaient pas dans des couples de propositions, dont l'une fût la négation pure et simple de l'autre : elles étaient, comme on l'a vu, de telle nature, qu'elles pouvaient être résolues, à condition que l'on réunît les deux éléments du dualisme dans un monisme. Dans ce sens, Hegel a trouvé la solution des contradictions de la métaphysique du Tout absolu.

Mais il a trouvé seulement la solution des contradictions internes du système, qui se manifestaient dans le dualisme ; il n'a ni résolu, ni compris les contradictions qu'il y a entre ce système lui-même et autre chose, à savoir le système de la métaphysique pure, et aussi l'expérience pure. Cette double contradiction se manifeste, dans le détail, par les *antinomies*.

Hegel croit avoir relevé le défi porté par Kant à tous les métaphysiciens, de résoudre les antinomies sans rejeter le concept du *Monde en soi;* mais il n'en a pas compris le sens et la portée. Il a cru que le problème des antinomies et le problème du dualisme, c'est-à-dire des rapports du Parfait et de l'Infini dans le Tout absolu, n'en faisaient qu'un ; il a cru que les deux éléments opposés dans chaque antinomie étaient le Parfait d'une part, et l'Infini de l'autre.

Or, il n'en est rien : dans les antinomies, le Parfait n'est pas opposé à l'Infini, mais une proposition de la métaphysique du Tout absolu est opposée à une autre proposition, qui est entièrement en dehors de ce système. Le problème des rapports du Parfait et de l'Infini dans le Tout absolu est un problème intérieur de la métaphysique du Tout absolu, qui se pose dans le dualisme et se résout dans le monisme; mais le problème des antinomies demeure tout entier, quelle que soit la solide unité à laquelle parvienne la métaphysique du Tout absolu, considérée en elle-même, parce qu'il porte sur le principe même de cette métaphysique, lequel est en contradiction d'une part avec les principes de la métaphysique pure, et, d'autre part, avec les principes de l'expérience. Les antinomies ne peuvent donc pas disparaître dans le monisme, mais au contraire elles s'y affirment sous leur forme dernière et véritable.

§ 5. Le système des antinomies parallèle au système de la métaphysique du Tout absolu.

Il y a des antinomies dans le dualisme de la métaphysique du Tout absolu ; ou, pour parler plus exactement, ce dualisme soulève des antinomies. Mais les deux termes de ces antinomies ne s'opposent pas comme le Parfait et l'Infini, c'est-à-dire comme les deux éléments de ce dualisme : elles ne naissent pas du rapprochement qui est fait, dans le dualisme, entre une métaphysique du Parfait et une métaphysique de l'Infini dans le Tout absolu : elles sont déjà soulevées par ces deux systèmes, avant leur rapprochement.

Elles ne sont pas cependant des contradictions inhérentes à chacun de ces deux systèmes : elles ne se présentent pas si l'on demeure dans l'hypothèse du Tout absolu. Les deux termes des antinomies sont deux propositions, dont l'une appartient à un système de métaphysique du Tout absolu, et dont l'autre est prise en dehors de tout système de cet ordre. Nous en chercherons plus loin l'origine.

De là une conséquence nécessaire : tandis que se fait, dans le Tout absolu, d'abord l'opposition, et puis la combinaison de l'Infini et du Parfait; tandis que la métaphysique passe des deux systèmes exclusifs au dualisme, et du dualisme au monisme, où elle trouve l'unité qui lui convient, les antinomies ne sont pas résolues, mais elles se rangent d'abord en deux groupes, lesquels viennent ensuite à se rapprocher, et enfin à s'unir. En d'autres termes, à mesure que se forme le système de la métaphysique du Tout absolu, le système des antinomies se forme parallèlement ; de telle sorte que le monisme soulève une seule antinomie suprême, qui résume toutes les antinomies, comme le monisme résume toute la métaphysique du Tout absolu.

L'opposition que nous avons établie entre l'Infini et le Parfait, jointe à la distinction que nous avons faite entre la métaphysique pure et la métaphysique du Tout absolu, va nous permettre de reconnaître la véritable nature et la portée des antinomies, d'en compléter le nombre, d'en construire le système, et de découvrir enfin une antinomie suprême, dans laquelle tout le problème est résumé.

§ 6. La proposition affirmative des antinomies, appartenant à la métaphysique du Tout absolu.

Les antinomies se composent de deux propositions, dont l'une est la pure et simple négation de l'autre; la proposition négative est le produit d'une inférence : nous en montrerons l'origine, ou plutôt les deux diverses origines. La proposition affirmative unit toujours une Idée métaphysique avec un terme empirique : elle appartient donc toujours à la métaphysique du Tout absolu.

C'est en effet nécessairement par de telles propositions que se fait dans le détail l'union du monde intelligible et du monde sensible. Les propositions de la métaphysique pure ne sont que les définitions des Idées ; les propositions de la métaphysique du Tout absolu unissent une Idée avec une représentation empirique. Or, telle est toujours la proposition affirmative des antinomies.

§ 7. La proposition négative des antinomies, tirée soit d'une proposition affirmative de l'expérience, soit d'une proposition affirmative de la métaphysique pure.

La proposition négative vient donc de l'opposition que la métaphysique du Tout absolu rencontre dans la pensée. Cette proposition — qui doit avoir une forme négative, pour se poser en contradiction pure et simple avec la proposition de la métaphysique du Tout absolu — est tirée, par inférence, d'une proposition affirmative : c'est celle-ci qu'il faut reconstituer, pour savoir d'où vient précisément l'opposition que la métaphysique du Tout absolu rencontre dans la pensée. Or cette recherche nous conduit à un résultat remarquable, c'est que notre proposition négative peut être tirée également bien de deux propositions affirmatives, dont l'une appartient à l'expérience pure, et l'autre à la métaphysique pure.

Si l'expérience repousse entièrement les Absolus actuels de la métaphysique du Tout absolu; si elle ne peut accorder dans son sein aucune réalité au Parfait ni à l'Infini de l'espace, du temps, de la causalité ou de la substantialité ; si elle ne peut admettre ni une étendue ou une durée sans bornes ou sans divisions, ni une Cause ou une Substance réelles qui seraient premières et absolues, ni un Mode ou un Effet purs qui seraient réels; si en un mot elle oppose aux propositions de la métaphysique du Tout absolu des propositions qui en sont la pure et simple négation, c'est qu'elle est, elle, l'expérience, fondée tout entière sur le Principe synthétique, qui se formule ainsi d'une façon positive : les deux éléments d'analyse — dont la métaphysique fait des Absolus — sont relatifs l'un à l'autre, et épuisent leur signification dans une représentation déterminée, formée de leur synthèse.

La proposition négative des antinomies se tire donc régulièrement d'une proposition essentielle de l'expérience. Elle se tire également d'une proposition essentielle de la métaphysique pure ; là les Idées sont pures : elles ne sont jamais en rapport avec l'expérience ; et si les Idées corrélatives viennent à s'unir, c'est pour se perdre dans l'Un absolu.

Les antinomies proviennent donc de l'opposition que font à la métaphysique du Tout absolu, à la fois l'expérience, et la métaphysique pure. Nous allons développer ce point, en faisant la critique du système des antinomies, tel que Kant le présente.

§ 8. L'antinomie de la théologie.

Kant ne trouve aucune antinomie dans la théologie, ni dans la psychologie, mais seulement dans la cosmologie : « Rien, dit-il, ne nous empêche... d'admettre aussi ces idées comme objectives et hypostatiques, à l'exception seulement de l'idée cosmologique, où la raison se heurte contre une antinomie, quand elle veut la réaliser. L'idée psychologique et l'idée théologique ne contiennent aucune antinomie de ce genre [1]. »

S'il en est ainsi, notre analyse est en défaut : en effet, la métaphysique du Tout absolu n'est pas seulement, selon nous, une cosmologie, mais aussi une théologie — Quant à

---

[1] *Raison pure*, t. II, p. 254-255.

la psychologie qu'elle renferme, nous n'en avons pas parlé, parce qu'elle se confond avec la théologie.

La métaphysique du Tout absolu s'efforce de *réaliser*, d'appliquer à l'expérience toutes les Idées : il y a donc autant d'antinomies qu'il y a d'Idées pures. Et non seulement cela, mais toutes les antinomies, étant constituées de la même façon — à savoir par l'application d'une Idée pure à l'expérience — ont la même portée, et doivent être résolues de la même façon.

Pourquoi donc Kant dit-il qu'il n'y a pas d'antinomies dans la théologie ? — Nous négligeons la psychologie, et nous avons dit pourquoi. — Il y a ici une inconséquence grave dans la pensée de Kant ; ou plutôt cette inconséquence est dans l'expression, et non au fond de sa pensée. Les antinomies de la théologie, il les a signalées sous un autre nom, quand il a démontré longuement que l'on ne peut pas établir de rapports entre Dieu et le monde, sans tomber dans des contradictions : ces contradictions sont, en réalité, des antinomies. Kant les résout en rejetant toute théologie ayant un caractère de métaphysique du Tout absolu, en tenant rigoureusement séparés les deux éléments qui sont unis dans une telle métaphysique, et en établissant enfin une sorte de dualisme — sur lequel nous aurons à revenir — qui est fort semblable à celui de Fénelon : d'un côté, la pure expérience ; de l'autre, la métaphysique pure. Or nous allons voir que les antinomies dynamiques de la cosmologie sont résolues précisément de la même façon.

§ 9. Les Antinomies dynamiques de Kant.

Toutes les antinomies se trouvent, selon Kant, dans la cosmologie. Ici une remarque s'impose : la solution des antinomies se fera de telle sorte, que certains éléments se dégageront, qui auront leur place dans la théologie pure, et dans la psychologie pure : c'est la Cause libre ou absolue, et l'Être nécessaire. Cela prouve que l'Idée cosmologique de Kant est mal constituée, ou mal nommée. Mais passons ; là n'est pas maintenant la question. Considérons d'abord la solution des antinomies dynamiques.

Voici d'abord comment l'antinomie est posée : une proposition de la métaphysique du Tout absolu, celle qui relie l'Idée absolue à la représentation du monde sensible, d'une part ; et d'autre part, une proposition qui nie la première, qui appartient à l'expérience, et qui est prouvée par les conditions de l'expérience. Voici maintenant comment cette antinomie est résolue : la proposition négative — empirique — demeure sans changement ; la proposition de métaphysique du Tout absolu disparaît, et fait place à une proposition de métaphysique pure :

« Dans la classe des antinomies dynamiques, la fausseté de l'hypothèse consiste dans ce fait, que ce qui est admissible est présenté comme contradictoire... Les deux assertions opposées... ne sont opposées l'une à l'autre que par un simple malentendu : toutes deux peuvent être vraies [1]. »

Voici maintenant que les deux propositions antinomiques ne sont que des *assertions opposées* et conciliables ! Y avait-il antinomie, ou non ? Y a-t-il quatre antinomies, ou deux ? Il y avait antinomie ; mais la première proposition a été changée ; et l'antinomie n'a pas été résolue : elle a disparu. Dans son sens premier, la première proposition — l'affirmative — appartient à la métaphysique du Tout absolu : *il y a une Substance nécessaire, une Cause première dans le monde sensible — dans le Tout absolu*; dans la signification qui est substituée à celle-là, elle appartient à la métaphysique pure : *il y a une Cause pure, une Substance pure dans le monde nouménal — dans l'Empyrée*. Avec cette explication, on peut bien comprendre le passage suivant :

« Dans la quatrième antinomie, le conflit de la raison

---

[1] Kant., *Prol.*, P. III, § 53, p. 181.

avec elle-même se résout de la même façon que dans la troisième. Car si la cause phénoménale est distinguée de la cause des phénomènes, conçue comme chose en soi, les deux principes peuvent bien subsister l'un à côté de l'autre ; c'est-à-dire qu'il est vrai que le monde sensible ne laisse aucune place, suivant les mêmes lois de la causalité, à une cause naturelle dont l'existence soit absolument nécessaire, et pourtant que ce monde est lié à un être nécessaire comme à sa cause, mais conçue d'une autre façon, et suivant une autre loi de la causalité : deux principes dont l'incompatibilité repose évidemment sur cette erreur, d'étendre aux choses en soi ce qui vaut des phénomènes seuls, et d'en confondre entièrement les concepts [1]. »

C'est-à-dire qu'il y a antinomie entre une proposition de l'expérience et une proposition de la métaphysique du Tout absolu, mais nullement entre une proposition de l'expérience et une proposition de la métaphysique pure. Fort bien ; mais cette *erreur*, cette *confusion des concepts* existait dans l'une des propositions antinomiques : cette proposition a été tout simplement rejetée, et remplacée par une autre.

Les deux propositions qui restent s'accordent très bien, ou du moins ne sont pas en contradiction l'une avec l'autre, parce qu'elles n'ont aucun objet commun. Mais que l'on remarque bien une chose importante : c'est que, si l'on rétablissait la proposition qui a disparu, elle serait également en contradiction, en antinomie, avec l'une et l'autre de deux propositions qui restent.

La seule conclusion qui ressorte de ce raisonnement, c'est que l'antinomie est double ; c'est-à-dire qu'une proposition de la métaphysique du Tout absolu s'oppose contradictoirement à la fois à deux propositions, dont l'une appartient à l'expérience, et l'autre à la métaphysique

[1] *Ibid.*, p. 189-190.

pure. En supprimant la proposition de la métaphisyque du Tout absolu, Kant ne résout pas l'antinomie, parce qu'il ne justifie pas, à cette place, cette suppression. Mais on voit que le raisonnement dont il use au sujet des antinomies dynamiques, ne diffère en rien du raisonnement qu'il a tenu au sujet de la psychologie et de la théologie : par la suppression de tout rapport entre l'expérience et la métaphysique — rapport qui est l'objet d'une des propositions antinomiques, et l'objet de la métaphysique du Tout absolu — il se réfugie dans son dualisme irréductible, dont les deux éléments sont l'expérience pure et la pure métaphysique.

§ 10. Les antinomies mathématiques.

Passons maintenant aux antinomies mathématiques : selon nous, elles doivent être résolues de la même façon, parce qu'elles sont constituées de la même façon — c'est-à-dire par l'établissement d'une Idée dans le Tout absolu — et parce que la théorie de la causalité et de la substantialité est indissolublement liée à la théorie de l'espace et du temps.

Or Kant prétend résoudre les antinomies mathématiques d'une autre façon que les antinomies dynamiques : tandis que, dans les antinomies dynamiques, les deux propositions peuvent être vraies, ici elles sont également fausses :

« Dans la classe des antinomies mathématiques, la fausseté de l'hypothèse consiste dans ce fait, que ce qui est contradictoire, un phénomène considéré comme une chose en soi, est représenté dans un concept comme admissible.

« Quand je me demande quelle est la grandeur du monde dans l'espace et dans le temps, tous mes concepts sont aussi incapables de m'apprendre qu'elle est infinie, que de m'apprendre qu'elle ne l'est pas. Car aucune de ces deux propositions ne peut être conclue de l'expérience, puisqu'il n'y a d'expérience possible ni d'un espace infini, ou d'un temps infini dans son cours, ni de la limitation du monde par un espace vide, ou un temps vide, qui lui serait antérieur ; ce ne sont là que des idées. La grandeur du monde, quelle que soit sa détermination, devrait donc exister en soi, indépendamment de toute expérience. Mais cette proposition est en contradiction avec le concept d'un monde sensible, qui n'est rien qu'un ensemble de phénomènes, dont l'existence et la liaison n'ont leur place que dans la représentation, c'est-à-dire dans l'expérience ; car le monde n'est pas une chose en soi, mais seulement un mode de représentation. Par suite, comme le concept d'un monde sensible existant par soi est en lui-même contradictoire, la solution du problème de la grandeur du monde sera toujours fausse, qu'elle soit affirmative ou négative[1]. »

« Il en est de même de la seconde antinomie, qui concerne la division des phénomènes. Car les phénomènes sont de purs représentations, et leurs parties n'existent que dans leur représentation, par conséquent dans la division qu'on en fait, c'est-à-dire dans une expérience possible, où elles sont données ; et la division s'étend juste aussi loin que l'expérience. Admettre qu'un phénomène, par exemple le phénomène corps, contienne en lui-même, avant toute expérience, toutes les parties que seule une expérience toujours possible peut atteindre, cela revient à donner à un pur phénomène, qui ne peut exister que dans l'expérience, une existence pourtant indépendante, et antérieure à l'expérience ; cela revient à dire qu'il existe de pures représentations, avant que la représentation ne les ait atteintes : proposition contradictoire, qui rend fausse toute solution de ce problème mal posé, qu'on soutienne que les corps en soi consistent en un nombre infini de parties, ou en un nombre fini de parties simples[2]. »

[1] *Ibid.*, § 52, p. 179-180.
[2] *Ibid.*, § 52, p. 180.

Ce que Kant appelle le concept d'un monde en soi, ou d'un monde sensible existant par soi, et contenant, avant toute expérience, toute l'extension et toutes les parties qu'une expérience indéfinie peut atteindre, ce n'est pas autre chose que la conception du Tout absolu. Or voici le vice de son raisonnement : il pose le Tout absolu comme sujet de deux propositions antinomiques : cela est évident puisque la fausseté de l'hypothèse du Tout absolu rend fausses, selon lui, les deux propositions. Elles appartiendraient donc également à la métaphysique du Tout absolu.

Or il est facile de voir qu'il n'en est rien. L'hypothèse d'un monde en soi, existant antérieurement à toute représentation, n'est pas commune aux deux propositions : le monde n'est de part et d'autre que *l'objet de l'expérience*, et il s'agit justement de savoir *s'il est en soi, s'il est un Tout absolu, ou non*. Ce caractère de l'*en soi*, c'est justement ce qui est affirmé d'une part, et nié de l'autre ; ce n'est pas le sujet des deux propositions, c'est l'attribut de l'une d'elles. En effet, il est évident que si le monde est infini, c'est qu'il est *en soi*, et que s'il n'est pas infini, c'est qu'il n'est pas *en soi*. D'après ce que Kant a dit, il faudrait poser l'antinomie de cette façon : *le monde en soi, ou le Tout absolu, est infini. — Le monde en soi ou le Tout absolu est fini*. En réalité voici comment elle se pose : *Le monde est infini, parce qu'il est en soi, ou Tout absolu. — Le monde n'est pas infini, parce qu'il n'est pas en soi ou Tout absolu*.

Si nous prouvons que telle est bien la forme des antinomies, l'argumentation de Kant tombe. Or la preuve est bien simple : *le monde, considéré comme chose en soi, est infini en grandeur et en divisibilité*, cette proposition est purement analytique : on ne pourra prouver que le monde n'est pas infini, qu'en prouvant qu'il n'est pas une chose en soi : s'il est une chose en soi, il est infini. Qu'est-ce, en effet, que le concept d'un monde en soi? C'est le concept d'un monde « qui contiendrait en lui-même, avant toute expérience, *toutes* les parties que seule une expérience *toujours possible* peut atteindre », et qui contiendrait de même *toute* la grandeur qu'une expérience indéfinie peut atteindre ; le concept du monde en soi est donc le concept des séries indéfinies totalisées, en un mot du Tout absolu.

Dire que le monde en soi, ou le Tout absolu, est infini en grandeur ou en petitesse, c'est donc faire une proposition analytique ; et il ne peut pas y avoir d'antinomie sur ce point. Mais voici la proposition synthétique qui pourra être contredite, et qui sera en effet la première proposition de l'antinomie : *Le monde est une chose en soi, et par conséquent il est infini.* Ceci est une tout autre affaire. Cette proposition pourra être prouvée, si l'on use de la méthode de régression, qui consiste à chercher les Idées à la limite des séries empiriques : avec la méthode de l'analyse rationnelle, elle est sans preuve.

Mais là n'est pas la question pour le moment. Nous n'examinons pas les preuves de l'une et de l'autre propositions, pour résoudre l'antinomie ; nous cherchons seulement à la constituer comme elle doit l'être. La première proposition est l'affirmation de l'union de la représentation du monde sensible avec une Idée de la Raison : c'est une proposition de la métaphysique du Tout absolu. Cette proposition est niée purement et simplement : d'abord au nom de l'expérience.

En effet, de même que cette proposition : *le monde considéré comme une chose en soi, est infini*, est une proposition analytique, cette autre : *le monde, considéré comme phénomène, n'est pas infini*, est aussi une proposition analytique, et qui ne souffre non plus aucune contradiction.

Cette proposition n'a donc pas besoin de preuve : nous accordons à Kant qu'on ne peut pas la prouver par la possibilité de l'expérience *de la limitation du monde par un espace vide ou par un temps vide*, pour la bonne raison que cet espace et ce temps vides, devant être infinis, ne seraient pas autre chose que ce Tout absolu, qu'il s'agit de nier. Mais elle se prouve d'elle-même.

Qu'est-ce en effet que le monde, considéré comme phénomène ? C'est « un ensemble de phénomènes, dont l'existence et la liaison n'ont leur place que dans la représentation, c'est-à-dire dans l'expérience »; ses « parties n'existent que dans leur représentation, par conséquent dans la division qu'on en fait, c'est-à-dire dans une expérience possible, où elles sont données; et *la division s'étend juste aussi loin que l'expérience*[1] ». C'est-à-dire que le monde est fini, et que, par conséquent, il n'est pas infini, s'il est considéré comme phénomène. La seconde proposition de l'antinomie sera donc : *le monde n'est pas infini parce qu'il n'est qu'un ensemble de phénomènes;* ce qui est une proposition de l'expérience, opposée à une proposition de la métaphysique du Tout absolu.

Kant voit deux contradictions là où il n'y en a qu'une, il ne s'aperçoit pas que cette contradiction qui se trouve entre l'affirmation du monde, comme chose en soi, et l'affirmation du monde, comme somme de phénomènes, n'est pas autre chose que l'antinomie elle-même.

Donc en rejetant la théorie du monde en soi, Kant a, sans le savoir, résolu les antinomies mathématiques, aussi bien que les antinomies dynamiques; car si le monde n'est pas une chose en soi, un Tout absolu, il ne saurait être infini en grandeur ou en divisibilité, pas plus qu'il ne saurait renfermer une Cause ou une Substance premières et nécessaires.

Pour que la ressemblance fût complète entre son explication des antinomies mathématiques et son explication des antinomies dynamiques, Kant aurait dû, après avoir,

[1] *Loc. cit.*

comme il vient d'être montré, adopté la proposition de l'expérience, et rejeté celle de la métaphysique du Tout absolu, il aurait dû, dis-je, rétablir l'affirmative de l'antinomie, mais dans un sens nouveau, à savoir comme proposition de la métaphysique pure.

Ainsi, par le rejet de la métaphysique du Tout absolu — qui est au fond le véritable et le seul objet de ses critiques — Kant aurait retrouvé ce même dualisme qui est impliqué dans sa théologie et dans sa psychologie, et auquel il était arrivé aussi par son explication des antinomies dynamiques, dualisme composé de métaphysique pure, et de pure expérience, sans aucun rapport entre elles [1]. Ainsi il aurait mis de l'unité dans son système.

Donc formulons nous-mêmes cette proposition de la métaphysique pure, qui doit remplacer la proposition rejetée de la métaphysique du Tout absolu, et s'accorder avec la proposition de l'expérience, de la même façon que dans la solution des antinomies dynamiques, la voici : *Le monde n'est pas infini en grandeur, ni composé d'éléments simples, parce que le Continu infini, le Point et l'Instant parfaits, sont des Idées absolues, qui ne peuvent pas plus être reliées à l'expérience, que le peuvent le Mode et l'Effet infinis, la Substance et la Cause parfaites, dont elles sont les attributs mathématiques dans le pur Empyrée.*

§ 11. Les antinomies, toutes de même nature, toutes doubles, et marquant l'opposition que font à la métaphysique du Tout absolu à la fois la métaphysique et l'expérience.

Toutes les antinomies sont donc constituées de la même manière, ont la même portée, et doivent recevoir la même solution. *Chaque antinomie est double :* cette remarque, qui n'a jamais été faite, est d'une importance capitale, et

---

[1] Rien que des *analogies*.

contient, comme on le verra, la solution du problème. L'antinomie est double, nous entendons par là qu'elle se compose d'une proposition de la métaphysique du Tout absolu, dans laquelle une Idée de la Raison est unie à une représentation de l'expérience, d'une part, et de l'autre, d'une proposition qui nie celle-là, et qui est tirée avec une évidence égale, soit d'une proposition positive de l'expérience, soit d'une proposition positive de la métaphysique pure.

La métaphysique du Tout absolu dit : une Idée de la Raison — Infini de l'espace ou du temps, Cause pure, Substance pure, ou quelque autre — est unie à l'expérience, ou fait partie du monde, qui alors forme un Tout absolu. La métaphysique pure et la pure expérience disent, chacune de son côté : Non, il n'en est pas ainsi. L'expérience parce que sa loi est telle, que les Idées rationnelles sont toujours chez elle *relatives* l'une à l'autre, dans un rapport synthétique déterminé ; la métaphysique pure, parce que sa loi est telle, que chez elle les Idées sont pures, et ne soutiennent aucun rapport, ni avec des Idées corrélatives, comme dans l'expérience, ni avec des représentations sensibles, comme dans la métaphysique du Tout absolu.

Ainsi chaque antinomie révèle, dans le détail de l'application, l'opposition que font à la métaphysique du Tout absolu à la fois l'expérience et la métaphysique pure, dont elle prétend être la conciliation et l'union.

§ 12. Le dualisme dans le système des antinomies.

Telle est la nature des antinomies. Mais en les définissant, nous n'avons rien dit de l'opposition du Parfait et de l'Infini. Cette opposition ne va-t-elle pas se retrouver dans le système des antinomies ? Certainement. Chacune des grandes représentations abstraites, fournissant à l'analyse deux Idées rationnelles, va soulever deux doubles antinomies, qui se correspondent comme les deux termes du Principe synthétique.

Ceci n'est pas une vaine subtilité : il ne faut pas craindre de pousser l'analyse jusqu'au bout. C'est ainsi seulement qu'on peut trouver l'unité des questions, et avec leur unité, leur solution. D'ailleurs il n'y a rien là de difficile à comprendre.

Nous avons vu que chaque rapport synthétique fournit une Idée à la métaphysique du Parfait dans le Tout absolu, et une Idée corrélative à la métaphysique de l'Infini dans le Tout absolu : il est évident que les deux propositions qui se formeront de l'union de ces deux Idées avec l'expérience, rencontreront également l'une et l'autre une invincible opposition de la part de l'expérience, et aussi de la part de la métaphysique pure. Un simple exemple fera bien saisir la chose : voici les deux doubles antinomies de l'étendue :

La réalité se recueille dans une Immensité indivisible, parfaite. *(Proposition de l'Idéalisme.)*	Non. L'Immensité parfaite est une Idée absolue. *(Proposition de la métaphysique pure du Parfait.)*
	Non. L'élément parfait de l'étendue, le Point, est relatif au Continu, et forme avec lui une relation déterminée. *(Proposition de l'expérience.)*
La réalité se disperse dans une Immensité continue, infinie en grandeur et infiniment divisée. *(Proposition du Matérialisme.)*	Non. L'élément infini de l'étendue, le Continu, est une Idée absolue. *(Proposition de la métaphysique pure de l'Infini.)*
	Non. L'élément infini de l'étendue, le Continu, est relatif au Point, et forme avec lui une relation déterminée. *(Proposition de l'expérience.)*

Il est inutile de donner le tableau complet des Antinomies, parce que la proposition de la métaphysique pure est toujours la même, ainsi que celle de l'expérience. Chaque fois que la métaphysique du Tout absolu unit une Idée absolue à la réalité, la métaphysique pure s'y oppose, parce que les Idées, comme absolues, sont incommunicables ; l'expérience s'y oppose, parce qu'elle ne comprend les Idées qu'unies deux à deux dans des rapports déterminés, où elles sont relatives l'une et l'autre.

On voit bien maintenant qu'il y a autant d'antinomies, toutes doubles, qu'il y a de propositions essentielles dans la théologie et dans la cosmologie du Tout absolu, c'est-à-dire autant qu'il y a d'*Idées* absolues dans les deux métaphysiques pures. On voit aussi que les antinomies forment deux groupes opposés, comme ces Idées elles-mêmes.

§ 13. L'antinomie de l'Idéalisme et l'antinomie du Matérialisme.

Il est évident que les diverses antinomies de chaque groupe vont se réunir en une seule, c'est-à-dire que nous devons trouver une antinomie suprême et générale de l'Idéalisme, et une antinomie du Matérialisme. En effet, de même que toutes les Idées pures se réunissent, les unes pour former l'Idée suprême du Parfait, les autres pour former l'Idée suprême de l'Infini, toutes les propositions de la métaphysique du Tout absolu — qui ne sont que l'affirmation de l'union de ces Idées avec la réalité empirique dans le Tout absolu — se réunissent aussi, pour former deux propositions capitales, qui résument l'Idéalisme et le Matérialisme, c'est-à-dire qui sont, l'une l'affirmation de l'union du Parfait, l'autre l'affirmation de l'union de l'Infini avec la réalité empirique dans le Tout absolu.

Il arrive donc inévitablement que, les propositions affirmatives d'un même groupe d'antinomies — c'est-à-dire, soit celles de la métaphysique du Parfait, soit celles de la métaphysique de l'Infini dans le Tout absolu — s'unissant en une seule et même affirmation, les antinomies s'unissent par là même, puisqu'elles ne consistent précisément que dans l'affirmation et la négation de ces propositions.

Nous obtenons ainsi deux grandes antinomies qui révèlent l'opposition que font à la fois la métaphysique pure et l'expérience à l'Idéalisme, d'une part, et au Matérialisme de l'autre :

Le Parfait descend dans la réalité, et remplit le Tout absolu. Il est.
(Idéalisme.)

> Non. Le Parfait est pur.
> *(Métaphysique pure du Parfait.)*
>
> Non. Le Parfait est relatif à l'Infini, et forme avec lui une représentation déterminée.
> *(Expérience.)*

L'Infini descend dans la réalité, et remplit le Tout absolu. Il est.
(Matérialisme.)

> Non. L'Infini est pur. Il n'est pas.
> *(Métaphysique pure de l'Infini.)*
>
> Non. L'Infini est relatif au Parfait, et forme avec lui une représentation déterminée.
> *(Expérience.)*

De même que les deux propositions affirmatives se rapprochent, sans s'unir et se résoudre, dans le dualisme de la métaphysique du Tout absolu, les deux antinomies aussi se rapprochent, dans ce dualisme, sans se réduire à une seule. Voici quel est l'état du système des antinomies dans le dualisme :

Le Parfait et l'Infini descendent dans la réalité, et occupent ensemble — mais sans s'unir — le Tout absolu.
(Dualisme de la métaphysique du Tout absolu.)

> Non. Le Parfait et l'Infini sont purs.
> *(Dualisme de la métaphysique pure.)*
>
> Non. Le Parfait est relatif à l'Infini, et l'Infini est relatif au Parfait.
> *(Dualisme de l'expérience.)*

Le dualisme, dans toutes les branches de la philosophie, n'est qu'un problème, dont le monisme correspondant est la solution. Ce problème est toujours celui du rapport du Parfait et de l'Infini, posé sur différents terrains, à savoir celui du Tout absolu, celui de la métaphysique pure, ou celui de l'expérience relative et déterminée. Il est évident que le dualisme qui se trouve dans chacune des propositions que nous venons de rapprocher, doit se résoudre dans un monisme correspondant, et que l'antinomie, qui sera ainsi simplifiée, gardera le même sens et la même portée.

§ 14. L'antinomie du Monisme.
Antinomie suprême et unique.

Voici donc l'antinomie du monisme :

Le Parfait et l'Infini s'unissent dans le Tout absolu. *(Monisme de la métaphysique du Tout absolu.)*	Non. Le Parfait et l'Infini ne peuvent s'unir que dans l'Un absolu. *(Monisme de la métaphysique pure.)* Non. Le Parfait et l'Infini sont relatifs l'un à l'autre, et forment une représentation relative et déterminée. *(Monisme de l'expérience.)*

Toutes les antinomies se réduisent à cette dernière : elle les embrasse toutes, et se trouve tout entière dans chacune d'elles.

Elle les embrasse toutes, puisqu'elle réunit, dans ses trois termes, toutes leurs affirmations et leurs négations.

Elle se trouve tout entière en chacune d'elles : en effet, ce n'est pas à l'Idée qui est, dans chaque cas, unie au Tout absolu, que s'adresse le *non* de la métaphysique pure et de l'expérience, c'est à ce Tout absolu lui-même.

C'est dire qu'il n'y a au fond qu'une seule antinomie, qui est soulevée par la conception du Tout absolu.

§ 15. Solution des antinomies par le rejet du Tout absolu.

Kant a donc raison de dire qu'aussitôt que l'on considère les phénomènes du monde des sens comme des choses en soi — hors de la représentation — c'est-à-dire aussitôt que l'on conçoit un Tout absolu, il se produit un conflit dans la pensée. Seulement nous n'accordons pas que ce conflit soit *inattendu*, que ce soit *un phénomène étrange de la raison humaine*. En effet ce conflit n'a pas lieu dans la Raison elle-même, ni entre la Raison et l'expérience : il n'est autre chose que l'opposition que font à la conception contradictoire du Tout absolu à la fois l'expérience et la Raison.

Pour résoudre, ou plutôt pour faire entièrement disparaître toutes les antinomies, il suffit donc de rejeter la conception du Tout absolu, d'où viennent toutes les obscurités et toutes les contradictions ; il suffit de rejeter toutes les doctrines infinitistes, dont la pensée est lasse ; il suffit de renoncer à tous les prétendus *axiomes*, à toutes les *vérités premières*, à tous les *premiers anneaux* des *chaînes empiriques*, à toutes les *données positives*, que la métaphysique prétend imposer à la science.

§ 16. Impossibilité de rejeter le Tout absolu dans la théorie de la transcendance de la Raison. La Dialectique.

Mais, selon les dialecticiens, il est impossible de rejeter purement et simplement cette conception du Tout absolu. On peut reconnaître qu'elle est fausse, et qu'elle n'existe dans la pensée que par l'effet d'une *illusion* ; mais cette illusion est inévitable. Pourquoi ? Parce que la pensée ne peut pas renoncer à résoudre le grand problème du rapport de la Raison et de l'expérience, et qu'un tel rapport ne peut être établi qu'au moyen de la conception du Tout absolu.

En démontrant l'impuissance radicale où, selon lui, se

trouve la pensée, d'échapper à l'illusion dialectique, Kant avait l'intention de laisser un espace libre aux Idées morales : l'union des Idées de la Raison avec l'expérience, qui est impossible et cependant nécessaire théoriquement, devait se faire, sur le terrain de la philosophie morale, par le moyen des Idées de la Liberté et du Devoir.

Kant est le père de tous les philosophes, si nombreux dans ce siècle-ci, qui séparent la philosophie morale de la philosophie théorique, la foi de la science. Le principe de ces théories n'est pas nouveau : il avait déjà servi au moyen âge à étayer les dogmes de la théologie officielle ; et, malgré la force nouvelle qu'il reçoit de l'argumentation serrée de Kant, il nous paraît encore aussi insoutenable et aussi sophistique qu'il était alors. Car la pensée humaine n'est pas double : la raison examine et analyse les raisons de la volonté morale ; et la volonté morale, si elle prétend s'élever aux premiers principes, et les relier aux faits de l'expérience, avec ses raisons prétendues nouvelles, ne fait autre chose que relever les noumènes de la métaphysique pure, ou les axiomes de la métaphysique du Tout absolu, condamnés et abandonnés par la Raison, qui d'abord les avait produits.

Aussi qu'arrive-t-il ? C'est qu'aussitôt que l'on oppose la Raison pratique à la Raison théorique, il naît entre elles un conflit ; et ce conflit n'est autre que celui qui existait déjà dans la Raison théorique. Et s'il en est ainsi, il ne reste à la pensée philosophique que deux alternatives : ou bien de déclarer la Raison elle-même entièrement chimérique et illusoire, ou bien d'accepter la contradiction, et d'en faire une condition de la vérité; c'est-à-dire, ou bien de se confiner dans un positivisme rigoureux, ou bien de revenir à la métaphysique du Tout absolu.

Et, en effet, Kant est le père de la métaphysique du Tout absolu, aussi bien que du positivisme moderne : la théorie de l'identité des contradictoires de Hegel n'est autre chose que la justification du Tout absolu : et il n'y a pas loin entre l'affirmation de Kant, à savoir que la conception du Tout absolu, bien que contradictoire, s'impose inévitablement à la pensée, si l'on veut connaître les conditions absolues de l'expérience, et celle de Hegel, à savoir que la contradiction du Tout absolu est la condition de la vérité ; car si la conception du Tout absolu est une illusion inévitable — c'est-à-dire une loi de la pensée — le Tout absolu peut bien être une loi de l'Etre lui-même. Ainsi la dialectique peut être aussi bien le fondement, que la réfutation de la métaphysique du Tout absolu.

Enfin, toutes ces conséquences diverses, et en apparence inconciliables, de la dialectique, s'unissent dans le positivisme anglais, qui est en même temps un infinitisme, et laisse une place aux croyances illogiques.

§ 17. On trouve l'usage immanent des Idées sans se servir du Tout absolu, si l'on a découvert leur origine immanente sans se servir de cette conception.

Le chaos indescriptible de la philosophie moderne, et le découragement qui s'en est suivi, sont les fruits naturels de la dialectique ; et la dialectique n'est que la conséquence de la théorie de la transcendance de la Raison, ou plutôt elle n'est que cette théorie elle-même, vue sous son véritable jour.

Comme le problème de l'accord de la Raison et de l'expérience, c'est-à-dire le problème des conditions absolues de l'expérience, le problème enfin de la vérité, ne peut être résolu, dans cette théorie, que si l'on admet la contradiction du Tout absolu, et comme la raison exige une solution de ce problème, la pensée humaine est en proie à une illusion inévitable, et qui tient à sa constitution même ; elle est essentiellement incohérente, et radicalement incapable de connaître la vérité.

Selon nous, cette incohérence et cette illusion ne tiennent pas à la constitution de la pensée, elles tiennent au vice de la méthode qui conduit à la théorie de la transcendance de la Raison. Pour échapper à la fois à la métaphysique, au positivisme, et à la dialectique, pour faire accorder la Raison théorique et la Raison pratique, la Raison et l'expérience, pour trouver dans l'expérience un usage immanent des Idées, qui n'implique pas la conception contradictoire du Tout absolu, il suffit de ne pas se servir de cette conception pour dégager les Idées de l'expérience : si les Idées ont dans l'expérience une origine naturelle et logique, elles auront aussi dans l'expérience un usage logique, naturel et immanent.

QUATRIÈME PARTIE

LA SYNTHÈSE

OU L'USAGE IMMANENT DES IDÉES

CHAPITRE PREMIER

SYNTHÈSE DE L'ABSTRAIT, OU DES LOIS DE LA PENSÉE

§ 1. La reconstruction déductive de l'expérience.

Nous avons dit que la question de l'immanence ou de la transcendance des Idées de la Raison dans l'expérience se compose de deux problèmes, celui de l'immanence ou de la transcendance de l'*origine* des Idées, et celui de l'immanence ou de la transcendance de leur *usage*. Mais ces deux problèmes ne peuvent pas recevoir des solutions différentes, et, en résolvant l'un, on résout l'autre dans le même sens, par une conséquence inévitable et immédiate. Ils répondent en effet à deux opérations inverses et absolument inséparables, le résultat de l'une servant de donnée ou de point de départ à l'autre, et inversement : si l'une des deux est faite, le problème posé est résolu ; et l'autre ne sert qu'à fournir la confirmation, ou l'explication et le développement de la preuve.

Si donc nous avons pu dégager les Idées, de la connaissance sensible, par une opération naturelle et logique, à savoir par l'analyse, nous devons infailliblement trouver, par la synthèse des Idées, leur usage immanent, leur application naturelle et logique dans la connaissance sensible; si nous avons pu, d'une façon régulière et suivie, nous élever des représentations concrètes aux représentations abstraites, ou aux lois de la connaissance sensible, et de là aux Idées, ou aux problèmes de la Raison, il doit nous être possible de redescendre par le même chemin, sans rencontrer aucune solution de continuité, des Idées de la Raison, aux lois et aux données de la connaissance sensible; si nous avons pu prouver, par l'analyse, que la Raison ne pose aucun problème en dehors du domaine de l'expérience, il doit nous être possible de montrer, par la synthèse, que la Raison se contente des solutions que reçoivent dans l'expérience les problèmes empiriques, par l'application naturelle des lois de la connaissance sensible; c'est-à-dire qu'elle trouve dans l'expérience la solution de ses propres problèmes, l'objet de ses Idées, la vérité absolue et inconditionnée.

Nous ne pourrions donc pas, sans répéter ce que nous avons dit dans notre première partie, tenter de donner ici une *preuve* de l'usage immanent des Idées dans la connaissance sensible : cette preuve est impliquée dans la preuve que nous nous sommes efforcé de fournir de leur origine immanente. Mais si la preuve contenue dans la synthèse est la même que celle qui est contenue dans l'analyse, l'orientation du raisonnement est en sens inverse : ce qu'il nous faut chercher maintenant, c'est donc, non une preuve nouvelle, mais une confirmation, une explication et une systématisation des preuves qui ont été données.

Nous éviterons ainsi le défaut ordinaire des systèmes purement déductifs, dans lesquels les solutions de continuité et les emprunts faits aux représentations qu'on pré tend construire, passent inaperçus. Ce n'est qu'après avoir prouvé que la connaissance sensible peut être épuisée par l'analyse, et partant expliquée tout entière par les Idées, que nous essayons de la reconstruire déductivement par la synthèse, en ne faisant usage que des Idées découvertes par l'analyse.

§ 2. Le Rapport de la Raison et de l'expérience réduit au rapport de l'Absolu et du relatif: Problème insoluble. Transcendance.

Si les deux problèmes de l'usage et de l'origine des Idées sont aussi indissolublement unis que nous avons essayé de le montrer, dire que les Idées n'ont pas dans l'expérience un usage entièrement immanent, c'est dire qu'il est impossible de les dégager de la connaissance sensible par une méthode suivie, naturelle et logique; et, pour parler net, c'est dire qu'on ne peut d'aucune façon les dégager de l'expérience.

Les partisans de la théorie de la transcendance de la Raison, tout en déclarant que les Idées ne trouvent pas dans la connaissance sensible leur application adéquate, leur objet, leur usage immanent, prétendent cependant les dégager de l'expérience : mais, comme on l'a vu, ils ne les dégagent de l'expérience, qu'en faisant usage de la conception du Tout absolu, c'est-à-dire en admettant dans leur méthode une solution de continuité : ce n'est qu'en terminant une opération qui n'a pas de fin par un *et cetera* qui embrasse l'Infini, qu'ils s'élèvent des représentations de l'expérience aux Idées de la Raison. C'est en même temps grâce à ce Tout absolu, venant s'incorporer aux Idées, et faisant désormais partie de chacune d'elles, que les Idées deviennent *absolues*.

Dès lors, le problème de l'usage des Idées dans la connaissance sensible se présente sous la forme d'une opposition entre le *relatif*, c'est-à-dire l'expérience, et l'*Absolu*, c'est-à-dire les Idées de la Raison. Or, pour que l'Absolu pût s'unir de quelque façon au relatif, il faudrait que le relatif devînt absolu, et que l'Absolu devînt relatif.

C'est, en effet, ce qui a lieu dans le Tout absolu : aussi les partisans de la métaphysique du Tout absolu sont-ils conséquents avec eux-mêmes, quand, après s'être servis de la conception du Tout absolu pour dégager les Idées de l'expérience, ils s'en servent pour reconstruire l'expérience ; quand, après avoir dit que les Idées ont dans l'expérience une origine immanente, grâce à la conception du Tout absolu, ils disent qu'elles ont aussi dans l'expérience un usage immanent, grâce à cette même conception.

Les dialecticiens ont raison contre les partisans de la métaphysique du Tout absolu, quand ils montrent qu'il est impossible d'établir une relation entre le relatif et l'Absolu ; mais ils sont inconséquents avec eux-mêmes, puisque ce n'est qu'en établissant une telle relation, qu'ils ont pu tirer les Idées de la connaissance sensible. En effet, pour eux aussi, les Idées sont des Absolus ; et le problème du rapport du relatif et de l'Absolu, bien qu'ils le déclarent insoluble quand ils disent que les Idées n'ont pas un usage immanent dans l'expérience, se présente toutefois inévitablement à eux, puisqu'ils prétendent dégager ces Idées absolues des relations empiriques.

§ 3. Les Idées relatives, et l'expérience absolue. Immanence.

Selon nous, si la pensée ne peut pas résoudre le problème du rapport du relatif et de l'Absolu, c'est qu'elle ne peut pas poser ce problème ; si l'Absolu ne peut pas être réuni au relatif, c'est qu'il ne peut pas lui être opposé : en effet, une opposition est déjà une relation : l'Absolu ne peut pas s'opposer au relatif, sans lui être relatif.

La difficulté est inextricable, et de telle nature, qu'elle semble indiquer un conflit inévitable dans la pensée elle-même. Mais cette difficulté, on l'a fait naître, ce conflit, on l'a produit, en faisant, des Idées de la Raison, des Absolus. Or, pour en faire des Absolus, on a dû incorporer à elles la conception contradictoire du Tout absolu, dans laquelle étaient impliqués déjà cette même difficulté et ce même conflit.

Comment, en effet, les éléments d'une chose que l'on dissocie seraient-ils absolus, puisqu'en la dissociant, on ne fait que développer les relations qui sont en elle, isoler les éléments dont la relation constitue cette chose. Si l'on prétend dégager les Idées de la Raison de l'expérience, il faut conclure que les Idées, loin d'être absolues, sont essentiellement relatives.

Mais il y a deux sortes de relatif, comme il y a deux sortes d'Absolu : le relatif est ce qui contient en soi une relation ; le relatif est encore ce qui est relatif à autre chose. Les Idées de la Raison ne contiennent en elles-mêmes, comme nous avons essayé de le montrer, aucune relation; mais elles sont essentiellement relatives à autre chose.

Sont-elles relatives à l'expérience ? Elles le seraient, si elles avaient pu être dégagées de l'expérience par une opération de *régression*, puisqu'une telle opération consisterait simplement à remonter la chaîne de conditions qui *relierait* les Idées à l'expérience. Mais si aucune régression n'atteint les Idées, et si elles ne peuvent être dégagées que par l'analyse, chaque Idée n'est pas relative à l'expérience : elle est relative à une autre Idée ; tellement que toute sa signification est épuisée par sa relation avec cette autre Idée.

La Raison elle-même doit donc, avant de s'unir à l'expérience, rapprocher les Idées les unes des autres, constituer des relations, des synthèses d'Idées : alors elle peut s'unir à l'expérience. Mais alors elle est identique à l'expérience même : les relations d'Idées, les synthèses rationnelles ne sont autre chose, en effet, que les relations et les synthèses de l'expérience.

Comme c'est à l'intérieur de l'expérience, que s'est faite l'analyse qui produit les Idées, c'est là aussi qu'il faut chercher la synthèse des Idées, la μίξις qui produit la connaissance. Ainsi le rôle des Idées dans l'expérience est vraiment intérieur et immanent, puisque l'expérience n'est qu'une synthèse d'Idées ; ainsi la Raison est identique à l'expérience ; l'expérience est elle-même rationnelle ; elle contient en elle-même tous les principes de son intelligibilité, et toutes les conditions de son existence ; elle renferme la solution de tous les problèmes qui naissent en elle ; elle est elle-même l'objet de toutes les Idées.

L'Absolu ne s'oppose donc pas au relatif ; il lui est identique : les Idées sont absolues, parce qu'elles ne contiennent en elles-mêmes aucune relation : mais, par là même, elles sont essentiellement relatives les unes aux autres ; l'expérience est relative, parce qu'elle contient en elle ces relations, ces synthèses rationnelles, ou plutôt parce qu'elle n'est autre chose que ces synthèses rationnelles elles-mêmes : mais, par là même, elle est absolue, parce que ces synthèses sont tellement *unes*, qu'il n'y a rien hors d'elles, avec quoi elles puissent être en relation. La *relativité* de l'expérience n'est pas une relation de l'expérience à autre chose, qui serait caché sous elle, ou s'étendrait au delà : elle lui est tout intérieure, et n'est qu'une relation d'Idées : c'est par elle que l'expérience est une et absolue, et qu'elle est elle-même l'Etre et la vérité.

§ 4. **La synthèse, et les lois de la connaissance sensible.**

L'expérience doit donc pouvoir être entièrement comprise, c'est-à-dire entièrement analysée, et partant reconstruite avec des Idées. La reconstruction de l'abstrait, qui nous occupe dans ce chapitre, ne présente maintenant aucune difficulté ; les Idées, en effet, sont opposées deux à deux par l'analyse, de telle façon, que deux Idées corrélatives n'ont de sens que par leur opposition l'une à l'autre; c'est-à-dire qu'elles ne peuvent être conçues qu'ensemble dans la représentation de leur relation, et qu'elles épuisent dans cette relation toute leur signification.

Les relations ainsi formées, c'est-à-dire les relations de *durée* et d'*étendue*, de *causalité* et de *substantialité*, sont les lois abstraites de la connaissance sensible, c'est-à-dire qu'elles représentent les problèmes des relations de l'expérience; et comme, d'autre part, les Idées expriment les problèmes que la Raison pose sur l'Etre lui-même, tel qu'il est, et sur les conditions inconditionnées de l'expérience, ou sur la vérité absolue, dire que les Idées n'ont de sens et de valeur que par leur opposition et leur union dans les représentations abstraites, dans les problèmes des relations empiriques, dans les lois de la connaissance sensible, c'est dire que la Raison ne cherche pas l'Etre lui-même et la vérité absolue en dehors du domaine de l'expérience.

Il est vrai que nous n'avons rien gagné à ramener, par la synthèse des Idées, les problèmes de l'Etre et de la vérité à l'intérieur du domaine de l'expérience *possible*, si le domaine de l'expérience possible est lui-même *impossible*, c'est-à-dire s'il est indéfini et illimité, de telle sorte que les problèmes des relations empiriques ne puissent pas recevoir une solution complète. Mais cette difficulté a été résolue déjà par le rejet de la conception du Tout absolu ; en effet, elle naît seulement quand on réalise l'indéfini en dehors d'une synthèse. L'expérience possible n'est que l'expérience *imaginée*, bien que non *perçue ;* mais elle est aussi enfermée dans une synthèse. L'indéfini n'est que ce pur Indéterminé qui, dans l'expérience réelle aussi bien que dans l'expérience possible, s'oppose au pur Déterminant ; il est donc à l'intérieur d'une représentation déterminée, c'est-à-dire que, si on veut en chercher la signification, on ne fait qu'analyser cette représentation ; alors on ne pose pas seulement un problème de l'Indéterminé, mais en même temps aussi un problème du Déterminant, et ces deux problèmes, étant nés de l'analyse, sont résolus l'un par l'autre dans la synthèse, qui montre comment une représentation déterminée est formée de l'union du Déterminant et de l'Indéterminé.

S'il en est ainsi, les lois de la connaissance sensible ne peuvent pas exiger la totalisation de l'indéfini, ou le développement complet d'une représentation qui, par la définition même que donne la synthèse des Idées, peut être indéfiniment développée, sans qu'il soit nécessaire pour cela de chercher hors d'elle aucune condition ni aucun principe d'un tel développement ; les lois de la connaissance sensible sont entièrement satisfaites dans une représentation déterminée, et par conséquent, dans une telle représentation, les problèmes de la Raison reçoivent aussi une solution complète, les Idées un usage immanent.

Ainsi, en montrant dans le détail les synthèses d'Idées produisant les lois de la connaissance sensible, nous aurons à montrer, non seulement que la Raison ne pose aucun problème en dehors du domaine où règnent ces lois, mais aussi que ce domaine est déterminé et limité, c'est-à-dire que les problèmes des relations empiriques peuvent recevoir une solution complète enfermée dans une synthèse, ou, en d'autres termes, qu'ils sont eux-mêmes exprimés par des représentations qui, bien qu'abstraites, sont toutefois limitées et déterminées.

§ 5. Durée et étendue : nombre et figure.

Comme nous avons découvert les Idées de l'Instant et du Continu temporel, du Point et du Continu spatial, par une simple analyse des représentations abstraites de durée et d'étendue, et qu'une telle analyse a entièrement épuisé ces représentations, c'est-à-dire qu'il n'est resté, en dehors des éléments rationnels qu'elle a dégagés, aucun élément sensible, qui ne se prêtât pas à l'analyse ; et comme d'autre part, pour dégager ces Idées, nous n'avons introduit, dans l'opération que nous avons fait subir aux représentations de durée et d'étendue, aucun élément rationnel étranger à ces représentations elles-mêmes, la synthèse des Idées de l'Instant et du Continu temporel, du Point et du Continu spatial, doit produire de nouveau les représentations abstraites de durée et d'étendue, sans laisser en dehors de ces représentations aucun élément rationnel, aucun problème de la Raison.

En effet ces Idées ne constituent pas à elles seules des représentations : elles ne constituent pas même des conceptions quelconques, si l'on entend par là des pensées soumises à la loi de l'unité synthétique de la conscience, ou ayant en elles-mêmes une unité qui les rend indépendantes. Elles ne peuvent pas non plus être conçues par opposition aux représentations sensibles, aux séries empiriques : non seulement une telle opposition ne s'impose pas à la Raison, mais elle est illogique et impensable.

Dès lors il est impossible de concevoir un point ou un instant non seulement comme des réalités empiriques, mais aussi comme des êtres métaphysiques, ou comme des propriétés métaphysiques des choses, mais même comme des Idées dialectiques, c'est-à-dire comme des limites idéales des divisions indéfinies de l'espace et du temps. De même il est impossible de concevoir le Continu temporel ou spatial, soit comme une réalité empirique, soit comme une propriété métaphysique des choses, soit enfin comme une Idée dialectique, c'est-à-dire comme une source d'une indéfinie rénovation de la sensibilité, placée en dehors de l'expérience réelle. Les Idées de l'Instant et du Continu temporel, du Point et du Continu spatial ne peuvent être conçues que par opposition l'une à l'autre, dans une seule et même représentation, qui est une représentation empirique de durée ou d'étendue.

La durée et l'étendue formées par ces synthèses ne sont pas une durée et une étendue infinies, mais une durée et une étendue limitées et déterminées, un *nombre* et une *figure* [1].

Une durée ou une étendue infinies ne pourraient pas entrer dans une synthèse, et ne seraient autre chose que l'Idée même du Continu, dont on aurait fait une Idée dialectique par l'adjonction de la conception du Tout absolu; une durée et une étendue infinies ne peuvent donc être ni représentées ou imaginées, ni pensées d'aucune façon, soit en elles-mêmes, soit par opposition avec autre chose.

Par contre, dans les représentations limitées, déterminées et unes, d'un nombre ou d'une figure, les Idées de l'Instant et du Continu temporel, du Point et du Continu spatial trouvent, par la synthèse, une application qui épuise toute leur signification. La Raison ne pose pas d'instants ou de points en dehors d'un nombre et d'une figure : autrement elle relierait ces points et ces instants entre eux, et avec ce nombre et cette figure, par un continu temporel ou spatial ; elle ne pose aucun continu en dehors d'un nombre ou d'une figure : autrement elle limiterait ce continu par des instants et des points ; c'est-à-dire que de toute façon la Raison, par ses synthèses temporelles et spatiales, ne produit que des nombres et des figures déterminées.

---

[1] Nous nous servons de cette expression de *nombre*, à défaut d'une autre plus exacte : il y a, en effet, des nombres aussi bien dans l'espace que dans le temps. Le nombre est une quantité déterminée d'espace ou de temps. Mais il n'y a pas de mot correspondant au mot de figure, et qui signifie le nombre du temps, comme le mot de figure signifie le nombre de l'espace.

§ 6. Causalité : finalité, vie et liberté.

Si les Idées de Cause pure et de Mode pur n'ont de signification que par leur opposition et leur union dans une représentation de causalité, il est évident qu'on ne peut concevoir ni une Cause ou un Effet absolus, sans rapports avec le monde sensible, ni une Cause première ou un Effet dernier d'une série indéfinie de causes et d'effets : loin d'être inévitables, de telles notions sont illogiques et impensables. La Raison ne pose donc aucun problème de causalité en dehors des problèmes déterminés de la causalité empirique.

Mais comment les problèmes de la causalité empirique peuvent-ils être déterminés, c'est-à-dire limités de telle façon, que leur solution complète puisse être contenue dans une synthèse? En d'autres termes, qu'est-ce qu'une représentation abstraite, et toutefois déterminée, de causalité? On comprend comment une durée ou une étendue, tout en étant abstraites, peuvent être déterminées et limitées, parce que la représentation d'une durée ou d'une étendue abstraites n'est autre chose que la représentation d'un nombre ou d'une figure ; mais qu'est-ce qui peut limiter une représentation abstraite de causalité, sinon les déterminations qu'elle reçoit dans la sensation ? Et, comme la sensation se renouvelle indéfiniment, la représentation abstraite de causalité ne doit-elle pas être indéfinie, universelle et nécessaire ; c'est-à-dire n'implique-t-elle pas elle-même des Idées dialectiques de Cause première et d'Effet dernier, et ne transporte-t-elle pas hors du domaine de l'expérience les problèmes rationnels que nous avons cru y ramener par la synthèse des Idées pures ?

Pour échapper à cette difficulté, et pour comprendre quelle est la relation des Idées de Cause et d'Effet purs, et quelle est l'unité de leur synthèse, de même que nous avons réduit la durée et l'étendue abstraites au nombre et à la figure, il faut réduire la représentation abstraite de causalité à la représentation abstraite et déterminée de *finalité*. Il n'y a d'autre problème empirique de causalité que les problèmes de finalité.

L'analyse que l'on fait généralement de la finalité, quand on y découvre trois éléments distincts, à savoir un état réel, un état idéal, et une tendance à passer de l'un à l'autre, cette analyse est toute superficielle. Qu'est-ce, en effet, qu'une tendance, sinon un état réel ? Or, si cette tendance vise quelque chose qui est en dehors d'elle, ce n'est pas elle qui agit, c'est la fin, comme un κινοῦν οὐ κινούμενον, qui l'attire ; et outre que l'action de la cause finale échappe à la science et à la pensée, on ne peut pas la faire accorder avec l'action de la cause efficiente. Il faut donc que l'état idéal soit produit par l'état réel, que la cause finale se confonde avec la cause efficiente, que la causation de la cause soit déterminée par la nature de l'effet, que l'effet réagisse sur la cause, que l'effet soit cause de la cause, et la cause, effet de l'effet.

La finalité est nécessairement exclue de tout système de métaphysique ou de dialectique, parce qu'elle établit un tel lien entre la cause et l'effet sensibles, une telle unité dans leur synthèse, qu'il est impossible à la pensée de sortir de cette synthèse pour établir, hors du domaine de l'expérience, aucune Idée transcendante, soit pure, soit dialectique.

La plupart des philosophes de nos jours admettent, il est vrai, la finalité dans la nature : seulement ils la séparent de la causalité. M. Renouvier fait de la finalité et de la causalité deux *lois* distinctes ; M. Lachelier y voit deux explications superposées de l'univers, l'une théorique, et l'autre pratique ou morale.

Mais ces deux explications des choses sont absolument inconciliables : si la causalité établit des séries indéfinies, la finalité ne pourra pas les limiter; si la causalité enchaîne les faits sur une ligne rigoureusement déterminée, la fin aura beau briller aux yeux des agents, la cause efficiente ignorera la fin, et poursuivra son chemin en dépit de la conscience psychologique affirmant la vie, et de la volonté morale postulant la liberté.

Ce conflit serait facilement résolu, ou plutôt il disparaîtrait tout simplement si, par une habitude invétérée, les philosophes de nos jours ne commettaient presque tous cette faute de logique, qui consiste à considérer une série causale, dépourvue de finalité, comme absolument déterminée. Les Cartésiens avaient vu plus juste à notre avis : comme ils écartaient rigoureusement les causes finales de l'explication théorique du monde, ils reconnaissaient que, dès lors, la causalité dans le monde, loin d'être absolument déterminée, était absolument indéterminée, à cause de l'indétermination du possible, ou, ce qui revient au même, à cause de l'indépendance des moments du temps ; et c'est ainsi qu'ils étaient amenés à la théorie de la création continuelle.

Le fameux conflit entre les causes efficientes et les causes finales, entre le déterminisme et la liberté, n'existe donc pas; car, sans la finalité, la causabilité équivaudrait au hasard et au désordre absolu ; ou plutôt elle ne serait rien : la causalité n'est autre chose que la finalité, et toute cause est une *âme*, c'est-à-dire un principe de vie et de liberté.

Réduite à une représentation de finalité, la représentation abstraite de causalité est déterminée : c'est-à-dire que les problèmes de la causalité empirique sont limités de telle façon, que leur solution complète peut et doit être enfermée dans une synthèse. Telle est la condition de la possibilité de l'expérience, sous la considération de la causalité. Et cette condition, loin de pouvoir être violée par la Raison, tient à l'œuvre même que la Raison accomplit dans la connaissance sensible.

En effet, si les Idées de Cause et d'Effets purs sont opposées de telle façon, qu'elles n'ont de signification que par leur opposition l'une à l'autre, et par leur union dans une seule et même représentation, la cause et l'effet sensibles ne peuvent aussi constituer ensemble qu'une seule et même représentation, et toute chose est cause et effet d'elle-même. La loi de causalité n'oblige pas à chercher la cause d'une chose, pas plus que son effet : elle oblige seulement à chercher comment une chose est cause et effet d'elle-même ; c'est-à-dire qu'elle ne fait pas sortir la pensée de la représentation d'une chose donnée, mais qu'elle sert seulement à développer la représentation de cette chose.

§ 7. Substantialité : pensée et conscience.

Si les Idées de Substance et de Mode n'ont d'autre origine que l'analyse rationnelle, on ne peut ni se représenter, ni concevoir d'aucune façon une Substance ou un Mode absolus, en dehors d'une représentation sensible : on ne peut pas concevoir une Substance métaphysique, cachée sous les phénomènes, ni une Idée dialectique de la Substance, terminant une série indéfinie, ni un Moi nouménal, même comme simple problème; on ne peut pas concevoir davantage cette Substance infinie, indéterminée et continue, qu'on appelle aussi une Matière pure, et qui n'est autre chose que l'Idée du Mode pur, considéré comme un Etre métaphysique. Les Idées de Substance et de Mode ne peuvent pas représenter des Absolus, puisqu'elles sont essentiellement relatives l'une à l'autre, et que toute leur signification est épuisée dans cette relation. Ainsi la Raison ne pose aucun problème de substantialité en dehors des problèmes déterminés de la substantialité empirique, problèmes qui sont exprimés dans une représentation synthétique, et dont la solution doit être enfermée dans une synthèse.

Quelle est donc cette représentation abstraite? Quelle est cette loi? Quel est ce problème de la substantialité empirique? Pour trouver à la fois une application complète des Idées de Substance et de Mode, et une complète explication d'une chose, sous le rapport de la substantialité, il n'y a pas à chercher la substance de cette chose, non plus que son mode, hors d'elle, ou sous elle, ou au delà d'elle-même ; car alors il faudrait ensuite chercher la substance de cette substance, et le mode de ce mode, et on formerait des Idées dialectiques; la substance ne peut pas être la substance d'une substance, ni le mode, le mode d'un mode : comme les Idées de Substance et de Mode n'ont de signification que par leur opposition et leur union dans une seule et même représentation, la substance et le mode sensibles ne constituent aussi qu'une seule et même représentation : la substance n'est que la substance du mode, et le mode, le mode de la substance. Par conséquent, la substantialité de la substance n'est déterminée que par la modalité du mode : le mode réagit sur la substance, ou, en d'autres termes, toute chose est substance et mode d'elle-même.

Cette condition est réalisée dans la *pensée*, et ne saurait l'être que là. De même que, si l'on définit la causalité sans la finalité, il semble naître un conflit entre le déterminisme du monde extérieur et la liberté des êtres vivants, de même, si l'on définit la substantialité comme quelque chose de différent de la pensée, l'existence de la pensée sera inconciliable avec la réalité de l'esprit, aussi bien que de la matière. Mais ce conflit disparaît aussi, si l'on se rend compte que, définie comme quelque chose de différent de la pensée, la substantialité serait absolument indéterminée, ou plutôt qu'elle ne serait rien du tout. Car rien ne pourrait alors établir ni liaisons nécessaires, ni séries substantielles quelconques : rien ne déterminerait la position des centres de substantialité : les substances n'auraient aucune distinction ; on pourrait intervertir leur ordre, les séparer les unes des autres, les réunir et les confondre en une seule, sans en changer la nature : il n'y aurait enfin nulle part aucune unité substantielle, aucune synthèse des Idées de la Substance et du Mode.

Si les Idées de la Substance et du Mode sont de telle nature, qu'elles n'ont de signification que par opposition l'une à l'autre, leur synthèse doit être déterminée et limitée, et constituer une unité qui satisfasse pleinement la Raison. Il n'y a donc pas de substantialité là où il n'y a pas une véritable unité synthétique : il n'y a pas de substantialité dans un esprit indéterminé, ni dans une matière brute, mais seulement dans un corps organisé.

Cependant la substantialité n'est pas précisément la même chose que l'organisation : elle est l'organisation vue sous un aspect spécial, à savoir sous l'aspect de la pensée, de même que la causalité est l'organisation vue sous l'aspect de la finalité et de la vie. Ainsi, de même que toute cause est une *âme*, c'est-à-dire un principe de vie et de liberté, toute substance est une *conscience*, c'est-à-dire un principe ou une unité de pensée.

Mais cette âme et cette conscience ne sont pas des êtres distincts du corps : elles se forment, s'altèrent et se dissolvent avec lui ; elles ne peuvent pas même en être distinguées par l'abstraction ; elles ne peuvent être conçues en elles-mêmes d'aucune façon. Elles ne sont conçues que par opposition à l'Idée d'une Matière continue et indéterminée, d'un Effet et d'un Mode purs, dans la représentation d'un organisme.

§ 8. Conclusion. Limitation de l'abstrait par la Raison.

L'objet de l'expérience doit donc être enfermé dans les limites d'un nombre et d'une figure ; il doit être cause et substance, effet et mode de soi ; c'est-à-dire conscient de soi, vivant et libre. Telles sont les conditions de la possibilité de l'expérience, les lois de la connaissance sensible, qui doivent trouver leur application dans le concret.

Ce ne sont pas seulement des lois de la connaissance déterminée, que la Raison pourrait violer pour poser hors de l'expérience des problèmes transcendants, soit comme noumènes, soit comme Idées dialectiques : ce sont des lois que la Raison elle-même établit dans l'expérience. En effet, elles ont été déduites de ce principe, à savoir que les Idées, ne pouvant être conçues que par leur opposition l'une à l'autre, doivent épuiser toute leur signification dans l'unité d'une représentation abstraite et déterminée, formée de leur synthèse, et trouver en elle une application adéquate, un usage entièrement immanent ; ou, en d'autres termes, que la Raison ne pose aucun problème dont la solution ne puisse et ne doive être enfermée dans une synthèse.

Tel est le sens de l'immanence de la Raison dans les lois abstraites de la connaissance sensible.

CHAPITRE II

LA SYNTHÈSE DU CONCRET, DE L'INDIVIDU, ET DE L'UNIVERS

Première Section. — LE CONCRET

§ 1. La séparation de la sensibilité et de l'entendement, de la passivité et de l'activité de l'esprit. Transcendance.

Si la Raison ne pose aucun problème en dehors du domaine de l'expérience, si le problème de la vérité, de l'Etre, et des conditions absolues de la connaissance sensible, ne déborde pas les problèmes empiriques, mais est contenu en eux, il s'ensuit, par une conséquence immédiate et absolument inévitable, que la Raison trouve une satisfaction pleine et entière dans les solutions qui sont apportées aux problèmes empiriques.

Or, la solution des problèmes empiriques n'est autre chose que l'application des lois de la pensée, ou des abstractions logiques, à la sensibilité ; c'est-à-dire qu'elle consiste dans la formation du concret. Nous avons montré, dans le chapitre précédent, comment le rôle des Idées est entièrement immanent dans l'abstrait: il faut montrer maintenant comment leur rôle est immanent dans le concret. Pour cela il faut que l'abstrait ne dépasse pas, ne déborde pas le concret ; il faut que l'esprit soit entièrement actif dans la connaissance, et que la sensibilité ne se distingue pas essentiellement de l'entendement.

La sensibilité, si on la séparait de l'entendement, serait une faculté purement réceptive ; elle serait la passivité de l'esprit, tandis que l'entendement serait son activité. L'activité de l'esprit consisterait dès lors à imposer aux données de la sensibilité certaines formes, certaines lois ; mais elle ne pourrait pas aller jusqu'à créer ce quelque chose qui distingue le concret de l'abstrait : il devrait donc y avoir quelque part, hors de la connaissance, une matière de connaissance, une source de rénovation indéfinie de l'expérience. La connaissance serait donc l'acte commun du connaissant et du connu.

Dès lors le concret deviendrait inexplicable et incompréhensible : l'esprit ne comprend que ce qu'il crée, et ne peut expliquer que ce qu'il peut réduire par l'analyse en pures Idées de la Raison, et construire avec des Idées, sans avoir besoin de matériaux étrangers.

Or, il y aurait bien encore, dans une telle théorie, un certain usage des Idées dans la connaissance du concret, mais cet usage ne serait pas complet, et n'épuiserait pas le sens et la valeur des Idées, pas plus qu'il ne produirait à lui seul le concret. L'usage immanent des Idées produirait seulement l'abstrait ; mais l'abstrait dépasserait et déborderait le concret de toutes parts. L'usage immanent des Idées produirait les synthèses empiriques ; mais il ne produirait pas des synthèses, telles que nous les entendons, c'est-à-dire des représentations concrètes, c'est-à-dire des unités rationnelles ; il produirait seulement la liaison des représentations concrètes, c'est-à-dire ce qu'il y a en elles d'abstrait, c'est-à-dire des lois pures de la pensée, des formes vides, qu'autre chose viendrait remplir. La matière des jugements synthétiques serait fournie par la sensibilité, le *lien* seulement serait fourni par la Raison. La Raison aurait enfin dans la connaissance concrète un rôle dominateur — qu'on appelle faussement immanent — puisqu'elle dépasserait la sensation et l'expérience, si vaste qu'on la supposât.

Pour que le rôle de la Raison devînt entièrement immanent, pour que les Idées trouvassent dans l'expérience un usage adéquat à leur signification et à leur valeur, pour que l'expérience elle-même devînt rationnelle, pour qu'elle pût être entièrement analysée et expliquée, pour qu'elle pût être construite avec des éléments purement rationnels, il faudrait que le renouvellement indéfini de la sensation fût totalisé dans un Tout absolu. Et si l'on reconnaît que cette totalisation absolue de l'indéfini est impossible, de là une dialectique, de là une théorie de l'incohérence et de l'insuffisance rationnelle de la pensée. Et ces conséquences s'imposent inévitablement, de quelque façon que l'on cherche à dégager les Idées de l'expérience, aussitôt que l'on sépare la sensibilité de l'entendement, c'est-à-dire aussitôt que l'on admet une certaine passivité dans la connaissance.

§ 2. La source de rénovation de l'expérience ramenée, comme Idée, à l'intérieur de la représentation. Spontanéité de la connaissance du concret. Immanence.

Mais, comme on l'a vu, pour affirmer cette passivité de l'esprit, il faut avoir posé, au début de la théorie de la connaissance, l'affirmation métaphysique de l'existence d'une chose hors de la connaissance : en effet on ne saurait conclure du sentiment de la passivité de l'esprit à une passivité réelle, car le sentiment de la passivité est une action ; et si la passivité était réelle, le sentiment de la passivité ne serait qu'une réaction, c'est-à-dire encore et toujours une action. Ce n'est donc que par une affirmation métaphysique, et non par un résultat de l'observation, que l'on peut poser d'abord une passivité de l'esprit.

Pour nous, nous nous efforçons d'être fidèle à la tradition de la philosophie cartésienne et française : nous nous établissons dans la représentation sensible telle qu'elle est, et, tant que nous ne sommes pas contraints, par des Idées, d'en sortir — ce qui d'ailleurs n'arrive pas — nous ignorons systématiquement tout ce qui est en dehors d'elle, et nous nous contentons de la diviser, de l'analyser, d'en chercher les parties et les éléments rationnels.

Descartes laissait subsister des idées adventices, qui semblaient opposer une limite à la connaissance, et lui présenter un objet qu'elle ne pouvait pas créer, et dont elle ne pouvait pas rendre compte : ces idées adventices, Malebranche les analyse, et montre qu'elles ne sont que des combinaisons d'Idées rationnelles. Il laisse subsister, il est vrai, un sentiment, une conscience qui, au premier abord, semble être la même chose que l'*intuition pure* de la philosophie allemande, un élément de pure sensibilité. Mais la différence entre Kant et lui est radicale ; puisqu'il n'affirme pas l'existence d'une chose en soi, manifestée par la sensibilité, et puisqu'il n'y a, selon lui, aucune passivité dans la connaissance. Et c'est pourquoi nous avons pu dire que cette pure sensibilité, cette conscience, ce sentiment n'était autre chose qu'une Idée de la Raison, l'Idée de l'Infini.

Et c'est au fond à cela que se réduit la critique que nous dirigeons contre la philosophie allemande : ce qu'elle appelle la réceptivité de l'esprit, la pure sensibilité, ce qui renouvelle sans cesse la connaissance, et lui ouvre la possibilité d'un développement indéfini, nous en faisons une Idée, dégagée par l'analyse, et opposée à l'Idée du Parfait.

Et il ne faut pas voir là une vaine subtilité ; car si nous avons pu dégager cet Indéterminé par une simple analyse de la représentation, nous ne sommes donc pas contraint de poser l'affirmation métaphysique d'une chose en soi hors de la connaissance ; en faisant de cet Indéterminé une Idée corrélative du Déterminant, nous plaçons à l'intérieur de la représentation cette source de développement indéfini ; nous ne reconnaissons aucune passivité dans la connaissance, aucune faculté réceptive; nous confondons la sensibilité avec l'entendement; et par là nous montrons l'immanence de la Raison dans la sensibilité elle-même, c'est-à-dire l'absolue indépendance de la représentation sensible.

En effet la synthèse empirique n'est plus une liaison de représentations dont la matière viendrait du dehors; elle est une formation, une création de représentation : la synthèse des Idées, synthèse dans laquelle les Idées épuisent toute leur signification et trouvent un usage logique et naturel, ne constitue pas des lois entièrement abstraites, sans aucun contenu sensible, des formes pures et partant universelles et nécessaires, qu'aucune sensation ne pourrait remplir; cette synthèse des Idées constitue l'expérience elle-même, avec son contenu et avec ses déterminations.

§ 3. Les éléments rationnels des déterminations sensibles communes dans les Idées. — Les déterminations communes dans les représentations abstraites.

Nous avons vu qu'il est impossible à l'abstraction de vider entièrement la représentation de tout contenu sensible, et de dégager des formes pures, des lois complètement abstraites, parce que, la représentation étant une synthèse, et non une somme, du contenant et du contenu, en appauvrissant l'un, l'abstraction appauvrit l'autre, et que, tant qu'il y a quelque principe de détermination dans une forme de la connaissance, il y a quelque diversité sensible dans le contenu.

Les abstractions logiques, avons-nous dit, ne peuvent donc être que les communautés de l'expérience : elles ne reçoivent pas un contenu de la sensibilité : elles sont elles-mêmes contenues dans les sensations; si elles s'appliquent à plusieurs représentations concrètes, c'est qu'elles sont ces représentations elles-mêmes, simplifiées et appauvries, par l'abstraction des déterminations diverses ; mais elles ne sont pas entièrement abstraites : elles ont encore comme contenu sensible des déterminations communes à un grand nombre de représentations concrètes : elles sont concrètes jusqu'à un certain degré.

Si nous avons pu découvrir les Idées de la Raison par l'analyse de telles représentations, nous n'avons plus à prouver que leur synthèse produit, en effet, des représentations plus ou moins riches de déterminations sensibles, et non des lois entièrement abstraites : nous avons seulement à montrer de quelle nature sont les Idées, pour qu'il puisse en être ainsi. Or, il suffit pour cela de remarquer que les Idées elles-mêmes ne sont pas entièrement abstraites. Seuls sont entièrement abstraits les deux termes d'une relation unique et fondamentale, le Déterminant et l'Indéterminé.

Si l'analyse rationnelle peut porter sur toutes les représentations que l'abstraction progressive dégage de la sensation, quelle qu'en soit la richesse ou la pauvreté, de même que toutes les représentations sont des illustrations du *principe synthétique*, les Idées de la Raison doivent être aussi des illustrations diverses des deux termes du *principe synthétique*, c'est-à-dire des illustrations du Déterminant et de l'Indéterminé ; et il doit y avoir entre les Idées les mêmes rapports de richesse et de pauvreté qu'entre les représentations d'où l'analyse les a tirées.

Les Idées de la Raison se rangent, en effet, comme nous l'avons vu, suivant leur degré d'abstraction : les Idées du Point et de l'Instant sont plus abstraites que les Idées de la Cause et de la Substance ; les Idées du Continu spatial et du Continu temporel sont plus abstraites que les Idées du mode et de l'effet indéterminés ; et à leur tour, les Idées du Point et de l'instant, du Continu spatial et du Continu temporel, sont plus concrètes que le Déterminant et l'Indéterminé. Nous avons trouvé une confirmation de cette théorie dans le fait de la formation des deux Idées suprêmes du Parfait et de l'Infini : en effet, les Idées appartenant à une même série, soit à celle du Déterminant, soit à celle de l'Indéterminé, ne pourraient pas s'unir, si elles n'étaient ainsi contenues les unes dans les autres.

Dire que les Idées sont plus ou moins abstraites les unes que les autres, cela ne veut pas dire qu'elles aient elles-mêmes aucune détermination sensible : cela veut dire seulement qu'elles contiennent les éléments rationnels de certaines déterminations sensibles communes, qui se trouvaient dans les représentations abstraites d'où elles ont été tirées par l'analyse, et qui doivent par conséquent se trouver dans les représentations abstraites produites par leur synthèse.

Les lois de la connaissance sensible, qui sont produites par la synthèse de deux Idées corrélatives, et dont l'ensemble forme le domaine de l'expérience possible, ne sont donc pas de pures abstractions, mais des représentations appauvries, et par suite généralisées, mais toutefois encore limitées et déterminées, c'est-à-dire enfin des *images*. Le domaine de l'expérience possible n'est autre chose que le domaine de l'*imagination;* il est lui-même déterminé, et se trouve enfermé dans les limites de l'expérience réelle.

§ 4. L'analyse et la synthèse de toutes les déterminations sensibles du concret. Le concret composé d'autant de synthèses rationnelles qu'il a de manifestations diverses.

Dans la reconstruction de l'expérience dissociée par l'analyse, nous ne pouvons donc pas être arrêtés par la difficulté de l'application en général des lois de la pensée à la sensation, puisque, par la synthèse de deux Idées corrélatives, nous ne constituons pas un cadre vide, une forme pure, mais bien une image qui, quoique abstraite à un certain degré, est toutefois riche de quelques déterminations sensibles, c'est-à-dire en même temps une loi de la pensée et son application, un problème empirique et sa solution.

Cependant, comme ces images, produites par la synthèse de deux Idées particulières, sont plus pauvres de déterminations sensibles que les objets complets de l'expérience, si nous tentions de reconstruire ces objets entièrement concrets au moyen de ces images plus abstraites, nous nous trouverions en présence d'une impossibilité absolue. Toutes les tentatives que l'on a faites pour *intellectualiser* ou *mathématiser* la connaissance, c'est-à-dire pour construire l'expérience en faisant naître le concret de l'abstrait, ont toujours échoué et devaient inévitablement échouer : en effet, on ne peut passer des images abstraites aux représentations concrètes, qu'en ajoutant aux premières des éléments sensibles, que l'on ne saurait trouver ailleurs que dans ces représentations concrètes, que l'on prétend déduire et construire.

Mais aussi ne prétendons-nous pas mathématiser ni intellectualiser la connaissance : cette intellectualisation et cette mathématisation n'est d'aucune utilité, et même elle n'a aucun sens, si l'on reconnaît que les lois de la pensée sont exprimées par des représentations déjà concrètes jusqu'à un certain point, c'est-à-dire si l'on reconnaît qu'il n'y a pas de différence essentielle entre le concret et l'abstrait.

Mais aussi, s'il en est ainsi, on pourra établir entre une représentation concrète et une image abstraite, un nombre quelconque d'images intermédiaires, qui toutes pourront être analysées, c'est-à-dire qui toutes fourniront deux Idées de la Raison. Et, en effet, si les Idées de la Raison sont, comme on l'a vu, moins abstraites les unes que les autres, rien n'empêche de supposer qu'il y a des Idées de la Raison moins abstraites encore que les Idées de Cause et de Substance, de Mode et d'Effet ; et on leur trouverait un nom, aussitôt que l'on aurait défini et nommé une relation, une image qui serait moins abstraite que les images de la causalité et de la substantialité. Une représentation concrète peut donc être considérée comme une combinaison d'autant d'images abstraites — c'est-à-dire d'autant de synthèses formées de l'union de deux Idées corrélatives — qu'il est nécessaire, pour rendre compte de toutes ses déterminations sensibles.

La connaissance peut donc être tout entière analysée et reconstruite par la synthèse des Idées, elle peut être complètement comprise, elle peut être toute spontanée, sans être intellectuelle ou mathématique, c'est-à-dire sans que les déterminations sensibles que reçoivent dans le concret les grandes lois des mathématiques ou de la logique, Puissent être déduites de ces lois elles-mêmes.

Deuxième Section. — L'INDIVIDU

§ 5. Le problème de l'individuation ou de l'union des diverses manifestations d'une chose.

Il nous reste cependant à montrer comment les diverses images abstraites, les diverses parties, les diverses manifestations d'une représentation concrète, s'unissent pour constituer un *tout individuel*, une *chose*.

Avant de chercher l'explication rationnelle, examinons le fait lui-même qu'il s'agit d'expliquer : diverses manifestations nous paraissent être indissolublement unies ensemble, et former un tout : on ne peut pas définir autrement le fait empirique de l'existence individuelle, sans en postuler une explication ontologique, c'est-à-dire sans présupposer la solution du problème rationnel que l'on cherche à résoudre ; et c'est bien là, en effet, tout ce qui est donné dans l'expérience, et tout ce qui constitue en réalité l'individu sensible, la chose.

Il est évident que les jugements synthétiques — qui sont l'expression logique des diverses images abstraites — ne rendent pas compte entièrement de leur objet, le sujet ; ils en dégagent seulement une relation dominante ; ils présentent la chose sous un point de vue spécial ; c'est-à-dire qu'ils expriment une de ses manifestations. Le sujet de tout jugement synthétique pourrait être développé en autant de jugements que la Chose peut avoir de manifestations diverses, c'est-à-dire en autant de jugements qu'une représentation concrète donnée contient d'images abstraites. Cette richesse du sujet est ce qui rend le raisonnement possible : s'il en était autrement, il n'y aurait aucun lien entre les divers jugements synthétiques, aucun raisonnement, aucune expérience.

Les figures de l'espace ne communiquent entre elles que par le temps, et les moments du temps que par l'espace ; les actions diverses ne peuvent occuper le même lieu que successivement ; le passé et l'avenir ne peuvent s'unir que si le présent s'étend dans l'espace. Pour qu'une expérience soit possible, il faut que l'on puisse reconnaître dans le temps les déterminations de l'espace, et dans l'espace les déterminations du temps passé et futur. Il n'y a pas d'espace ou de temps déterminés et limités qui soient vides, c'est-à-dire qui ne renferment des images de causes et d'effets, de substances et de modes qui en déterminent les mesures. Il n'y a pas d'images de causalité ou de substantialité qui n'occupent une durée et une étendue limitées et déterminées. Il n'y a pas de causalité sans substantialité, ni de substantialité sans causalité : la substantialité est la conscience de la vie, et la causalité la vie de la conscience.

Ainsi, chacune de ces manifestations diverses n'est pas à elle seule un objet d'expérience : elle serait inconnue si elle n'était pas liée avec d'autres. Cette *collection* de manifestations, si indissolublement unies, que leur diversité n'est possible que dans leur unité, est ce qui constitue le Tout individuel : et c'est dans ce sens seulement — si l'on veut s'en tenir à la simple constatation d'un fait — qu'il est permis de dire que c'est une seule et même *chose* qui dure, qui est étendue, qui unit l'espace et le temps dans le devenir et dans le présent, qui est cause et substance de soi, c'est-à-dire qui vit, qui veut, qui agit librement, et qui a conscience d'elle-même.

La chose ainsi définie se nomme un *organisme*. Une chose ne peut pas être un esprit pur, ni une matière brute : tout ce qui, dans l'expérience, n'est pas un organisme, c'est-à-dire un corps doué d'une âme et d'une conscience, n'est qu'une image ou une sensation sans aucune indépendance, sans aucune individualité, sans aucune réalité. C'est seulement appliquées à un organisme, que peuvent être comprises toutes les définitions que fournissent les synthèses des Idées, toutes les descriptions que fournit l'abstraction : c'est seulement dans un organisme que les lois de la pensée peuvent recevoir une application, et les problèmes de la Raison, une solution. Dans un organisme, toute l'expérience est contenue, et c'est là que la Raison est immanente à l'expérience.

C'est l'unité de cet organisme, de cette chose, de ce tout individuel, de cette collection indissoluble de manifestations diverses, dont il faut maintenant chercher l'explication rationnelle. La Raison peut-elle en rendre compte, c'est-à-dire est-elle vraie absolument ? Ou bien, n'est-ce là qu'une illusion sans fondement ?

Beaucoup de philosophes de nos jours encore, et on peut dire la grande majorité des hommes qui pensent, sans être au courant des résultats de la science, croient trouver une solution du problème de l'existence singulière dans une substance cachée. Mais l'Idée de la Substance, comme nous avons essayé de le démontrer, ne renferme pas une solution d'un problème de la Raison : elle représente seulement ce problème lui-même ; nous n'avons pas à insister de nouveau sur ce point : l'analyse pose les problèmes rationnels, c'est-à-dire les Idées : la solution ne peut se trouver que dans la synthèse de deux Idées corrélatives. Et nous avons montré, en effet, que l'Idée de Substance trouve son usage logique et naturel, son objet, son application immanente dans la représentation abstraite de substantialité ; c'est-à-dire que la Raison ne pose, au sujet de la substance des choses, aucun problème en dehors des rapports de substantialité qui se trouvent dans l'expérience, ou en d'autres termes, que la Raison ne poursuit nullement une Substance cachée sous les manifestations des choses.

D'ailleurs, à supposer que la doctrine de la Substance cachée contînt une solution réelle d'un problème véritable, elle aurait encore ici ce défaut, qu'elle serait l'explication d'un autre problème que celui de l'existence individuelle, que l'on prétend résoudre par son moyen.

Dans l'être singulier, dit Fénelon, il y a deux choses : la première est son espèce, ou sa correspondance à un certain degré d'être qui est en Dieu — cela peut être exprimé par les Idées, et notamment par l'Idée de Substance ; la seconde est son existence actuelle, son indépendance à l'égard des autres êtres, sa différence, son individualité — et de cela l'Idée de Substance ne peut pas rendre compte. Les Cartésiens, qui faisaient un si grand usage de l'Idée de Substance, et qui l'ont approfondie autant qu'il est possible, ne s'en servaient pas pour expliquer l'existence singulière ; ils faisaient appel pour cela à la foi religieuse, au sens commun, à la conscience [1], mais jamais à la métaphysique ou à la Raison.

En effet, à supposer qu'il y eût une Substance cachée sous les choses, cette Substance expliquerait bien les

---

[1] « Je pense, donc je suis ».

rapports de substantialité des choses, mais elle n'expliquerait pas leurs autres rapports, et notamment les rapports de causalité, sous lesquels il faudrait supposer une autre Idée, l'Idée de Cause. A plus forte raison ne fournirait-elle pas une solution du problème de l'existence individuelle, qui est le problème de l'union des diverses relations synthétiques, des diverses manifestations de la chose.

Ces diverses relations, prises isolément, ont toutes été expliquées par la synthèse de deux Idées rationnelles ; nous n'avons donc pas à craindre d'être contraints de poser, sous ces manifestations, des choses inconnues, des noumènes : leur ensemble satisfait la Raison dans toutes les classes de jugements, et contient les solutions de toutes les Idées. Ce que nous avons à craindre, si nous ne découvrons pas un *lien substantiel*, c'est que les diverses images abstraites, les diverses manifestations, soient indépendantes les unes des autres, qu'elles ne puissent pas s'unir en une seule et même représentation. Alors nous nous trouverions en présence d'autant d'expériences différentes qu'il y aurait de classes d'images, expériences dont l'accord serait fortuit, et l'unité illusoire.

A quelle condition l'unité du tout individuel pourra-t-elle être expliquée rationnellement ? C'est, évidemment, à condition que l'on puisse montrer que les différentes synthèses s'unissent dans la Raison, de même que les diverses manifestations de la chose s'unissent dans l'expérience en une seule représentation.

§ 6. Le problème de l'individuation posé par la Raison, au moyen des deux Idées corrélatives du Parfait et de l'Infini.

Mais tout d'abord est-il vrai que la Raison exige une telle unité ? Ne se contente-t-elle pas de l'unité logique qu'elle trouve dans toute l'étendue de l'expérience, par la synthèse d'un Déterminant et d'un Indéterminé, laquelle est illustrée dans toutes ses synthèses particulières ? Est-il vrai que la Raison pose un problème nouveau au sujet de l'union de toutes ses synthèses, non plus au moyen d'une synthèse unique entièrement abstraite, mais *dans* une synthèse unique entièrement concrète, et qui embrasse toutes les autres ?

Si la Raison pose un tel problème, elle doit le poser au moyen de deux Idées corrélatives ; et ces deux Idées doivent être telles, qu'elles résument toutes les autres Idées, comme une synthèse unique embrasserait toutes les synthèses particulières, et comme une représentation individuelle embrasserait les diverses images, les diverses manifestations d'une chose. Ces deux Idées ne peuvent donc pas être le pur Déterminant et le pur Indéterminé, éléments rationnels entièrement abstraits de la loi unique et fondamentale de la pensée, et qui se trouvent illustrés de façons différentes dans toutes les Idées de la Raison ; elles doivent contenir toutes ces illustrations différentes du Déterminant et de l'Indéterminé ; elles doivent être telles, que l'abstraction puisse découvrir en elles toutes les autres Idées.

De telles Idées existent-elles ? Oui ; et nous n'avons plus à le prouver, puisque l'examen des divers systèmes de métaphysique nous les a fournies avec tous leurs caractères remarquables : les deux Idées générales et suprêmes, formées de l'union de toutes les Idées appartenant aux deux séries opposées et unies dans la Raison, sont les Idées du Parfait et de l'Infini.

On voit bien ici l'usage du principe que nous avons essayé d'établir, à savoir que les Idées de la Raison ne sont pas entièrement abstraites, qu'elles contiennent, non pas à la vérité des déterminations sensibles, mais bien les éléments rationnels des déterminations sensibles qui se trouvent dans les relations empiriques d'où elles ont été tirées, déterminations inséparables de ces relations, et que l'analyse a dissociées en dissociant ces relations elles-mêmes.

En effet, s'il en est ainsi, la représentation concrète avec toutes ses déterminations, la chose, le tout individuel, peut être analysé entièrement, et fournir à la Raison deux Idées, qui contiennent les éléments rationnels de toutes ses déterminations. Il y a donc un problème rationnel de l'individuation, fourni par l'analyse, et représenté par les deux Idées du Parfait et de l'Infini. C'est ce que les docteurs du moyen âge avaient fort bien vu.

Selon S. Thomas et les Dominicains, le principe de l'individuation est l'Infini, qu'ils appellent la Matière, à la façon des Anciens ; selon Duns Scott et les Franciscains, c'est le Parfait. Mais là encore, comme toujours, l'erreur des métaphysiciens était de prendre l'une ou l'autre des deux Idées opposées pour une solution du problème rationnel. En réalité, ces deux Idées opposées n'expriment autre chose que le problème lui=même ; et c'est par leur rapprochement seulement qu'il peut être résolu.

§ 7. Le problème de l'individuation résolu par la Raison, par la synthèse des deux Idées du Parfait et de l'Infini.

Nous voici donc amenés encore, et pour la dernière fois, à mettre en présence l'une de l'autre les deux Idées du Parfait et de l'Infini. Cette fois, nous leur laissons ces éléments de déterminations sensibles que nous leur avons reconnus : nous ne les appauvrissons pas, nous ne les vidons pas pour les unir. Le Parfait est le principe de détermination, l'Infini est le principe d'indétermination, non pas dans une classe de jugements synthétiques seulement, mais à la fois dans toutes les classes de jugements synthétiques, dans toutes les parties de la chose, dans la représentation concrète elle-même, riche de toutes ses déterminations sensibles.

Les deux idées suprêmes contiennent, non pas ces déterminations elles-mêmes, mais les éléments rationnels de ces déterminations, analysées en même temps que les rapports avec lesquels elles sont inséparablement liées. La synthèse du Parfait et de l'Infini produit donc la représentation concrète, la chose elle-même avec toutes ses déterminations sensibles ; elle renferme à elle seule l'application de toutes les lois empiriques, l'objet de toutes les Idées, la solution de tous les problèmes que l'abstraction et l'analyse y peuvent découvrir : elle contient donc l'explication absolue de la chose, de toutes ses relations, de toutes ses déterminations, et de son unité individuelle.

Ainsi, dans le Tout individuel, considéré comme une chose qui se limite et se détermine elle-même dans l'espace et dans le temps, qui se meut d'un mouvement propre, qui vit, qui veut librement, et qui se pense elle-même, comme un corps doué d'une âme et d'une conscience, en un mot, comme un organisme, il n'y a rien, ni rapports abstraits, ni déterminations sensibles, ni unité individuelle, qui ne puisse être expliqué rationnellement, c'est-à-dire analysé, et reconstruit par des synthèses d'Idées ; la Raison ne cherche rien hors de ce tout individuel pour l'expliquer, ni un Etre en soi, ni un Tout absolu, ni une cause pour le produire, ni une substance pour le soutenir, ni un espace ou un temps infinis pour recevoir ou contenir d'avance ses manifestations ; il se suffit entièrement à lui-même ; il contient en lui-même tous les principes de son intelligibilité, toutes les conditions de son existence et de son développement indéfini ; il est absolument spontané, indépendant et un : il est lui-même l'Etre et la Vérité.

Troisième Section. — L'UNIVERS

§ 8. La totalité universelle de l'expérience, et le Tout absolu. Transcendance.

Mais, pour montrer l'immanence de la Raison dans

l'expérience, il ne suffit pas d'expliquer entièrement un tout individuel, ou une chose particulière : il faut expliquer aussi les rapports des choses entre elles, si elles sont plusieurs ; il faut expliquer l'ensemble de toutes ces choses, l'expérience dans sa totalité universelle. Or, nous nous trouvons ici en présence d'une difficulté qui paraît insoluble, et qui est telle, que, si elle n'est pas résolue, elle réduit à néant toute notre argumentation.

C'est en vain que nous avons cru pouvoir trouver à l'intérieur d'un tout individuel, d'une chose particulière, tous les principes de son intelligibilité, et toutes les conditions de son développement : aussitôt que nous admettons, à côté d'elle, l'existence d'une autre chose, nous sommes contraints de reconnaître que notre explication était incomplète, ou plutôt entièrement fausse ; nous sommes contraints de revenir aux noumènes et au Tout absolu de la métaphysique et de la dialectique.

En effet, une chose ne pourra connaître que les *phénomènes* d'une autre chose, placée en dehors d'elle : l'existence même de cette autre chose sera pour elle un noumène, un Etre en soi, un problème placé en dehors du domaine de son expérience, et qui partant ne pourra recevoir en elle aucune solution. Elle recevra de cette autre chose certaines déterminations : elle ne sera donc pas entièrement active dans sa connaissance ; elle ne sera pas spontanée, indépendante et une.

Or, comme toutes les choses de l'Univers se développeront indéfiniment, le développement de toutes les autres se manifestera à chacune par un renouvellement indéfini de la matière fournie du dehors à sa sensibilité : le principe et la condition de son propre développement indéfini seront donc hors d'elle ; et il ne pourra exister ni aucune totalité universelle de l'expérience, ni aucun tout individuel, qui ne renferme une totalisation absolue de l'indéfini.

En effet, pour qu'un tout individuel possédât en lui-même une unité rationnelle, il faudrait alors qu'il enfermât la totalité universelle de l'expérience ; et, pour que la totalité universelle de l'expérience fût enfermée dans une synthèse, il faudrait que la matière indéfiniment plastique de la sensation eût épuisé toutes ses puissances, que toutes les déterminations indéfiniment possibles fussent actuellement établies, que les séries indéfinies fussent terminées, en un mot que l'Indéfini qui s'étend au delà de la connaissance fût totalisé dans un Tout absolu ; et si l'on rejette le Tout absolu, on tombe dans la dialectique, et on est amené à dire que, bien que la Raison exige une totalisation de l'expérience, le Tout universel, ne pouvant être ni fini ni infini, n'existe pas.

M. Renouvier croit pouvoir échapper à l'infinitisme et à la dialectique en affirmant l'existence d'un tout universel fini et déterminé, mais cependant inconcevable.

Il réfute la théorie du Tout absolu, non pas, comme Kant, par un procédé purement éristique, qui consiste à rejeter le Tout absolu au nom du tout déterminé — ce qui entraîne cette conséquence, que le tout déterminé est à son tour rejeté au nom du Tout absolu — mais simplement en faisant usage du principe de contradiction. La conception du Tout absolu étant ainsi écartée, le tout déterminé et fini s'impose nécessairement. Mais M. Renouvier renonce à le faire entrer dans une synthèse ; et cela est impossible, en effet, selon les principes de la Critique. Le tout universel existe donc, mais il est inconnu et inconnaissable.

« La synthèse totale des choses, tentée sous un nom ou sous un autre par la métaphysique, est réelle en soi, et cependant impossible pour notre connaissance dans la supposition d'un monde déterminé quantitativement sous toutes ses espèces, tel que le principe de contradiction veut qu'il soit ; mais cette synthèse est logiquement impossible et contradictoire en soi, dans l'esprit et selon les principes de l'infinitisme. La différence est donc grande entre l'incompréhensibilité, que la Critique doit avouer en acceptant mon point de vue, et l'inintelligibilité, qui est le vrai caractère de la synthèse totale, comme l'entend la doctrine de l'infini[1]. »

Mais pourquoi le tout est-il incompréhensible? « Si le monde, quoique déterminé actuellement en tous ses phénomènes, est incompréhensible à notre égard, la raison en est dans l'impossibilité où nous devons être de surpasser la sphère d'expérience dans laquelle nous sommes compris et d'envelopper ce qui nous enveloppe. »

Est-ce donc seulement parce que notre expérience, l'expérience de chacun de nous, hommes terriens, est bornée, est-ce pour cela que l'Univers nous est incompréhensible? Dans ce cas, avec les progrès de la science, et dans l'hypothèse d'une vie éternelle, nous pouvons espérer d'arriver à n'être plus enveloppés par rien, et à étendre notre connaissance avec notre activité jusqu'aux bornes de l'Univers; dans ce cas, nous pouvons concevoir l'existence d'un esprit universel qui connaît le tout et qui l'anime; dans ce cas, nous avons déjà de l'Univers, dans son ensemble, une représentation déterminée, non dans ses détails, mais dans son essence; nous connaissons les conditions de la possibilité du tout; nous en connaissons la définition, sinon la description.

Mais tel n'est pas, selon M. Renouvier, le concept du tout. Le tout est incompréhensible — et doit toujours demeurer incompréhensible, non seulement pour nous, mais pour tout esprit — parce qu'il ne répond pas aux conditions de l'entendement.

« En effet, nous ne pouvons appliquer au monde en son ensemble les concepts d'origine précédée et de cause. Ils nous sont imposés par rapport aux objets quelconques de

---

[1] *Les Labyrinthes de la mét.*, *Crit. philosophique*, t. XII, p. 382.

notre expérience, et notre représentation imaginative ne saurait s'en affranchir, par la raison même qu'ils nous sont donnés pour le réglement de tout ce qui tombe sous notre compréhension. Mais c'est dire que le monde surpasse pour nous la connaissance possible ; c'est la définition même du monde, en tant que totalité dans le temps écoulé, qui, jointe au principe de contradiction, par lequel est exclue la régression effective à l'infini, nous oblige à poser l'incompréhensible pour ne pas poser le contradictoire.

« Il est, non pas plus manifeste à mon avis, mais plus incontestablement reconnu de tous, que nous ne pouvons embrasser par la prévision la suite et la fin du développement de ce monde, dont le commencement et la cause nous échappent et nous fuient, même à titre de problème.

« Le monde en son ensemble, et quant à l'extension spatiale de ses phénomènes, autre forme, autre règle de tout ce qu'il nous est donné soit de percevoir, soit de comprendre, le monde, quant à sa composition intrinsèque totale, et à la fonction universellement enveloppante de ses phénomènes nombrés et localisés, est également en dehors de notre compréhension. N'insistons pas sur la preuve : elle se réfère toujours au même principe, à savoir que, les concepts de l'entendement et les formes de la sensibilité exigeant des objets fixés et déterminés dont ils représentent et règlent les relations, ils sont nécessairement impropres à rendre raison de ces nombres et de ces fonctions de quantités qui vont à l'universel, embrassant toutes les relations par hypothèse, et conséquemment n'y sauraient être compris et tomber sous la connaissance avec elles [1]. »

Le tout est donc incompréhensible, parce que les concepts de l'entendement, exigeant un objet déterminé, ne peuvent pas embrasser l'indéfini ; or, pour déterminer le tout, ces

---

[1] *Ibid.*, p. 282-283.

concepts devraient justement embrasser l'indéfini : en effet, « ils nous sont imposés par rapport aux objets quelconques de notre expérience », ce qu'il faut évidemment comprendre de cette façon, à savoir que les concepts servent à lier les phénomènes en des séries indéfinies.

Mais nous retrouvons là, dans ses grandes lignes, toute la dialectique. Comment donc M. Renouvier peut-il échapper à l'antinomie ? Le voici tout simplement : la dialectique et l'antinomie n'intéressent, pense-t-il, que le concept du tout, mais non le tout lui-même, qui existe en dehors de tout concept.

« J'arrive donc en conclusion dernière à un criticisme qui rappelle celui de Kant, et qui va seulement plus loin, en ce que l'application résolue du principe de contradiction en fait disparaître les antinomies, oppose à leur antithèse une négation formelle, et confirme leur thèse, mais de telle manière que l'idée du monde, qui correspond à une réalité déterminée, ne devienne pas pour cela une synthèse accessible à la connaissance, ni, à proprement, parler comprise [1]. »

Il existe donc un tout, qui ne répond pas aux conditions de l'entendement : cette assertion paraît étrange de la part de M. Renouvier : nul n'a insisté plus que lui sur l'identité des conditions de la vérité avec les conditions de l'existence : c'est au nom de ce principe qu'il refuse d'admettre l'indéfini dans le passé ; c'est au nom de ce principe qu'il livre un combat acharné à l'infinitisme. Mais ce même principe, il l'oublie, quand il affirme l'incompréhensibilité du tout.

Mais, répondrait M. Renouvier, si le tout est incompréhensible, il n'est pas inintelligible, c'est-à-dire contradictoire, parce qu'il n'est pas infini. Alors, demanderons-nous, pourquoi est-il incompréhensible ? S'il est fini, il répond bien aux conditions de la vérité. S'il est incompréhensible,

---

[1] *Ibid.*, p. 382.

c'est qu'il n'est pas fini et déterminé. Le tout n'est donc ni fini ni infini : il n'est pas infini, parce qu'il est réel, il n'est pas fini, parce qu'il ne peut entrer dans aucune synthèse. Il n'y a pas à en douter, la théorie de l'incompréhensibilité du tout universel est une théorie dialectique.

Et, en effet, pour peu que l'on soit *criticiste*, on est dialecticien, malgré qu'on en ait : la preuve et la réfutation du Tout absolu, et la preuve et la réfutation du tout limité, sont également inattaquables avec les principes de la *critique*. Pour échapper à la dialectique, il fallait déterminer le tout universel, et le faire entrer dans une synthèse : et pour cela, il fallait rompre avec la Critique, employer la méthode de l'analyse, et accepter avec toutes ses conséquences l'Idéalisme auquel elle conduit inévitablement.

§ 9. Identité du Tout universel et de l'Individu. Immanence.

En effet, si le tout individuel est tel que nous l'avons défini par l'analyse et par la synthèse, la pensée y est enfermée tout entière ; elle n'en peut pas sortir pour le lier à autre chose, et pour voir qu'il reçoit quelque chose du dehors ; il est à lui-même sa cause et son effet, sa substance et son mode, son sujet et son objet ; c'est sa propre action qu'il souffre ; c'est lui-même qu'il connaît ; non seulement il possède en lui-même tous les principes de son intelligibilité et toutes les conditions de son existence et de son développement indéfini, mais il n'y a rien hors de lui, il est indépendant et solitaire : il est lui-même l'univers.

Et de même qu'il n'y a qu'un seul moyen de concevoir un tout individuel véritablement synthétique et un, c'est de le définir comme un tout universel, de même aussi il n'y a qu'un seul moyen de concevoir un tout universel enfermé dans une synthèse, et partant de le concevoir de quelque façon que ce soit, c'est de le définir comme un individu.

C'est à cette condition seulement qu'il n'y aura rien dans le tout universel, ni rapports abstraits, ni déterminations concrètes, ni unité totale, qui ne puisse être analysé et reconstruit par des synthèses d'Idées ; c'est à cette condition qu'il pourra être entièrement expliqué et compris, qu'il se suffira à lui-même, qu'il contiendra en lui-même tous les principes de son intelligibilité, et toutes les conditions de son existence et de son développement indéfini ; c'est à cette condition que la Raison ne cherchera rien hors de lui, et qu'il sera lui-même l'Etre et la vérité absolue.

L'Univers doit donc être conçu et imaginé comme un organisme, comme un corps doué d'une âme et d'une conscience, comme un grand Vivant, qui se limite et se détermine lui-même dans l'espace et dans le temps, qui s'enferme dans son présent éternel et immense, qui est cause et effet, substance et mode de lui-même ; il se développe incessamment par les puissances qui sont en lui ; il se crée, il se connaît lui-même ; il vit, il veut, il pense et agit librement ; il est partout présent et tout-puissant, parce qu'il est seul dans l'immensité et dans l'éternité.

Tel est l'Etre dont la connaissance est entièrement indépendante et spontanée : et cette connaissance est lui-même, et il se crée en se pensant lui-même ; tel est l'Etre véritablement infini et parfait, dans lequel la Raison est complètement immanente, et qui est une synthèse vivante et réelle de toutes les Idées, et de ces deux Idées suprêmes, le Parfait et l'Infini.

§ 10. Conclusion. L'Idéalisme empirique.

Nous nous contentons ici d'indiquer ces conclusions de l'Idéalisme tel que nous le concevons : elles seront développées dans le dernier chapitre de notre Essai. Pour le moment, il nous suffit d'avoir établi, aussi clairement que nous avons pu, les principes mêmes de cet Idéalisme.

Nous avons tout d'abord résolument et systématiquement écarté de notre explication de l'expérience toute passivité, c'est-à-dire que nous nous sommes interdit d'avoir recours à l'inexplicable et à l'inconnaissable, pour expliquer la connaissance. Alors, nous avons cru reconnaître que la connaissance pouvait être tout entière épuisée par l'analyse ; nous avons cru reconnaître qu'il n'y a, dans l'expérience, aucune détermination, ni aucune indétermination, aucune réalité, aucune puissance, aucune unité suprême, qui ne puisse être comprise au moyen des Idées de la Raison, aucune Idée, aucun problème de la Raison, qui ne trouve son objet, son application immanente et sa solution naturelle dans l'expérience. Ainsi, nous avons cru pouvoir fournir une preuve rationnelle de cette assertion, que nous avions d'abord posée comme évidente déjà sans démonstration, à savoir que la connaissance est toute spontanée, indépendante, et absolument vraie.

L'Idéalisme est la seule explication rationnelle de l'expérience : dans les différents systèmes, l'explication est poussée aussi loin qu'est poussé l'Idéalisme ; et dès que l'on en sort, on ne peut faire autre chose, et on ne prétend faire autre chose, en effet, que recourir à l'inconnaissable et à l'inexplicable pour expliquer la connaissance. En effet, l'esprit ne peut comprendre que ce qu'il crée ; la pensée ne peut connaître qu'elle-même. Chercher l'explication universelle et absolue de l'expérience, ce n'est donc autre chose que chercher à établir dans toute sa rigueur une théorie idéaliste.

L'explication idéaliste de l'expérience s'imposerait à tous les esprits, si elle ne semblait choquer le sens commun et les croyances instinctives ; mais comme les croyances instinctives sont souvent le résidu des erreurs métaphysiques du passé, et comme beaucoup, qui semblaient profondément enracinées, sont tombées déjà à la lumière de la science et de la réflexion, il ne faut pas craindre d'attaquer toutes celles qui restent encore, et de choquer le sens commun, si ces croyances aveugles et ce sens commun s'opposent à ce qui apparaît clairement comme une vérité.

Toutefois, comme nous allons essayer de le montrer, on n'est pas réduit à cette fâcheuse extrémité, en défendant la théorie idéaliste : on peut très bien la faire accorder avec le sens commun ; et cela, non par une sorte de transaction qui exigerait des sacrifices mutuels, mais au contraire en développant l'Idéalisme, en le présentant dans toute sa rigueur et dans toute sa pureté. Ce qui choque le sens commun, c'est un demi-Idéalisme : un demi-Idéalisme porte le trouble dans l'expérience, parce qu'il change le rapport de ses parties ; mais un Idéalisme radical, parce qu'il n'est qu'une explication homogène de la nature de l'Univers lui-même, ne change rien à ses proportions intérieures.

En fournissant une explication idéaliste de l'Univers par l'analyse et par la synthèse, on ne risque pas de choquer le sens commun, puisqu'au contraire on lui donne satisfaction, en faisant rentrer sous les lois empiriques ce qui semblait dépasser la pensée et confondre l'imagination. Ainsi l'Idéalisme complet et rigoureux est le véritable et le seul empirisme.

CHAPITRE III

L'INFINI ET LE PARFAIT DANS L'UNIVERS

§ 1. Introduction.

Les deux Idées suprêmes du Parfait et de l'Infini semblaient flotter, lumineuses et vaines, dans l'Empyrée. Aussitôt que nous avons essayé de les réunir, nous avons vu se dissiper le mirage métaphysique ; mais elles n'ont pu s'élever jusqu'à cette Unité absolue qui est par delà l'Empyrée : comme elles étaient relatives, elles sont retombées dans le domaine de l'expérience.

Alors, cherchant quel rôle elles y pouvaient jouer, nous avons essayé de les relier aux représentations sensibles au moyen du Tout absolu ; nous nous sommes perdus dans une Unité absolue d'une autre sorte. L'Un de la métaphysique pure s'élevait dans une région inconnue, dont on ne pouvait rien dire ; l'Un de la métaphysique du Tout absolu n'est autre chose que l'expérience elle-même, mais l'expérience ayant perdu son caractère de contingence, et dans laquelle les Idées, jouant un rôle transcendant, produisent des antinomies et des contradictions inévitables. Cet Un a des parties et des éléments, mais il n'est pas la somme de ses parties, ni la relation de ses éléments ; et tout ce qu'on en peut dire est contradictoire et antinomique, parce que nous avons laissé la contradiction et l'antinomie s'introduire dans les deux Idées suprêmes dont la synthèse l'a produit.

Enfin nous avons débarrassé de nouveau ces Idées de l'alliage étranger : nous leur avons rendu la pureté rationnelle qu'elles avaient dans la métaphysique pure ; et nous avons vu alors que de leur rapprochement inévitable naissait l'expérience, sans aucune violence, et que leur synthèse enfermait l'objet de la connaissance sensible, et de la Raison elle-même, dans la représentation d'un Vivant universel.

Dans cette représentation, avons-nous dit, est contenue la totalité universelle de l'expérience possible, ou de l'imagination, aussi bien que de l'expérience réelle, ou de la perception : en dehors d'elle on ne saurait rien connaître, ni rien imaginer ; on ne saurait non plus rien concevoir ni rien chercher d'aucune façon. On ne saurait poser en dehors d'elle aucun noumène ni aucun problème transcendant, en elle aucune antinomie ni aucun problème dialectique.

En effet, les deux Idées suprêmes du Parfait et de l'Infini contiennent toutes les Idées ; en résolvant les problèmes qu'elles représentent, on résout tous les problèmes de la Raison ; en montrant comment elles s'unissent dans une synthèse, qui n'est autre chose que la représentation d'un organisme indépendant et solitaire, on montre complètement l'immanence de la Raison dans la totalité universelle de la connaissance sensible.

Tel est le résultat dernier auquel a abouti notre argumentation. Il nous reste seulement à le développer, en montrant les grandes lignes de cette reconstruction de l'Univers au moyen des deux Idées suprêmes de la Raison.

Première Section. — L'Infini

§ 2. L'Infini, l'Indéfini et l'Indéterminé.

L'éternité passée, l'éternité future, l'immensité qui enveloppe l'Univers, l'éternité et l'immensité qui se trouvent entre deux positions successives et voisines d'un mobile, l'éternité et l'immensité qui sont au delà des bornes extérieures de l'Univers, comme au delà de ses limites internes, c'est-à-dire entre les derniers points et les derniers instants de ses dernières déterminations, le Continu, l'Infini de l'espace et du temps, qui contient l'Infini des effets et des modes possibles, s'il était une réalité, extérieure et antérieure à la représentation, consisterait en un nombre infini de parties et de déterminations : pour éviter la contradiction du Tout absolu, il faut réduire l'Infini à l'*Indéfini* qui se trouve à l'intérieur de l'acte de la connaissance.

Or, en réduisant l'Infini à l'Indéfini, on ne fait autre chose que revenir sur une inférence dont on a reconnu le vice : en effet, la conception de l'Infini actuel a été formée en terminant l'Indéfini, pour l'objectiver.

L'Infini n'est donc autre chose que l'Indéfini, et consiste seulement en ceci, que l'esprit peut indéfiniment poursuivre la multiplication et la division d'une durée ou d'une étendue données, indéfiniment développer les représentations de causalité ou de substantialité, pour y découvrir sans cesse de nouvelles causes et de nouveaux effets, de nouvelles substances et de nouveaux modes.

Mais que signifie cet Indéfini lui-même? Quel est son fondement réel? S'il a un fondement quelconque en dehors de la représentation, il faut que l'objet donné ait un nombre infini de parties ou de déterminations : on retourne à l'Infini actuel, on retombe dans les contradictions du Tout absolu. Le fondement de l'Indéfini ne peut donc être autre chose que l'Indétermination qui se trouve dans l'acte même de la connaissance.

La connaissance est à chaque instant déterminée par des limites extérieures et intérieures : mais si elle consistait uniquement dans ces limites, si elle était tout actuelle, si elle ne contenait aucune indétermination, le Continu, l'Infini, l'Indéfini n'auraient aucun sens : la connaissance ne serait pas un acte synthétique; elle ne serait rien de réel, ni rien de représenté.

La représentation présente contient certaines déterminations, reste et produit du passé, germe et promesse de l'avenir : dans ce sens, elle contient le passé et l'avenir tout entiers : mais elle ne les contient pas avec toutes leurs déterminations possibles ; de même elle ne contient pas toutes les déterminations possibles de l'étendue qu'elle embrasse, ni de l'étendue qu'elle peut créer par son développement. L'Infini, l'Indéfini n'est autre chose que cette Indétermination qui est dans la représentation.

§ 3. L'Infini à l'intérieur de la synthèse. L'Indéfini, le possible et la puissance.

Mais encore, qu'est-ce que cette Indétermination ? A quelle réalité répond-elle ? Quel est son fondement ? Autrement dit, comment faut-il concevoir l'Idée qui l'exprime ?

Tant qu'on soumet cette Idée à la loi de l'unité synthétique de la connaissance, il est évidemment impossible de ne pas faire de l'Indéterminé une représentation synthétique, et partant, de ne pas déterminer l'Indéterminé, actualiser l'Indéfini, totaliser l'Infini.

Et il ne sert de rien de vouloir rejeter, par un procédé éristique, cette conception du Tout absolu, car elle s'impose inévitablement : il faut en effet répondre à cette question : Qu'est-ce que l'indétermination qui se trouve dans la connaissance ? Quel est son fondement réel ? Et l'on ne peut moins faire que de concevoir cette indétermination comme une chose réelle, comme un lieu où se trouveraient en puissance un nombre infini de nombres, de figures et de déterminations sensibles, de même qu'un bloc de marbre contient en puissance un nombre infini de statues.

On ne change rien à cette nécessité inévitable en réduisant l'Indéterminé à un pur Possible. Le pur Possible n'est autre chose encore que le Néant réel, existant extérieurement et antérieurement aux déterminations de la connaissance, il n'est autre chose que l'Indéterminé déterminé, que l'Indéfini actualisé, que l'Infini totalisé. Ce pur Possible est donc absolument impossible, et le réel n'en peut pas sortir.

Pour éviter la conception contradictoire du Tout absolu, il faut donc reconnaître que l'Indéterminé ne peut être ni représenté, ni conçu en lui-même d'aucune façon, parce qu'il n'est pas soumis à la loi de l'unité synthétique de la connaissance : l'Indéterminé, considéré abstraitement n'est qu'une Idée obtenue par la dissociation de cette loi entièrement abstraite; considéré concrètement, c'est-à-dire comme l'Indétermination qui se trouve dans la connaissance concrète, il n'est qu'une Idée obtenue par la dissociation de l'acte complet de la connaissance.

L'Indéterminé, l'Indéfini, l'Infini ne peut donc être conçu que par son opposition et son union avec le Parfait, dans l'acte synthétique de la connaissance; son fondement n'est pas en dehors de la connaissance : il est dans l'acte même de la connaissance, aussi bien que le fondement du Parfait, ou du principe déterminant de l'existence et du développement de la représentation.

Si l'on rapproche ces deux Idées l'une de l'autre, alors seulement naît une conception synthétique, une pensée, une représentation : en concevant ensemble dans une même représentation les deux Idées du Parfait et de l'Infini, on ne fait autre chose que se représenter l'objet de l'expérience. La connaissance doit donc être considérée comme absolument indépendante et spontanée. Si elle se développe indéfiniment, c'est qu'elle possède en elle-même tous les principes et toutes les conditions de ce développement indéfini. Elle ne rencontre aucun être extérieur à elle, car elle est elle-même l'Etre et la Vérité ; elle ne rencontre aucun Possible antérieur à elle, car elle est elle-même le réel et le possible.

L'avenir n'est possible que parce que le présent contient les éléments de sa possibilité ; le passé est possible de même, parce que le présent contient les éléments de la possibilité de sa reconstruction ; une chose quelconque n'est possible qu'en tant qu'elle est réalisée en partie et achevée par l'imagination. Et inversement dans toute chose réelle il y a une indéfinie possibilité, parce que rien n'est si achevé et parfait, qu'on n'y puisse découvrir encore et toujours des puissances indéterminées.

L'imagination, dans ses divisions et dans ses amplifications indéfinies, ne sort jamais, non plus que la perception elle-même, des limites d'une synthèse déterminée, mais elle étend indéfiniment ces limites, en créant la durée et l'étendue abstraites, et les puissances réelles, et la possibilité indéfinie ; le monde sensible est à chaque moment limité extérieurement et intérieurement, mais il est essentiellement mobile et vivant, indéfini et en puissance, parce qu'il se crée sans cesse, et se pense lui-même, par une action indépendante et spontanée.

§ 4. L'Eternité du passé, dernier retranchement de l'Infinitisme.

Si la représentation est entièrement spontanée et indépendante, c'est-à-dire si l'Etre n'est pas autre chose que la représentation, l'Infinitisme, avec sa conséquence, la dialectique, ne peut avoir aucun fondement, car la conception du Tout absolu ne se présente que lorsqu'on croit être contraint par la Raison de faire une somme de toutes les représentations présentes, passées, futures, ou possibles à l'infini : s'il n'y a rien hors de l'acte de la connaissance, qui lui soit antérieur, et qui renferme les conditions de son existence et de son développement indéfini, il est évident que cela seul qui est représenté est réel, et est totalisé dans la synthèse universelle. Quant aux représentations passées, ou futures, ou possibles, elles existent seulement en puissance dans la mémoire ou dans l'imagination créatrices. Et si elles sont entièrement oubliées, si elles ne sont prédéterminées ou prévues d'aucune façon, si en un mot elles ne sont absolument pas représentées, elles ne sont pas des représentations : elle ne sont rien.

M. Renouvier se contente de cette solution pour ce qui est du présent et de l'avenir, mais non pour le passé ; il fonde la possibilité de l'éternité future sur cette observation, que les représentations qui doivent la remplir ne *sont* en aucune façon, ni actuellement existantes, ni prédéterminées dans aucune pensée — ce que nous exprimerions en disant qu'elles ne sont ni perçues ni imaginées. Mais, dit-il, ce qui *a été*, fait une somme, quand même aucune pensée ne le compterait.

Par cette affirmation, M. Renouvier nous semble contredire le principe fondamental de son système, qui est le principe idéaliste de l'identité de l'être et de la représentation. De plus, logiquement, il devait être entraîné dans l'Infinitisme et dans la dialectique, comme nous avons essayé de le montrer plus haut [1].

Il est vrai que, pour éviter la nécessité de totaliser un nombre infini de représentations passées, il pose un commencement absolu ; mais c'est précisément en posant un commencement absolu qu'on pose un Tout absolu, car il

---

[1] V. P. IV, ch. II, § 8.

est impossible qu'il n'y ait pas, entre ce commencement absolu et le moment présent, un nombre infini de représentations passées.

Si l'avenir est indéterminé et infini, le passé aussi doit l'être, parce que l'avenir n'est que le développement des puissances laissées par le passé dans le présent ; si l'avenir était fini et prédéterminé entièrement, il serait possible d'en prévoir la fin par l'étude des déterminations du présent : de même, si le passé était fini, c'est-à-dire s'il y avait un commencement premier, il serait possible de remonter jusqu'à lui, par la connaissance du présent. S'il est impossible que le présent soit absolument déterminé dans toutes ses puissances, s'il renferme un indéfini qui doit se développer dans l'avenir, c'est qu'il est impossible d'assigner un commencement, aussi bien qu'une fin, au développement intérieur et extérieur de l'Univers.

Ces considérations ne peuvent échapper à M. Renouvier ; aussi déclare-t-il que son Tout universel, bien que réel, est incompréhensible, et si l'on cherche la Raison profonde de cette incompréhensibilité du Tout, on la trouvera certainement dans cette assertion, plus ou moins consciente, que le passé est indéfini, et que cependant il est fini.

Comme nous l'avons dit plus d'une fois, un Idéalisme incomplet implique la conception du Tout absolu, et soulève des antinomies. L'Idéalisme de Kant portait déjà, non seulement sur l'espace et le temps abstraits, mais encore sur le développement indéfini de l'avenir. M. Renouvier pousse l'Idéalisme plus loin, en supprimant la passivité de la connaissance dans la sensation ; mais il s'arrête devant ce qui lui paraît être une impossibilité, de réduire le passé, comme l'avenir, comme la perception présente, à une action, ou à une puissance active de la connaissance.

S'il obéissait aux nécessités de son propre système, s'il suivait jusqu'au bout les conséquences de son principe fondamental de l'identité de l'être et de la connaissance, il reconnaîtrait, pensons-nous, que l'éternité passée est en puissance dans la représentation présente, tout de même que l'éternité future ; que le passé, non plus que l'avenir, n'est rien en dehors de la représentation ; que le passé est tout entier dans la mémoire ; que le souvenir, étant une connaissance, est une action indépendante et spontanée ; que *la mémoire crée le passé*, et ne le *reproduit* pas, non plus que l'imagination ne reproduit un avenir prédéterminé hors d'elle, ou que la perception ne reproduit un monde sensible antérieur à elle.

Il est vrai que la création du passé est soumise à certaines conditions et à certaines lois ; mais ces conditions et ces lois n'ont d'autre fondement que les déterminations qui sont dans la perception présente. Et quant à la nécessité qui contraint tous les esprits de s'accorder sur la vérité de certains faits, elle se trouve aussi dans la prévision de l'avenir, et dans la perception présente ; et elle a pour fondement la solidarité universelle, et l'union de toutes les représentations présentes, de toutes les consciences individuelles, dans une vie et dans une pensée commune et unique, comme nous le montrerons plus loin.

Réduire le passé à une pure création de la mémoire, tel est le dernier effort que nous demandons à l'idéalisme, pour échapper à toute difficulté rationnelle touchant l'origine et la cause première des choses, pour rejeter à la fois le mystère d'un Dieu nouménal devenant tout d'un coup actif et bon, et la contradiction d'une Puissance ou d'un Possible absolus, pour expulser enfin les derniers restes de métaphysique pure, d'infinitisme et de dialectique, et pour établir l'entière immanence de la Raison dans la connaissance.

Or, il n'est pas plus difficile d'admettre que la mémoire crée le passé, que d'admettre que l'imagination crée l'avenir et le possible, ou que la perception crée le monde sensible. Et si l'on rejette en principe toute métaphysique, si l'on admet qu'il n'y a pas d'être en dehors de la représentation, cette conséquence s'impose avec la dernière rigueur.

Et, en effet, n'est-il pas bien évident qu'aucun effort de la pensée ne saurait aboutir à ce résultat, d'attribuer un mode quelconque de réalité à ce qui est entièrement oublié ? N'est-il pas contradictoire d'additionner ce qui n'est pas représenté avec ce qui est représenté, c'est-à-dire d'unir un pur Indéterminé, dans un même tout, avec ce qui se compte par des traces et des souvenirs que le passé a laissés dans le présent ?

De même que l'avenir qui n'est pas encore, le passé qui n'est plus n'est rien. Si l'expérience s'étend dans l'avenir, pourquoi ne se restreindrait-elle pas dans le passé ? Si elle s'enrichit de représentations qui, avant d'être représentées, ne sont rien, pourquoi ne s'appauvrirait-elle pas de représentations qui, après qu'elles ne sont plus représentées, ne sont rien, puisque la connaissance est spontanée, qu'elle ne dépend d'aucune condition antérieure, et ne reproduit aucun être extérieur à elle ?

§ 5. Le Présent.

Si le problème de l'éternité et de l'immensité se présente sous la forme d'une antinomie, c'est que l'on méconnaît la véritable nature du *présent ;* et si l'on méconnaît la nature du présent, c'est qu'on méconnaît la nature de la synthèse.

En effet, tant qu'on réduit l'acte synthétique de la connaissance à une liaison d'éléments fournis du dehors, comme le temps apparaît comme une pure succession, le présent ne peut être qu'un instant entre le passé et l'avenir ; or, l'instant n'est rien de réel, ni de représenté ; il n'y a pas d'instant présent, puisque le temps est essentiellement mobile.

Dès lors, on ne trouve, dans la succession du temps, aucun moment où l'on soit en droit de s'établir comme en un centre, d'où la perspective s'étende sur le passé et sur l'avenir jusqu'à certaines limites, lesquelles puissent être les limites du temps ; on est donc contraint de suivre une pure succession indéfinie, qui n'a rien de réel, puisqu'à mesure qu'un de ses instants deviendrait réel, l'autre cesserait de l'être ; on est contraint d'enregistrer et de compter, en leur donnant à toutes la même valeur, les représentations du passé et celles de l'avenir, à supposer qu'elles soient possibles ; et on ne peut enfin former la représentation d'une totalité du temps, que par la totalisation actuelle d'une série indéfinie.

Mais si la synthèse est une auto-création de la représentation, il devient possible de former une représentation d'un présent qui soit autre chose qu'un instant, et d'une totalité du temps qui soit autre chose que la totalité actuelle d'une série indéfinie. En effet, il est impossible alors à la pensée de sortir de la représentation présente pour considérer la série du temps ; et le temps tout entier est contenu dans le présent : le présent s'étend à la fois sur le passé et sur l'avenir ; il ne renferme pas le passé en tant que passé, ni l'avenir en tant qu'avenir, mais il renferme le passé par les traces qu'il a laissées dans la perception présente et dans le souvenir ; il renferme l'avenir par les prédéterminations et les prévisions qui sont dans la représentation présente, c'est-à-dire qu'il renferme le passé et l'avenir en tant qu'ils sont représentés et *présents*.

Ainsi la *succession* n'est pas une simple ligne, dont tous les instants auraient la même valeur dans la série ; elle se combine avec la *simultanéité*, pour former le *champ objectif* de la conscience : autour d'un *centre*, s'étend un *horizon*, une *perspective* plus ou moins éloignée ; les faits importants ou très voisins sont perçus ou imaginés avec une grande clarté ; les autres vont s'effaçant par degrés, selon la *profondeur* du présent, ou la *pénétration* de la conscience, qui est, comme nous avons essayé de le montrer, la troisième dimension du temps [1].

C'est seulement dans un présent ainsi perçu et imaginé par une conscience, que la causalité et la substantialité peuvent être une finalité et une pensée, c'est-à-dire une causalité et une substantialité réelles, et non une série sans unité ; c'est dans ce présent seulement, que l'effet peut être prédéterminé dans la cause, que le mode peut modifier la substance, et qu'il peut y avoir enfin diversité et unité, puissance et réalité, vie et pensée.

Soit donc qu'il n'y ait dans l'Univers qu'une seule conscience humaine, soit qu'il y ait une conscience universelle, unissant dans un même acte synthétique les représentations de plusieurs consciences individuelles, rien n'existe, ni passé, ni futur, que ce qui est représenté dans une représentation présente.

La science absolue que les théologiens attribuent à Dieu est une conception contradictoire : il est impossible de penser que l'être suprême puisse connaître actuellement tous les événements qui ont rempli ou rempliront une durée infinie dans une étendue sans limites :

« S'ensuit-il, dirons-nous avec M. Pillon, que l'on doive regarder comme impossible la perfection de prescience — et, ajouterons-nous, *de souvenir* et *d'omni-présence?* Oui, assurément, si l'on fait consister cette perfection dans la connaissance d'un nombre infini de réalités futures — *ou passées*. Non, si, au lieu d'attribuer à l'être supposé parfait « une seule pensée infinie et éternelle », on admet que son intelligence diffère de la nôtre par son étendue, non par sa nature ; qu'elle procède, comme la nôtre, par des actes séparés et successifs de pensée, que, par chacun

---

[1] V. P. I, ch. II, § 9.

de ces actes, elle ne met jamais en même temps dans le champ de sa prescience — *et de son souvenir* — qu'une partie de l'avenir — *et du passé :* qu'elle est libre de reculer successivement les limites de son horizon, mais qu'elle est toujours obligée d'en imposer une à son regard[1]. »

Cela revient à dire que Dieu, ou la conscience universelle, ne connaît pas le passé en tant que passé, ni l'avenir en tant qu'avenir ; qu'il ne connaît que le présent, et dans le présent, par le souvenir et la prévision, le passé et l'avenir, en tant qu'ils sont représentés dans une synthèse, c'est-à-dire en tant qu'ils sont présents. Des événements qui nous semblent passés ou futurs, parce que nous ne saisissons pas leur continuation, sont peut-être présents pour une pensée plus étendue; des événements que nous avons oubliés, ou que nous ne prévoyons pas, parce que notre pénétration dans le présent est faible, peuvent lui être connus. La science d'un être suprême — s'il existe — peut embrasser et dépasser la science de tous les esprits du monde que nous habitons; il peut sonder les cœurs, pénétrer la vie inconsciente de la matière organisée, prévoir les grands développements et la fin des mondes divers, et se rappeler leurs origines ; il peut étendre son regard jusqu'aux bornes des cieux, et imposer à l'Univers les déterminations de sa volonté : mais il est impossible qu'autre chose soit connu et réel, que la somme limitée des déterminations du présent.

§ 6. L'Infini dans le présent. L'Eternité et l'Immensité réelles.

Mais, bien que déterminé en toute sa représentation, le présent est essentiellement mobile, et change indéfiniment. Il n'est pas une synthèse *faite* ou actuelle—ce qui d'ailleurs

---

[1] *Crit. de l'Infini*, § 17, *Année philosophique*, 1890.

ne serait pas une véritable synthèse, puisque l'Indéterminé en serait absent : il est une synthèse qui se fait sans cesse ; il est à la fois fini et indéfini, déterminé et en puissance, toujours limité intérieurement et extérieurement, mais s'étendant et se développant, et se faisant indéfiniment. Il est limité et déterminé en toutes ses parties et dans sa totalité ; le passé et l'avenir, comme l'étendue, qu'il renferme, sont mesurés, aussi loin que s'étendent les créations de l'imagination, du souvenir et de la prévision ; mais il ne contient pas toutes les mesures ou toutes les déterminations du passé et de l'avenir : c'est-à-dire qu'il ne contient pas les mesures et les déterminations du passé et de l'avenir en tant que passé et avenir, parce que le passé et l'avenir, comme l'étendue que renferme le présent, changent sans cesse, s'étendent, se développent, se font, tandis que se crée le présent lui-même.

Ainsi, le présent n'est pas autre chose qu'un devenir éternel et immense. Mais cette éternité et cette immensité n'ont rien de métaphysique, et ne soulèvent aucune antinomie, parce qu'elles ne sont rien hors de l'expérience, parce qu'elles n'ont aucun fondement, aucune condition hors de la représentation, parce que la représentation est indépendante et spontanée, et crée l'espace et le temps, indéfiniment, c'est-à-dire crée l'immensité et l'éternité, en se créant elle-même.

§ 7. L'Infini dans l'être concret.

L'être concret, c'est-à-dire la perception qui occupe ce présent immobile, indéfini, immense et éternel, ne saurait être aussi qu'une synthèse qui se fait sans cesse. L'Univers se crée et se pense lui-même ; il se développe et s'étend indéfiniment. Rien ne peut arrêter les croisements des forces diverses qui agissent dans l'espace et dans le temps ; des ondes circulaires peuvent s'étendre autour de chaque cause et de chaque substance, et se propager indéfiniment, sans être, faute de place, anéanties par d'autres, contraires ou semblables ; il y aura toujours place pour des modes et des effets plus reculés ; et l'on ne pourra jamais dire d'une manifestation quelconque de l'être ou de la pensée : ceci est l'élément simple et dernier : la division des représentations ne va pas plus loin ; ici est le dernier degré de la pénétration des consciences, la limite intérieure du développement de l'Univers.

Rien ne peut arrêter l'agrandissement de l'Univers dans l'espace et dans le temps ; nulle part ne peuvent se trouver les bornes extérieures définitives et absolues du monde sensible ; car les bornes du monde sensible reculent indéfiniment par l'effort de l'être et de la pensée ; et si l'imagination est capable de supposer sans cesse quelque chose au delà des bornes qu'elle s'impose à elle-même, c'est que la perception aussi, c'est-à-dire l'être concret lui-même, franchit sans cesse les bornes dans lesquelles il s'enferme.

Or, cet Indéfini qui se trouve dans l'Univers n'est pas un pur *Possible*, ou une puissance *passive*. Le pur Possible, la puissance passive seraient des conditions extérieures à la représentation, et ne pourraient se concevoir que sous la forme d'un Tout absolu antinomique et contradictoire. Cet indéfini, cet Infini immanent et réel est contenu dans les puissances actives de l'être.

L'Infini dans le monde sensible, c'est la *liberté ;* mais la liberté n'est pas absolument indéterminée ; elle n'est pas une pure *indifférence :* elle est faite de représentations et de résolutions ; elle rencontre des limites précises ; elle se conforme à certaines lois et à certaines conditions déterminées. Cependant, elle n'est pas absolument déterminée ou actuelle, comme le veulent les métaphysiciens idéalistes : elle est, comme tout ce qui est réel, une synthèse d'un principe parfait et d'un principe infini : elle est la synthèse de cette Liberté absolue des métaphysiciens idéalistes, et de cette Liberté d'indifférence des matérialistes conséquents, lesquelles ne sont l'une et l'autre que des Idées. La liberté réelle est à la fois déterminée et indéfinie, parce qu'elle est mobile et spontanée : elle s'impose à elle-même les conditions et les lois auxquelles elle obéit ; elle possède en elle-même son principe de perfection rationnelle, et le principe indéterminé de son développement indéfini.

L'Infini dans le monde sensible, c'est le *désordre*; mais dans tout désordre il y a un certain ordre, comme il y a du désordre dans toute organisation : l'Infini, c'est le désordre qui est dans l'ordre de l'Univers. L'Infini, c'est le *mal*; mais ce n'est pas le mal conscient ou voulu, le mal naturel ou moral, qui est une chose déterminée, et dans lequel il y a du bien : c'est l'imperfection de l'Univers, sans laquelle il n'y aurait aucun bien, aucun progrès, aucune évolution, aucune synthèse. L'Infini dans le monde sensible, c'est encore *l'inconnu*; mais dans tout inconnu, il y a quelque chose de connu, comme dans toute connaissance il y a quelque chose d'inconnu : l'Infini est l'inconnu sans lequel il n'y aurait aucune connaissance.

Sensation dans la perception, sentiment dans la pensée, impulsion dans la volonté, matière inorganique dans les corps organisés, précipitation de pensées, condensation d'expériences inépuisables, répercussion de la sympathie, révélation du temps confus et sans ordre, enveloppement des consciences, soupirs de la nature, souffrant du sentiment de son imperfection et de sa vanité[1], rêves inconscients, affirmation obscure et confuse de la solidarité physique, intellectuelle et morale de tous les êtres dans une vie et dans une pensée suprême et universelle, vague sentiment des forces inconnues qui s'agitent tumultueusement dans les fonds cachés de la vie et de la pensée, ma-

---

[1] Pascal, M. Spencer, M. Fouillée, M. Bergson, Leibnitz, Saint-Paul.

tière grossière d'où sort sans cesse l'esprit subtil, ténèbres profondes d'où jaillit la lumière, tel est l'Infini immanent et réel qui se trouve dans le monde sensible ; ou plutôt telles sont les puissances actives qui le contiennent.

Car dans toutes ces puissances actives et réelles, il y a des déterminations, et partant, un principe de perfection rationnelle. L'Infini, c'est le principe absolument indéterminé, sans lequel l'Univers serait parfait et actuel, comme le conçoivent les métaphysiciens Idéalistes, ou plutôt, sans lequel il ne serait pas une synthèse, et ne serait rien de représenté, ni de réel. L'Infini, c'est l'indétermination qui se trouve dans l'Univers, et grâce à laquelle est possible son évolution indéfinie. Mais cette indétermination n'a pas son fondement et sa condition hors de la connaissance, car elle n'est qu'une Idée obtenue par l'analyse de la connaissance : elle ne se conçoit que par son opposition et son union avec un principe de perfection, dans la représentation synthétique du monde sensible. Et cette synthèse se fait sans cesse ; l'Univers se crée et se pense lui-même ; il se développe et s'étend par les puissances qui sont en lui, et possède en lui-même tous les principes et toutes les conditions de son existence et de son progrès indéfini.

Deuxième Section. — LE PARFAIT OU DIEU

§ 8. L'Idée du Parfait.

La métaphysique moderne, jusqu'à ces dernières années, était, comme on l'a vu, essentiellement théologique : l'Idée cosmologique de l'Infini était autant que possible écartée, ou dissimulée, ou bien chargée de toutes les antinomies et de toutes les contradictions que l'on croyait trouver dans la Raison ; on ne cherchait l'explication de l'Univers que dans l'Idée du Parfait.

Cette tendance radicalement théologique se manifestait clairement dans les systèmes de morale : pour conformer sa pensée et sa volonté à la nature du grand Tout, l'homme devait viser à une perfection absolue et métaphysique, qui excluait la liberté et le progrès, qui anéantissait la personnalité, et était contraire aux conditions de la vie.

L'apparition de l'école évolutionniste change l'orientation de la philosophie moderne : l'Idée cosmologique de l'Infini devient le principe premier de l'explication de l'Univers, et le fondement de la morale. Mais par l'effet d'une force intellectuelle qui pousse la philosophie, par des révolutions successives, d'un extrême dans l'autre, c'est-à-dire d'une métaphysique dans la métaphysique opposée, et lui fait franchir, sans lui permettre de s'y arrêter, la région moyenne où les deux Idées suprêmes du Parfait et de l'Infini sont unies et immanentes dans la connaissance sensible, l'école évolutionniste ignora ou nia l'Idée du Parfait, ou bien la chargea d'antinomies et de contradictions, pour la renverser par des procédés éristiques.

Or, non seulement la théorie évolutionniste se perdit ainsi dans un matérialisme qui n'était pas mieux fondé que la métaphysique théologique qu'il remplaçait, mais, plaçant l'idéal de l'évolution dans l'Infini où sont ses origines, elle aboutit enfin à la négation du progrès éternel.

Contempler l'Infini, c'est penser avec la nature, mais avec la nature s'ignorant elle-même, encore grossière et alourdie, et à peine sortie du néant ; c'est descendre aux régions ténébreuses où sont les sources de la vie et de la pensée : mais à mesure qu'on s'enfonce dans ces profondeurs mystérieuses, on perd de vue le principe qui fait sortir la nature du chaos, la lumière qui éclaire son évolution, le but vers lequel elle tend ; et enfin le fond de l'être apparaît comme un chaos ténébreux éternel.

Pour comprendre le sens de la vie de l'Univers, et, en même temps, pour éviter toute métaphysique et toute dialectique, il ne faut pas oublier que l'être a ses sources cachées dans l'Infini : mais si d'un côté la nature est plongée dans l'Infini, de l'autre elle s'élève vers le Parfait, et par l'influence du Parfait. Au-dessus du chaos et de l'inconnu brillent la conscience et la volonté, animées par un principe de perfection rationnelle, éclairées par la lumière de l'Idéal. L'homme peut arriver à comprendre l'ordre lumineux des choses ; sa pensée peut s'étendre et s'élever ; sa puissance grandir, par la purification et le progrès intellectuel et moral, jusqu'à prévoir l'évolution de l'Univers, et lui imposer des lois : mais c'est en contemplant l'Idée du Parfait, c'est en s'élevant vers Dieu.

§ 9. Le Parfait. L'Ame de l'Univers.

Toutefois il faut se garder, si l'on veut être fidèle à la théorie de l'immanence de la Raison, de faire de cette Idée du Parfait, de ce Dieu, un être réel distinct de l'Univers, ou même un être idéal placé en dehors de l'évolution. L'Idée du Parfait ne peut pas être soumise à l'unité synthétique de la pensée ; elle ne peut pas devenir une représentation : elle n'est concevable que par son opposition et son union avec l'Idée corrélative de l'Infini, dans une seule et même représentation, qui est la représentation de l'Univers.

Si l'Idée du Parfait et l'Idée de l'Infini ont été découvertes, en opposition l'une avec l'autre, par une simple analyse rationnelle, et si par conséquent elles n'ont d'autre usage qu'un usage immanent dans une même représentation, l'Univers formé de leur synthèse doit être considéré comme un chaos qui se débrouille, comme une puissance qui se réalise incessamment, comme un organisme vivant, autonome et spontané, et qui contient en lui-même, ainsi que le principe de son indétermination, le principe déterminant de son existence et de son développement indéfini.

Le Parfait est ce principe déterminant de l'organisation

et de l'évolution de l'Univers; il est l'unité de ses déterminations, et l'ordre de son développement. Mais cet ordre et cette unité n'ont aucune condition ni aucun fondement en dehors de l'Univers, de même que l'indétermination qui est en lui n'a hors de lui aucune condition ni aucun fondement. Le Parfait immanent dans l'Univers n'est donc pas une Cause ou une Substance absolues, soit pures, soit commandant des séries infinies de modes et d'effets, mais une cause et une substance réelles, c'est-à-dire une finalité, une vie, une volonté, une conscience, en un mot une *âme*.

Mais l'âme n'est pas un autre être que le corps; la vie et la pensée qui animent l'Univers, ne se séparent pas de lui. L'âme de l'Univers, c'est la cause qui le crée, et son corps est l'effet de cette cause, l'action de ce principe d'activité; l'âme de l'Univers, c'est la substance, c'est la conscience qui le connaît, et son corps est le mode de cette substance, l'objet de cette connaissance. Mais cette cause ne se sépare pas de ses effets, ni cette substance de ses modes : c'est l'Univers lui-même qui se crée et se connaît par un même acte spontané.

§ 10. L'âme universelle, et l'Idéalisme : L'exigence de la Raison.

Avant d'aller plus loin, et de montrer quelle doit être la nature de cette âme de l'Univers, il nous faut écarter une dernière fois une objection qui s'est déjà présentée à plusieurs reprises, et que soulève inévitablement l'Idéalisme : il semble que la théorie idéaliste de l'immanence de la Raison ou de la spontanéité de la connaissance doive inévitablement s'enfermer dans les limites étroites de l'Idéalisme appelé *subjectif*, théorie d'après laquelle il n'y a dans l'Univers qu'une seule conscience personnelle, une seule âme, une âme humaine.

En effet, de dire l'Univers composé de plusieurs âmes, échangeant quelques pensées, mais substantiellement distinctes, ce serait admettre à la fois une passivité dans la conscience, et, dans le tout universel, une pluralité, qui n'entrerait dans aucune synthèse, dans aucune conscience.

Une conscience personnelle, une âme humaine doit donc être entièrement créatrice et spontanée ; elle s'attribue à elle-même, et à juste titre, tout ce qu'elle connait ; ce qui lui serait entièrement extérieur ne peut pas être pensé et ne peut pas exister. Il ne saurait rien y avoir hors de moi, ni matière ni pensée ; mes inductions et mes découvertes, mes perceptions et mes imaginations sont mes créations : c'est autour de moi et par moi que se meuvent les mondes les plus éloignés dans le ciel : l'Univers, avec toutes les âmes qui me paraissent l'habiter, n'est qu'une projection de ma sensibilité créatrice ; ma conscience est universelle et solitaire ; mon âme est l'âme de l'Univers : l'Univers, c'est moi.

Que répondre à cela ? C'est que, si ma personne est réellement un tout individuel parfaitement synthétique et un, si je n'ai conscience que d'elle, et si je n'en puis pas sortir, il faut bien que les autres personnes que je vois autour de moi soient des projections de ma conscience. Et il ne serait pas difficile d'expliquer comment je puis créer ces apparences : ce qui est impossible, c'est d'expliquer comment je pourrais les connaître, ou les penser de quelque façon que ce soit, hors de moi, hors de ma conscience, hors de ma connaissance, hors de ma pensée. Si donc ma personne est un tout véritablement individuel, elle est le tout universel, et il faut admettre qu'il n'y a rien hors d'elle.

L'Idéalisme subjectif le plus étroit s'impose donc inévitablement dans la théorie de la spontanéité de la connaissance ou de l'immanence de la Raison, s'il est vrai qu'une conscience humaine est une véritable *unité* de pensée. Mais c'est là ce que la Raison n'exige nullement. Tout ce que la Raison exige, c'est que l'Univers tout entier ne soit autre chose que la création et la pensée d'une conscience, le corps d'une âme unique et souveraine : mais elle n'exige pas que cette conscience unique et souveraine soit une conscience humaine : elle admet parfaitement qu'il y ait dans l'Univers plusieurs âmes humaines. Mais à une condition toutefois, c'est que ces âmes humaines, ces consciences personnelles ne soient pas de véritables touts, de véritables unités de pensée, mais qu'elles soient les parties d'une âme unique et suprême.

Une conscience humaine est-elle une unité véritable, ou bien est-elle une partie d'une pensée plus vaste ? Y a-t-il dans l'Univers une seule conscience humaine, ou plusieurs consciences individuelles communiquant entre elles et s'unissant dans une conscience universelle ? C'est là une question qui appartient à la psychologie expérimentale, aux sciences naturelles, et non à la pure logique, ou à la science suprême de la Raison.

La Raison s'opposerait aux conclusions de la psychologie ou des sciences naturelles, si celles-ci affirmaient à la fois que la conscience humaine est une unité parfait de connaissance, et que, cependant, il y a plusieurs consciences dans l'Univers. En effet, ce qui alors serait pour l'une une réalité qu'elle créerait, serait pour les autres un être extérieur à elles, un noumène : l'hypothèse d'une pluralité de consciences, substantiellement séparées — hypothèse qui se réduit à celle de l'existence d'un Etre en soi hors de la représentation — est contraire à la Raison. Mais si la Raison proteste contre une telle hypothèse, c'est qu'elle serait contraire aux conditions de l'expérience même, dont la Raison n'est que la loi immanente. En effet, si la psychologie affirme l'existence de plusieurs âmes, ce sera seulement parce qu'elle aura reconnu qu'une conscience humaine n'est pas un tout complet, une véritable unité de pensée.

Pour le moment, nous n'affirmons pas qu'il en soit ainsi

nous disons seulement que, pourvu que soit respecté le principe fondamental de la théorie de l'immanence de la Raison, à savoir que la connaissance est entièrement spontanée et indépendante, et que, par une conséquence immédiate, l'Univers tout entier est la création d'une âme ou d'une conscience suprême et unique, la Raison est indifférente sur la question de savoir quelle est la grandeur de cet Univers, et quelles sont ses parties, quelle et la grandeur et quelles sont les parties de cette âme ou de cette conscience.

Une terre autour de laquelle tourneraient un petit soleil et des étoiles infimes et méprisables, ou bien la terre et son soleil, et tous les mondes du firmament gravitant autour d'un centre prodigieusement éloigné ; une seule personne humaine s'entourant de ses hallucinations, ou des milliards d'humanités vivant la vie commune du tout, et confondant leurs pensées dans la pensée d'un être suprême : toutes les descriptions de l'Univers que pourront fournir les sciences naturelles, sous la condition que nous avons dite, satisferont la Raison. Quels que que soient sa grandeur et son degré de développement, l'Univers est immense et éternel, parce qu'il crée l'espace et le temps ; il est tout-connaissant et tout-puissant, parce qu'il crée tout ce qui est, parce qu'il se crée et se connaît lui-même, et se développe sans fin par sa propre puissance, parce qu'il est universel et solitaire.

§ 11. Le Panthéisme physique ou naturel.

Si l'Univers doit être le corps d'une âme unique et souveraine, âme humaine, ou âme plus élevée, embrassant les âmes humaines fondues dans son unité, cette âme est Dieu : l'Idéalisme physique ou naturel que nous défendons aboutit donc à un *panthéisme*. Le mot ne nous effraie pas; seulement on en a abusé : on a appelé panthéisme l'Idéalisme métaphysique, qui est un acosmisme; on a appelé panthéisme le Matérialisme métaphysique, qui est un athéisme ; on a appelé, et avec plus de raison, panthéisme le Monisme de la métaphysique du Tout absolu.

Mais ce panthéisme étant une doctrine métaphysique, nous n'avons pas à y revenir. Notre panthéisme est un panthéisme physique ou naturel : il n'implique d'aucune façon la conception du Tout absolu. La pensée de Dieu, dans la théorie de l'immanence de la Raison, ne remplit ni des espaces ni des durées à l'infini, et ne contient pas un nombre infini de perfections : la pensée de Dieu est immense, éternelle et absolue, seulement parce qu'elle est souveraine et solitaire, et que l'Univers est sa création incessante et libre.

Ce panthéisme est le panthéisme vulgaire ou religieux : le panthéisme, en effet, peut être appelé la religion naturelle. Les religions *révélées* diffèrent par leurs éléments anthropomorphiques, c'est-à-dire par la nature des attributs psychologiques, des pensées et des sentiments qu'elles attribuent à l'âme universelle ; mais elles ont toutes un même fond de panthéisme : si Dieu anime le monde et le meut, non du dehors par des intermédiaires, mais du dedans et immédiatement par sa pensée et par sa volonté, il est l'âme du monde ; s'il vit, s'il veut, s'il pense dans l'âme humaine, il lui est immanent. Telle est notamment la doctrine du Saint Esprit, au nom de laquelle les hérétiques se sont élevés de tout temps contre la scolastique, contre la théologie et le cléricalisme qu'elle enfante : doctrine absurde si on en cherche l'expression dans la théologie, dont elle est la négation ; doctrine de liberté intellectuelle et morale, si on la prend pour ce qu'elle est, la simple croyance religieuse en l'immanence de Dieu dans la nature.

Le panthéisme religieux est un panthéisme anthropomorphique : si ces mots rapprochés semblent jurer, c'est seulement à cause de l'habitude que l'on a prise de considérer le panthéisme comme une doctrine de la métaphysique du Tout absolu : le panthéisme religieux, avant d'être cristallisé dans une théologie, n'exclut nullement l'anthropomorphisme. Les attributs métaphysiques de Dieu sont une invention des Pères et des Docteurs : les Révélateurs, qui parlent au vulgaire sous l'influence de l'Esprit saint, universel et souverain, ne connaissent que les attributs psychologiques de Dieu : les hommes, disent-ils, sont créés à son image; ils peuvent le connaître, l'aimer, lui obéir, c'est-à-dire penser ses pensées, et vouloir avec lui.

Ainsi les religions vivantes peuvent soutenir leur prétention d'être une expérience. Leurs affirmations et leurs hypothèses peuvent satisfaire plus ou moins les besoins de l'esprit humain ; souvent elles contredisent les résultats certains de la science ; mais, tant qu'elles n'ont rien de théologique, tant qu'elles sont de pures croyances qui appartiennent à l'ordre purement empirique, elles ne soulèvent aucune difficulté de l'ordre rationnel. Rien de ce qui est contraire à l'expérience possible, rien de ce qui est contraire à la théorie de l'immanence de la Raison, n'est affirmé par l'esprit religieux.

§ 12. La connaissance de Dieu.

Le problème de l'existence de Dieu ne présente aucune difficulté dans la théorie de l'immanence de la Raison. La Raison exige seulement qu'il y ait dans l'Univers une pensée unique et souveraine : et cette pensée est Dieu. Si l'esprit de l'humanité est la pensée la plus étendue et la plus élevée qui soit dans l'Univers, cet esprit est Dieu lui-même. S'il y a dans l'Univers une seule âme humaine, cette âme est Dieu ; rien n'existe que par elle et pour elle, et l'Univers immense et éternel n'est que la projection de sa sensibilité. Si la pensée humaine n'est qu'une partie d'une pensée plus grande, qui embrasse des milliards d'humanités, et préside à l'harmonie des mondes, cette pensée est Dieu.

Quelles sont les inductions permises et les hypothèses qui s'imposent sur la grandeur de l'âme universelle, c'est ce que nous indiquerons plus loin; pour le moment, nous nous contenterons de dire quelle sorte de connaissance nous pouvons avoir de Dieu. Nous connaissons Dieu sans sortir des conditions de la connaissance sensible; nous connaissons Dieu par la multiplication des expériences et des observations, par le progrès et le concours de toutes les sciences; nous connaissons Dieu par le sacrifice de notre âme, qui nous fait trouver une âme plus grande et plus élevée, par l'amour intellectuel et moral, qui nous fait vivre et penser avec nos semblables; nous connaissons Dieu par le sentiment de ce qui est vrai et de ce qui est beau : nous connaissons Dieu en connaissant l'Univers. Et nous connaissons l'Univers sans sortir de nous-mêmes; car Dieu n'est pas seulement une âme semblable à l'âme humaine, il est cette âme elle-même; il n'y a pas entre les hommes et lui des échanges de pensées et d'images, mais une communication substantielle et une identité naturelle; nous ne voulons pas ce qu'il ordonne, mais nous voulons avec lui; l'amour que nous avons pour lui n'est pas autre chose que l'amour qu'il a pour nous; et nous le connaissons par le même acte par lequel il nous connaît. Car c'est en lui que nous vivons, que nous pensons, et que nous aimons.

§ 13. La conscience universelle.

Quoique rudimentaire peut-être, et peut-être déchue, la pensée humaine est d'origine et de nature divines. Toutefois, il ne faut pas se hâter de conclure que l'homme est la mesure de toutes choses, que sa pensée est la pensée suprême et universelle, et que ce Dieu qui est en lui ne le domine pas, et n'est pas plus grand que lui. S'il était seul, l'homme individuel serait Dieu ; mais s'il reconnaît qu'il y a dans l'espace et dans le temps des êtres égaux ou supérieurs à lui-même, comme tous les esprits de l'Univers doivent être en communication intime et substantielle les uns avec les autres, il croira à l'existence d'une pensée universelle, dont il n'est qu'une faible partie, et qu'il adorera en lui donnant le nom de Dieu, qu'il se refusera à lui-même. Mais par là il ne se heurtera à aucun problème rationnel insoluble, et ne fera rien, qu'étendre son expérience par des inductions légitimes.

La science reconnaît que l'histoire est le théâtre d'une évolution dont les origines et la fin lui demeurent inconnues. L'observation directe et immédiate est peu de chose et ne suffirait pas pour constituer une science, si elle n'était soutenue, expliquée et prolongée par l'*induction*, dont le fondement doit être en dehors de chaque science, mais non en dehors de la connaissance sensible ou de l'expérience elle-même. Nos pensées s'élèvent et s'abaissent, brillent et s'éteignent, pour se rallumer encore ; chacune d'elles n'éclaire qu'une faible partie de l'espace et du temps ; les hommes passent, et l'esprit de l'humanité leur survit ; l'humanité comprend elle-même qu'elle n'est pas seule dans l'Univers, et qu'elle travaille sans le vouloir à l'exécution d'un plan dont les dimensions confondent sa pensée.

Mais ici nous rencontrons une théorie qui a joué un grand rôle dans la philosophie de notre siècle, la théorie de la *pensée universelle inconsciente*. Par delà l'expérience, s'étend un ordre et un arrangement universels ; et c'est ce qui permet à l'expérience de s'agrandir ; c'est ce qui lui permet aussi de donner une valeur universelle à ses propres conclusions : mais cet ordre, cet arrangement, cette finalité, cette évolution universelle n'est accompagnée d'aucune pensée, ou — ce qui revient au même — elle est une pensée inconsciente.

C'est là une doctrine très nettement métaphysique : elle ne nous étonne pas chez Hegel, chez Schopenhauer et chez les Matérialistes; mais comment expliquer que M. Renouvier puisse l'adopter ? Or il l'adopte évidemment, quand, après avoir déclaré que le concept du Tout est incompréhensible, il déclare qu'il y a une finalité universelle. Mais si le concept du Tout est incompréhensible, c'est-à-dire s'il n'est embrassé par aucune pensée, ni par une pensée humaine, ni par une pensée supérieure à celle de l'homme, comment peut-on appliquer à ce Tout le concept de finalité, c'est-à-dire une des lois de la pensée ? Comment la finalité, qui est une loi de la pensée, fournirait-elle une synthèse qui s'étendrait au delà de la pensée ?

Et que serait une finalité inconsciente, c'est-à-dire une finalité qui s'étendrait sur un ensemble de choses qu'aucune pensée n'embrasserait ? Cela est inconcevable ; cette finalité ne pourrait être qu'un heureux hasard : comment, en effet, les effets pourraient-ils réagir sur les causes, être les causes des causes, être prédéterminés et contenus d'avance dans le présent, s'ils ne sont pensés et voulus d'avance ?

Si l'on affirme qu'au delà de l'expérience humaine s'étend une finalité ou un ordre quelconques, et si l'on veut en même temps éviter la métaphysique, il faut admettre qu'il y a une expérience, une pensée, une conscience plus vaste que la pensée humaine, et dont elle fait partie ; car en dehors d'une conscience, il n'y a rien de perçu, rien de réel et rien de concevable.

§ 14. Conscience universelle et consciences particulières.

Mais s'il en est ainsi, nous ne pourrons pas échapper à une objection qui, à ce qu'il paraît, doit ruiner l'Idéalisme, s'il refuse de se restreindre aux limites d'une conscience humaine : si l'Univers est un être vivant et conscient, la personnalité humaine est niée. Or, non seulement cette doctrine est moralement décourageante, mais elle a contre elle un fait d'expérience, le fait unique et suprême, et plus qu'un fait : elle a contre elle l'inévitable affirmation d'un moi éternel, dont dépendent tous les faits et toutes les notions.

Mais cette affirmation d'un moi éternel, l'Idéalisme ne la détruit pas : il la transporte seulement à l'Etre universel, qui seul est une conscience véritable. Et quant à cette affirmation d'un moi particulier et individuel, c'est-à-dire quant au sentiment de la personnalité humaine, l'Idéalisme ne le nie pas : il l'explique ; il ne change rien aux rapports des âmes entre elles, tels que les imaginent le sens commun, le sentiment moral et la foi religieuse : il montre la possibilité de ces rapports.

Il faut sacrifier au tout les consciences particulières ; il faut sacrifier à la personnalité de l'Univers divin la personnalité humaine. Mais c'est là un sacrifice qui ne coûte rien à l'expérience, et sur lequel est fondée toute morale et toute religion vivantes.

Si l'on examine de près cette représentation de la personnalité humaine, on s'aperçoit qu'elle n'est pas aussi nettement délimitée, ni aussi fortement concentrée en elle-même qu'elle paraît l'être au premier abord : elle contient en effet un *inconscient*, qui n'est autre chose que la conscience vague et enveloppée de pensées qui n'appartiennent pas à la sphère restreinte que nous appelons notre personne. Et si nous tentons de pénétrer dans cet inconscient, le sentiment de notre personnalité et de notre indépendance, loin de se développer et de se concentrer davantage, tend à s'évanouir dans une pensée qui nous semble objective.

Or en réalité nous ne sortons pas, par l'inconscient ou le subconscient, de notre conscience, car cela est impossible ; mais notre conscience s'élargit et s'étend au delà des limites d'une personne humaine : nous nous apercevons que la représentation de notre personne n'est pas tout ce qu'il y a dans notre conscience, mais que nous pensons avec d'autres personnes, que nous vivons une vie commune, et pensons une pensée universelle, dans une conscience plus vaste, qui embrasse toutes les pensées étroites et éphémères, non pas en les additionnant les unes aux autres, comme des unités indépendantes, mais en les unissant par une pénétration mutuelle.

S'il en était autrement, l'existence d'autres personnes à côté de notre personne nous serait totalement inconnue, même à titre de problème : si une personne humaine peut juger qu'il y a d'autres personnes humaines à côté d'elle, et s'il lui est impossible de penser qu'elle est le tout universel, ce n'est pas seulement par une induction qui a pour fondement la croyance à une vie commune, c'est par la conscience même de la solidarité naturelle et de la communication substantielle de toutes les personnes humaines, par la conscience d'une pensée universelle ; l'objet de notre pensée ne grandit qu'à mesure que grandit le sujet, qu'il embrasse des pensées multiples, et s'élève vers Dieu.

Il est vrai que l'individualité ne peut pas appartenir au tout universel et à ses parties de la même façon, et dans le même sens ; mais les parties du tout universel peuvent posséder une sorte de totalité ou d'individualité, suffisante pour expliquer la naissance d'une conscience personnelle. Chacune de ces parties possède, en effet, en elle-même, par la pensée, des échos et des influences profondes du tout universel, et en reflète la nature ; et quiconque connaîtrait entièrement une chose, connaîtrait l'Univers. L'unité de ce qui vit et de ce qui pense consiste en ceci, que le tout est contenu dans chacune de ses parties : si l'une vient à manquer, il n'y a pas de hiatus dans le tout, mais sa nature est modifiée ; chacune de ses parties projette autour d'elle des échos harmoniques, et pénètre toutes les autres. Le mouvement, la vie et la pensée du tout n'est autre chose que cette pénétration mutuelle et cette harmonie universelle.

Les personnes humaines ne sont donc pas des touts concentrés en eux-mêmes, de véritables unités de pensée : elles ne sont pas de telle nature, qu'elles ne puissent pas communiquer ensemble et se fondre dans une pensée universelle.

Mais comme une pensée universelle ne saurait être, ainsi qu'on l'a vu, qu'une pensée consciente, pour que les personnes humaines se fondent dans une pensée universelle, il faut encore qu'une conscience parfaitement *une* puisse envelopper des consciences humaines. Quel est donc, sur cette question, le résultat de l'observation?

Une des affirmations les plus remarquables des sciences naturelles de notre temps est celle de l'existence de consciences générales : cette affirmation n'eût-elle aucune preuve, elle n'en aurait pas moins que l'affirmation contraire ; et elle a pour nous l'avantage d'expliquer la possibilité de l'existence de plusieurs âmes humaines dans l'Univers, et de l'existence d'un Dieu plus grand que l'homme. Nous voulons parler de la théorie des *consciences sociales*.

De tout temps on avait observé que les sociétés se développent comme les individus, ce qui permit à Pascal d'avancer ce paradoxe, que c'est nous, les derniers venus, qui sommes les *Anciens*. Auguste Comte établit une théorie de la *dynamique sociale;* Stuart Mill, une théorie de la *statique* sociale. Aux observations sur les sociétés humaines s'ajoute l'étude toute nouvelle des sociétés animales : on arrive à considérer les sociétés comme des organismes vivants, et les organismes vivants comme des sociétés. Mais comme il est impossible de concevoir un organisme sans aucune conscience, on est amené à faire descendre la conscience de l'Empyrée, où elle s'enfermait dans une unité *absolue*, pour la soumettre à toutes les lois de l'expérience, de la nature et de l'évolution : on parle de *communications de consciences*, d'*accumulations de consciences*, de *scisciparité de consciences*, d'*unité de consciences* ; on en vient à définir la conscience comme *le lien et l'unité d'une pensée sociale*, et à accorder enfin une conscience aux sociétés animales et aux sociétés humaines.

Évidemment les peuples et les races ne peuvent pas avoir une conscience propre, parce que l'unité de leur organisation n'est pas assez parfaite : les sociétés ne sont que les *membres* du grand Vivant Mais s'il est impossible d'observer directement de véritables organismes en s'élevant au-dessus de l'humanité — à moins de s'élever jusqu'à l'être suprême — il n'en est pas de même quand on étudie les parties des êtres vivants. Les vivants supérieurs sont composés de microorganismes qui ont leur vie propre : cela n'est pas une théorie, mais un fait d'observations ; ces microorganismes continuent de vivre, quand l'organisme dont ils font partie est détruit. S'ils sont inconscients, voilà une organisation qui existe, et qui cependant n'est perçue par aucun esprit : c'est de la métaphysique. On ne voit pas d'ailleurs, si les organismes dont nous sommes composés sont conscients, en quoi notre conscience générale en pourrait être gênée ou amoindrie.

Mais la simple analyse psychologique nous donnera des résultats bien plus précis que ne sont ceux des sciences naturelles, encore inachevées, et peut-être à peine ébauchées. Si, négligeant les doctrines métaphysiques des Allemands sur le *moi*, ou leurs théories dialectiques sur le *sujet*, nous nous reportons aux fines et définitives analyses de nos psychologues du XVIIe et du XVIIIe siècle, nous verrons que la conscience personnelle n'est pas une unité *absolue*, qu'elle se forme par la *collection d'états intel-*

lectuels divers, de sensations qui se groupent, se pénètrent, s'unissent : la conscience est une harmonie dans une diversité, une unité dans une multiplicité.

Nos sensations sont parfois localisées, c'est-à-dire que nous ne sentons pas seulement des sensations de tout notre corps, mais aussi des sensations de certaines parties de notre corps, ce qui est incompréhensible, si ces parties ne sont pas conscientes. Mais une preuve directe qu'elles sont conscientes se trouve dans les mouvements habituels, instinctifs, et réflexes : surtout dans les mouvements réflexes, causés par des sensations qui sont inconnues à notre conscience générale.

Enfin, si l'on considère que notre conscience s'étend dans la durée, qu'elle se modifie, et qu'elle subit des intermittences, on sera contraint de reconnaître qu'elle est composée de plusieurs consciences diverses : cette observation n'est pas nouvelle : et elle est si évidente, que la permanence de la conscience a paru à plusieurs un mystère inexplicable.

Ainsi il faut considérer les consciences supérieures comme composées de consciences diverses unies dans un organisme vivant. Pour rester fidèle à la définition rationnelle de la pensée universelle, nous ne serons pas contraints de nous enfermer dans un Idéalisme subjectif étroit et invraisemblable, nous pourrons nous élever à un Idéalisme assez large, pour laisser place à l'induction et à la croyance. Il peut y avoir au-dessus de nous, et autour de nous, un ordre et une finalité, s'il peut y avoir une pensée ; une pensée, s'il peut y avoir une conscience universelle, dont nos consciences particulières font partie.

§ 15. La personnalité de Dieu.

Notre panthéisme, n'impliquant pas la conception du Tout absolu, n'entraîne donc nullement la négation de la personnalité consciente de Dieu, comme le panthéisme métaphysique : seule au contraire une pensée universelle peut être concentrée en elle-même, c'est-à-dire réellement individuelle, personnelle et consciente.

« La personnalité, dit Strauss, est *un moi concentré en lui-même, par opposition à un autre moi*. L'absolu, au contraire, c'est l'Infini qui embrasse et contient tout, qui par conséquent n'exclut rien. Une personnalité absolue est donc un non-sens, une idée absurde. Dieu n'est pas une personne à côté et au-dessus d'autres personnes ; mais il est l'éternel mouvement de l'universel, qui ne se réalise et ne devient objectif que dans le sujet. La personnalité de Dieu ne doit donc pas être conçue comme individuelle, mais comme une personnalité totale, universelle; et, au lieu de personnifier l'absolu, il faut apprendre à le concevoir comme se personnifiant à l'infini [1]. »

Strauss oppose un système de métaphysique à d'autres : ni sa métaphysique, ni celle qu'il combat ne peut plus nous intéresser : Dieu est pour nous un être concret, réel et déterminé, et pas un Absolu. Ce que nous attaquons ici dans l'argumentation de Strauss, c'est la définition qu'il donne de la conscience ou de la personnalité : *un moi concentré en lui-même par opposition à un autre moi*.

On trouve là, en effet, cette double affirmation métaphysique et contradictoire dont nous avons parlé, à savoir l'affirmation à la fois de l'unité absolue de la conscience humaine, et de la pluralité des consciences humaines.

Si la personne humaine est une véritable conscience totale et une, c'est-à-dire si elle est concentrée en elle-même, pour la mettre en opposition avec d'autres *moi*, il faut se placer au-dessus d'elle, en dehors de toute expérience possible ; et on donne alors une construction métaphysique pour une définition rationnelle.

[1] Strauss, *Glaubenslehre*, t. II, p. 565.

Mais si, au contraire, comme cela paraît évident, un moi humain est en opposition avec d'autres moi, c'est qu'il n'est pas concentré en lui-même, c'est qu'il n'est pas une unité absolue, une véritable conscience : l'homme qui se sentirait pleinement personnel et concentré en lui-même, se croirait seul dans l'Univers.

La définition rationnelle de la personnalité absolue, c'est-à-dire entièrement consciente et concentrée en elle-même, doit se trouver par une simple analyse, et doit avoir pour éléments deux Idées corrélatives, dont la synthèse produise la représentation de cette personnalité. Or, il est vrai que l'un de ces termes, l'élément déterminant, est l'Idée du moi ; mais le second, l'élément indéterminé, n'est pas un autre moi : c'est le non-moi. Or, le non-moi n'est pas un être, non plus que le moi : ce sont deux Idées, qui ne sont concevables que par leur opposition et leur union dans une seule et même représentation, qui est la représentation d'une personne consciente et une.

La pensée universelle est donc la synthèse d'un moi et d'un non-moi : le non-moi n'est que l'extension et la dispersion du moi ; et le moi n'est que l'harmonie et l'unité du non-moi. Le moi est une âme, et le non-moi un corps : mais cette âme et ce corps ne sont qu'un seul et même être, un organisme vivant, qui est l'Univers.

Dieu est donc un être personnel, s'il est l'âme de l'Univers, de même que notre conscience et notre volonté sont l'âme de notre corps propre. Les sensations et les pensées de Dieu ne sont autre chose que les mouvements intérieurs de son corps, comme nos pensées sont les mouvements intérieurs de notre corps. Mais tandis que notre corps sont soumis à des actions du dehors qui lui résistent, qui tendent à le détruire ; tandis que notre pensée étant, par certaines influences, en communication avec une pensée plus élevée, s'agite dans ce corps, comme dans une prison, Dieu est seul dans un corps solitaire, dont rien n'arrête le développement ; il le connait entièrement et lui commande sans rencontrer de résistance ; sa pensée et sa volonté sont toutes concentrées en lui-même.

Comprises ainsi, la Toute-présence, la Toute-science, la Toute-puissance de Dieu cessent d'être l'objet de dogmes absurdes, fondés sur la théorie métaphysique du *Tout absolu ;* toute contradiction et toute absurdité disparaissent, sinon tout mystère : on se trouve en présence de théories qui sont d'un ordre purement empirique, qui satisfont la science rationnelle la plus difficile, et que les plus humbles esprits peuvent comprendre.

La Toute-présence, la Toute-science, et la Toute-puissance de Dieu ne sont autre chose que la présence, la science et la puissance de l'être universel. Il est tout présent, parce qu'il est seul : rien n'est hors de lui, ni réalité, ni pensée, ni possibilité, ni même espace ou temps vides ou abstraits. Il est tout connaissant, parce que tous les phénomènes de l'Univers sont ses perceptions. Il est tout-puissant, parce que tous les mouvements de l'Univers sont les mouvements de sa volonté ; il veut, et des mondes nouveaux sont créés, et entrent dans l'harmonie céleste.

§ 16. La Liberté de Dieu.

L'Univers est donc conscient de lui-même ; il doit aussi être libre : la conscience et la liberté doivent être ses deux attributs essentiels, s'il se connaît et se crée lui-même, s'il n'est, comme le veut l'Idéalisme physique ou naturel, qu'une pensée spontanée.

Le problème de la liberté est un de ceux que la dialectique a rendus très compliqués et en apparence insolubles ; mais la Raison ne doit pas être tenue pour responsable d'une antinomie qui tient uniquement à une faute de raisonnement ; la Raison donne toujours des solutions satisfaisantes, quand les problèmes sont posés d'une façon logique :

l'antinomie de la liberté a pour cause le rapprochement illégitime d'une notion métaphysique avec une représentation empirique.

On commence par établir un déterminisme métaphysique en niant la liberté, qui est essentielle à l'expérience, puis on cherche à concilier ce déterminisme avec l'expérience de la liberté ; il est évident qu'il n'y a pas de solution : depuis la *chaîne* mystérieuse de Bossuet jusqu'à l'*idée-force* de M. Fouillée, tous les systèmes de conciliation sont contradictoires et impensables. Il faut reconnaître que l'antinomie est absolument insoluble.

Mais aussi n'a-t-elle aucune signification ; il faut renoncer à la métaphysique, ou bien demeurer dans le système de métaphysique que l'on a choisi ; il ne faut pas placer un des termes du problème dans ce système, et l'autre en dehors. Le déterminisme métaphysique, avons-nous dit, a deux significations différentes et même opposées, selon qu'il appartient à l'Idéalisme ou au Matérialisme ; or, dans chacun de ces deux systèmes on trouve une définition de la liberté qui s'accorde fort bien avec le déterminisme qui y est impliqué. En effet, la représentation empirique de la liberté, comme toutes les représentations, fournit à la Raison deux Idées opposées, dont l'une sera utilisée par la métaphysique du Parfait, et l'autre par la métaphysique de l'Infini[1].

L'Etre, tel que le conçoit l'Idéalisme métaphysique, est parfait, c'est-à-dire qu'il n'admet aucune indétermination ;

---

[1] Ces deux Idées n'ont pas trouvé place dans nos tables, parce qu'elles sont mélangées : ce sont bien des Idées, puisqu'elles sont obtenues par l'analyse d'une représentation sensible; mais elles sont confuses, parce que ce rapport n'a pas été simplifié par l'abstraction, avant d'être analysé. On peut trouver par l'analyse deux Idées dans toute représentation concrète ou abstraite, et même dans la représentation d'un être individuel ; mais il n'y a là aucun problème nouveau, aucune difficulté rationnelle, si l'on a prouvé que les représentations se réduisent les unes dans les autres, et toutes dans une relation fondamentale, par l'abstraction.

telle est la première signification du déterminisme. L'Idéalisme métaphysique nie donc la liberté? Oui, la liberté pratique ; mais cette représentation déterminée n'a rien à faire dans une telle doctrine ; elle ne doit lui fournir que l'un des deux éléments rationnels, l'une des deux Idées dont elle est la synthèse, et cette Idée prend alors le nom de Liberté. La vraie Liberté n'admet aucune indétermination ; ainsi parlaient les Stoïciens, ainsi parlent les théologiens, ainsi doivent parler tous les métaphysiciens idéalistes. L'Univers est donc libre, puisque la notion de la Liberté n'est pas autre chose que la notion du déterminisme lui-même. Voilà une solution rigoureuse du problème de la liberté à l'intérieur du système de la métaphysique idéaliste.

Si l'on en veut une autre, il faut sortir tout à fait de ce système ; et si l'on adopte le Matérialisme, on y trouvera une solution tout opposée et tout aussi satisfaisante. L'Etre n'admet aucun principe d'ordre et d'unité, tel est le déterminisme de la métaphysique matérialiste. Le Matérialisme nie donc la liberté? Oui, la liberté pratique, qui est une synthèse d'un Déterminant avec un Indéterminé. Mais le Matérialisme possède une notion de la Liberté qui s'accorde fort bien avec ses principes, c'est la notion de la *Liberté d'indifférence :* la Liberté n'admet aucun principe d'ordre et d'unité ; l'Univers est donc libre, puisque la Liberté n'est autre chose que ce déterminisme, qui signifie une dispersion et une diffusion infinie. Voilà donc une solution rigoureuse du problème de la liberté, à l'intérieur du système de la métaphysique matérialiste.

Mais ni cette Liberté *parfaite*, ni cette Liberté *infinie*, dit-on, ne sont la véritable liberté ; elles ne sont que deux Idées, dont la liberté empirique est la synthèse. Fort bien : alors on reconnaît aussi que ce déterminisme parfait ni ce déterminisme infini ne rendent compte des actions de l'Univers ; on oppose l'un à l'autre l'Idéalisme métaphysique et le Matérialisme, et l'on renonce à la métaphysique pour se tenir à l'expérience, qui est la synthèse des Idées. Alors la solution du problème de la liberté est tout aussi facile; la représentation synthétique de la liberté s'accorde fort bien avec la représentation synthétique de l'action, et une solution pratique est fournie dans chacun de nos actes [1].

Mais est-ce là une troisième théorie de la liberté, qui n'aurait pour elle que l'avantage de s'accorder avec l'expérience, et que l'on ne pourrait adopter qu'en renonçant à faire usage des Idées de la Raison, et partant, en laissant subsister une métaphysique inexpliquée, inutile, et pourtant inévitable? Bien au contraire, la théorie empirique de la liberté est seule *rationnelle*, car elle utilise deux Idées opposées, dont les deux théories métaphysiques négligent l'une ou l'autre.

La Liberté d'indifférence n'est autre chose qu'une Puissance indéterminée; la Liberté absolue n'est autre chose qu'un Principe de détermination : et la liberté véritable est la synthèse de ces deux Idées. Et comme l'Univers est lui-même une synthèse du Parfait et de l'Infini, la conscience de Dieu ne peut pas être la conscience de l'Infini, ni la conscience du Parfait : c'est la conscience d'une activité spontanée et indépendante, ne rencontrant aucune borne extérieure et antérieure à elles, possédant en elle-même toutes les conditions et tous les principes de son existence et de son développement indéfini. Il faut donc que la conscience de l'Univers soit la conscience de la liberté : et la liberté de Dieu n'est autre chose que sa pensée éternellement créatrice dans l'immensité.

[1] Le déterminisme dit *scientifique* n'a rien à faire ici; car, n'étant pas une théorie métaphysique, il n'est pas en antinomie avec la liberté. Il exige seulement que les phénomènes — quelconques — soient soumis aux conditions mathématiques.

§ 17. La Nature, et la perfection de Dieu.

Puisque tout ce qui est réel, étant une représentation spontanée de soi, est libre par essence, les individus doivent être libres, comme l'Univers est libre. Mais les libertés particulières ne consistent pas dans une indépendance à l'égard de Dieu : notre liberté n'est autre chose que la liberté même de Dieu, répandue dans l'Univers. Il n'y a pas d'autre liberté en Dieu que la liberté des esprits dans lesquels il agit et pense, et partant, pas d'autres défaillances et pas d'autres souffrances que celles qui tiennent à leur imperfection. L'Infini qui est en Dieu, c'est l'inconscience féconde de la matière, c'est la douleur de la Nature éternellement en travail.

Dieu ne peut pas être parfait comme l'entendent les métaphysiciens : autrement il ne serait qu'une Idée ; il ne peut pas être parfait comme l'entendent les théologiens, s'enveloppant dans une personnalité étrangère au monde, habitant quelque partie éloignée du ciel, détournant sa vue de l'imperfection qui est dans notre monde, et refusant sa sympathie à nos douleurs : pourrait-on alors l'appeler bon, et dire qu'il est le maître absolu des cieux et de la terre, et le père de l'humanité ? Il faut renoncer à cette perfection métaphysique et à cette béatitude égoïste, et croire au Dieu immanent, à l'Esprit saint qui travaille dans toute âme vivante, qui lutte avec elle, et souffre de ses douleurs et de ses défaillances.

Mais de même qu'une claire conscience s'élève au-dessus des perceptions obscures qui sont le fondement de toute pensée, et les embrasse dans un acte unique, ainsi, malgré les défaillances toujours possibles de la liberté, au-dessus du chaos éternel, s'élève la volonté toute-puissante et parfaite de Dieu : il voit des fins éloignées qui nous sont inconnues ; il accomplit des desseins qui dépassent notre horizon, et il établit éternellement l'ordre et l'harmonie dans la Nature.

Des mondes nouveaux sortent sans cesse du Chaos, sur les limites de l'Univers ; des puissances obscures et infinies qui sont en lui, naissent d'abord des vies et des pensées grossières et bestiales, puis des consciences subtiles, qui s'avancent, s'élèvent et se purifient, entrent dans l'harmonie céleste, et participent de la pensée divine, créant sans fin des mondes et des humanités appelées à la perfection, par un progrès sans fin, dans l'Univers immense et éternel.

Les desseins de Dieu peuvent être entravés par les actions des hommes et des autres êtres vivants, mais dans une certaine mesure seulement : nous pouvons bouleverser la nature dans une partie restreinte du ciel ; mais nous n'avons pas de point d'appui pour remuer les grandes masses ; les astres accomplissent leurs évolutions en dépit de l'agitation humaine qui couvre leur surface ; et l'Univers obéit à une loi unique, souveraine et parfaite.

Un homme peut sortir individuellement de l'évolution, se révolter et s'isoler ; mais un peuple, une race ne le peut pas, et suit une impulsion irrésistible, qui n'est autre chose que la manifestation d'une vie et d'une pensée supérieure à celle des hommes, l'action subtile et pénétrante de l'Esprit divin dans l'Univers.

Cette action est inconsciente, ou du moins subconsciente en nous, parce qu'elle s'exerce à la fois sur toutes les parties de notre être : elle nous semble être notre action propre : et en effet elle est à nous : elle est nous-mêmes, mais non en tant que nous sommes des individus séparés de Dieu et du reste du monde, elle est nous-mêmes, en tant que nous vivons de la vie commune de la Nature, que nous pensons d'une pensée universelle, et que nous voulons de la volonté de Dieu.

Ainsi le panthéisme n'aboutit pas à la négation de la moralité et de la prière, pas plus qu'il n'implique la négation de la personnalité humaine ou de la personnalité de Dieu. Dieu est la vie et la pensée immanentes de la Nature il est un Dieu vivant; et toutefois il est parfait, non pas d'une perfection abstraite ou absolue, mais d'une perfection réelle, vivante et humaine.

Nous pouvons trouver partout et comprendre sa pensée et sa volonté, dans la nature et dans l'histoire, dans les vérités de la science, dans les émotions de l'art, et dans l'obligation morale ; il est avec nous, il est en nous ; il nous est plus intime que notre personnalité même, il est au plus profond de nous. Et sans rien sacrifier de ce qu'il y a en nous de beau, de grand et de bon, mais au contraire en prenant conscience de notre liberté et de la dignité souveraine de notre raison, nous pouvons nous prosterner, dans une adoration pleine d'espérance, d'amour, de confiance et d'énergie, devant un Etre tout-puissant, éternel et parfait.

CONCLUSION

L'AFFRANCHISSEMENT ET LA SOUVERAINETÉ DE LA PENSÉE

La théorie de l'immanence de la Raison a pour objet d'affranchir la connaissance sensible des contradictions et des antinomies qui tenaient à l'illusion de la transcendance des Idées, de faire rentrer dans le domaine de l'expérience le problème de l'être et de la vérité, de déclarer l'indépendance et la souveraineté absolues de l'intelligence.

Il est vrai qu'il reste pour nous de l'inconnu et du mystère dans l'Univers : nous ne connaissons qu'imparfaitement les forces de la nature, et nous ne savons pas le nombre des mondes qui évoluent dans le ciel. Mais l'inconnu n'est pas hors de notre atteinte : il est ce qui est au plus profond de nous-mêmes, à l'état de confusion et d'enveloppement, et se révèle sans cesse à la lumière grandissante de la libre réflexion.

Ce qui nous manque, pour pouvoir connaître toutes choses, c'est la liberté de l'esprit et du cœur, c'est la force et la subtilité matérielles, l'énergie et la pureté morales, c'est une perfection lointaine encore, mais pour laquelle nous sommes faits, et vers laquelle nous marchons. Quelques siècles seulement nous séparent de la bestialité, et nous sommes encore plongés dans la superstition et dans l'ignorance : mais le combat se poursuit noblement pour la science et pour la liberté.

Dans l'obscurité qui nous entoure, nous avons en nous, ainsi que dit Taine, une petite lumière, la lumière de la raison : c'est elle qui nous permet de voir et de reconnaître la vérité et le bien. Nous devons l'entretenir pieusement en nous, la ranimer, et en faire monter la flamme haut et droit dans le ciel ; elle est un reflet de la pensée divine ; et plus qu'un reflet : elle est la pensée même de Dieu immanente en nous.

Aussi ne devons-nous nous arrêter devant aucun inconnu, en disant : cela est inconnaissable, devant aucun mystère, en disant : cela est incompréhensible ; car tout est compréhensible et connaissable selon les lois de l'expérience ; et hors de son domaine, il n'y a rien. Ce que nous ignorons, nous le cherchons : et nous ne le chercherions pas, si nous ne le connaissions déjà en quelque manière ; l'inconnu et le mystère n'est pas une limite imposée à la pensée humaine : c'est le champ immense et fécond, grand ouvert devant elle, où elle jette éternellement ses inductions, ses espérances et sa foi, premiers rayons de la lumière de la science.

Si nous devons ressusciter, corps plus subtils et âmes plus pures, dans un monde inconnu, la révélation de vérités nouvelles ne devra pas produire dans notre expérience un changement absolu, qui anéantirait en nous le souvenir, l'humanité et la pensée : elle ne pourra être que le développement et l'explication lumineuse des choses qui étaient en nous, enveloppées et obscures.

Et s'il est vrai que, par les inspirations du génie, ou par l'influence de l'Esprit saint, il se produise, dans l'évolution de l'humanité, des révélations subites et miraculeuses, ces révélations, non plus que celles que nous promet encore le progrès scientifique et moral, ne sauraient être que la réponse à des questions que nous nous sommes posées, la confirmation de nos hypothèses et de nos inductions, et la réalisation de nos espérances. Notre raison peut comprendre toutes les révélations, les accepter si elles sont véritables, les rejeter si elles sont fausses, contradictoires, immorales et ridicules.

Cependant il se trouve des hommes de talent, et quelquefois des hommes de génie, qui, pour faire accepter quelque doctrine qu'ils croient bienfaisante, ne voyant que le doute, l'erreur et la souffrance dans l'ardente et libre recherche, déclarent la science déchue de sa noble prétention de trouver la vérité, et proclament l'impuissance de la pensée humaine.

Leur parole est écoutée, parce qu'elle calme et adoucit le drame douloureux et fécond de la conscience : mais en même temps, et par là même, cette parole affaiblit l'âme, et décourage l'effort éternel de l'humanité ; grâce à elle fleurissent dans les ténèbres le scepticisme des savants et des lettrés, le matérialisme des ouvriers, et le positivisme des bourgeois. Mais comme le cœur humain a besoin de croire et d'espérer, et ne se contente pas longtemps de pures négations, c'est la superstition en dernier lieu qui doit profiter de l'impuissance déclarée de la pensée, et de l'avortement de la science.

C'est par le plus dangereux des sophismes que l'on oppose la volonté ou le cœur à l'intelligence et à la raison : la passion et la volonté ne sont, par elles-mêmes, que des forces brutales, et ne savent pas distinguer le bien du mal, et la vérité de l'erreur ; et si l'on parvient à les affranchir de l'empire légitime et naturel de la raison, on déchaînera fatalement les haines sociales et religieuses, on excitera le fanatisme et l'intolérance.

Et quand même les hommes serviraient une cause juste et sainte, ils n'agiraient que comme des brutes bien domptées, quand une autorité extérieure, immobile et infaillible, s'établirait à la place de l'autorité divine et immanente de la conscience et de la raison. Mais contre les doctrines de servitude intellectuelle et morale, s'élève, à travers l'espace et le temps, la protestation de la pensée humaine, avide de lumière, et fière de sa liberté.

Et pourquoi Dieu aurait-il besoin d'aveugler et de mutiler les hommes, pour les attirer à lui ? La vérité nous éclaire, et le bien nous fortifie intérieurement ; nous n'avons point de maître hors de nous : nous avons un Dieu en nous. La piété n'est pas une soumission servile, ni une mutilation volontaire ; elle consiste dans l'usage de notre liberté glorieuse d'êtres pensants, et d'êtres divins. Si Dieu se révèle à nous, qu'il se révèle en nous avec évidence ! Alors, nous nous soumettrons librement et dignement.

Vu et lu,
Lyon, le 19 mars 1896,
Le Doyen de la Faculté des Lettres de Lyon,
L. CLÉDAT

Permis d'imprimer,
Lyon, le 25 mars 1896,
Le Recteur de l'Académie de Lyon,
Gabriel COMPAYRÉ

TABLE DES MATIÈRES

PREMIÈRE PARTIE. — Analyse, ou origine immanente des Idées. 1

Chapitre premier. — Critique de la théorie de la transcendance de la Raison. 1

Chapitre II. — L'immanence de la Raison, la méthode, le principe synthétique 21

Chapitre III. — L'abstraction progressive, et l'ordre des Idées. 44

Chapitre IV. — L'analyse, et la signification des Idées 68

DEUXIÈME PARTIE. — L'Empyrée, ou la métaphysique pure 85

Chapitre premier. — Le Parfait et l'Infini 85

Chapitre II. — La métaphysique pure du Parfait, ou la théologie pure 98

Première section. — Distinction de l'Idée du Parfait 99

Deuxième section. — Construction de l'Etre parfait. 114

Chapitre III. — La métaphysique pure de l'Infini, ou la cosmologie pure 126

Première section. — L'Idée de l'Infini 129

Deuxième section. — L'Etre infini. 137

CHAPITRE IV. — Le monisme de l'Un. — Conclusion de
  la métaphysique pure 156

TROISIÈME PARTIE. — LE TOUT ABSOLU, LA MÉTAPHY-
  SIQUE DU TOUT ABSOLU 177

CHAPITRE PREMIER. — Le Tout absolu 177

CHAPITRE II. — Idéalisme ou théologie, Matérialisme
  ou cosmologie, dualisme du Tout absolu . . . 195

  Première section. — L'Idéalisme, ou la théologie
    dans le Tout absolu 195

  Deuxième section. — Le Matérialisme, ou la cos-
    mologie dans le Tout absolu 204

  Troisième section. — Dualisme de la métaphy-
    sique du Tout absolu 216

CHAPITRE III. — Le monisme dans le Tout absolu . 228

QUATRIÈME PARTIE. — LA SYNTHÈSE, OU L'USAGE IM-
  MANENT DES IDÉES 257

CHAPITRE PREMIER. — Synthèse de l'abstrait, ou des
  lois de la pensée 257

CHAPITRE II. — La synthèse du concret, de l'individu
  et de l'univers 274

  Première section. — Le concret 274
  Deuxième section. — L'individu 282
  Troisième section. — L'univers 289

CHAPITRE III. — L'Infini et le Parfait dans l'univers . 299

  Première section. — L'Infini 301
  Deuxième section. — Le Parfait ou Dieu . . . 315

CONCLUSION. — L'AFFRANCHISSEMENT ET LA SOUVERAI-
  NETÉ DE LA PENSÉE 341

Lyon. — Imp. PITRAT Aîné, **A. Rey** Successeur, 4, rue Gentil. — 12903

www.ingramcontent.com/pod-product-compliance
Lightning Source LLC
Chambersburg PA
CBHW050748170426
43202CB00013B/2348